# OEUVRES
## DIVERSES
### DE MONSIEUR
# DE VOLTAIRE.

TOME QUATRIEME.

# OEUVRES DIVERSES DE MONSIEUR DE VOLTAIRE.

## NOUVELLE EDITION,

Recueillie avec soin, enrichie de Piéces Curieuses, & la seule qui contienne ses véritables Ouvrages.

*Avec Figures en Taille-Douce.*

## TOME QUATRIÉME.

A LONDRES,
Chez JEAN NOURSE.
M. DCC. XLVI.

# AVIS
## DE L'EDITEUR.

CE Quatriéme Tome contient beaucoup de Piéces très-instructives, soit sur la Littérature, soit sur des Morceaux d'Histoire ou de Filosofie, & particulierement des Lettres qui furent écrites par l'Auteur lorsqu'il étoit en Angleterre vers l'An 1727. Ces Lettres coururent longtems manuscrites. Mr. Lokman les traduisit en Anglais, & elles furent d'abord imprimées en cette Langue. On fit ensuite de cette Traduc-

*AVIS DE L'EDITEUR.*
tion Anglaise une Traduction Française ; ainsi de Traduction en Traduction l'Ouvrage fut infiniment alteré, on y ajouta beaucoup de choses qui n'étoient pas de l'Auteur. Nous le donnons ici tel qu'il est sorti de sa main, & sous le nom de *Mélanges*, qui est le Titre le plus convenable.

# TABLE
DES PIECES CONTENUES EN CE VOLUME.

CHAPITRE I. D*e la Gloire, ou Entretien avec un Chinois*, Page 1
CHAP. II. *Du Suicide, ou de l'Homicide de soi-même*, (écrit en 1729.) 6
CHAP. III. & IV. *De la Religion des Quakers*, 13.—20
CHAP. V. & VI. *Histoire des Quakers*, 24.—29
CHAP. VII. *De la Religion Anglicane*, 36
CHAP. VIII. *Des Presbyteriens*, 41
CHAP. IX. *Des Sociniens, ou Ariens, ou Trinitaires*, 44
CHAP. X. *Du Parlement*, 48

CHAP.

# TABLE DES PIECES.

CHAP. XI. *Sur le Gouvernement*, 54
CHAP. XII. *Sur le Commerce*, 61
CHAP. XIII. *Sur l'Insertion de la Petite Verole*, 64
CHAP. XIV. *Sur le Chancelier Bacon*, 71
CHAP. XV. *Sur Mr. Locke*, 79
CHAP. XVI. *Sur Descartes & Newton*, 90
CHAP. XVII. *Histoire de l'Attraction*, 98
CHAP. XVIII. *Sur l'Optique de Mr. Newton*, 114
CHAP. XIX. *Sur l'Infini*, 121
CHAP. XX. *De la Chronologie de Newton*, 127
CHAP. XXI. *De la Tragedie*, 134
CHAP. XXII. *Sur la Comedie*, 145
CHAP. XXIII. *Sur les Seigneurs qui cultivent les Lettres*, 148
CHAP. XXIV. *Sur le Comte de Rochester, & Mr. Waller*, 152
CHAP. XXV. *Sur Mr. Pope, & quelques autres Poëtes fameux*, 158
CHAP. XXVI. *Sur la Societé Royale & sur les Académies*, 164
CHAP. XXVII. *Sur les Pensées de M. Pascal*, 173
*Fragment d'une Lettre sur un Usage très-utile, établi en Hollande*, 226
*Lettre de l'Auteur à Mr. de Gravesende*, &c. 228
*Lettre sur les Inconvéniens attachés à la Littérature*, 235
*Fragment d'une Lettre au même sur la corruption du Stile*, 243
*Copie d'un Lettre à un premier Commis*, 245
*Remarques sur l'Histoire*, 251
*Nouvelles Considérations sur l'Histoire*, 259
*Discours sur la Fable*, 265
*Lettre à Mr. Norberg*, 270
*Courte Réponse aux longs Discours d'un Docteur Allemand*, 283
*Relation touchant un Maure blanc, amené d'Afrique à Paris en 1744.* 290

# TABLE DES PIECES.

| | |
|---|---|
| Lettre sur l'Esprit, &c. | 294 |
| Discours sur le Fanatisme, | 305 |
| Discours sur le Déïsme, | 309 |
| Discours sur les Contradictions de ce monde, | 312 |
| Discours sur ce qu'on ne fait pas, & sur ce qu'on pourroit faire, | 320 |
| * Lettre sur Mrs. Jean Law, Melon & Dutôt, | 324 |
| * Seconde Lettre sur le même sujet, dans laquelle on traite des Changemens dans les Monnoyes, du luxe des Peuples, & du Revenu des Rois, | 332 |
| Essai sur le siécle de Louis XIV. | 340 |
| Des Etats Chrétiens de l'Europe avant Louis XIV. | 348 |
| De l'Allemagne, | 350 |
| De l'Espagne, | 355 |
| Du Portugal, | 359 |
| De la Hollande, | 360 |
| De l'Angleterre, 363.   De Rome, | 364 |
| Du reste de l'Italie, | 369 |
| Des Etats du Nord, 371. Des Turcs, | ibid. |
| Situation de la France, 372. Mœurs du Tems, | 373 |
| Affaires Politiques. CHAP. I. Minorité de LOUIS XIV. Victoires des Français sous le Grand Condé, alors Duc d'Enguien, | 381 |
| CHAP. II. Guerre Civile, | 391 |
| CHAP. III. Suite de la Guerre Civile jusqu'à la fin de la Rebellion en 1554. | 405 |
| CHAP. IV. Etat de la France jusqu'à la mort de Cromwel, & au Voyage de la Reine Christine, | 420 |
| Lettre de Mr. de Voltaire, sur son Essai du Siécle de LOUIS XIV. à Mylord Harwey, Garde des Sceaux Privez d'Angleterre, | 432 |
| * Dissertation sur la mort d'Henry IV. | 439 |

Fin de la Table.

MÉLANGES

# MELANGES
# DE
# LITTERATURE
# ET DE
# PHILOSOPHIE.

## CHAPITRE PREMIER.

*De la Gloire, ou Entretien avec un Chinois.*

N 1723. il y avoit en Hollande un Chinois : ce Chinois étoit Lettré & Négociant : deux choses qui ne devroient point du tout être incompatibles, & qui le sont devenues chez nous, graces au respect extrême qu'on a pour l'argent, & au peu de considération que l'Espece humaine a montré, & montrera toûjours pour le mérite.

Ce Chinois, qui parloit un peu Hollandois se trouva dans une Boutique de Libraire avec quelques Sçavans: il demanda un Livre; on lui proposa l'Histoire Universelle de Bossuet, mal traduite. A ce beau mot d'Histoire Universelle, je suis, dit-il, trop heureux; je vais voir ce que l'on dit de notre grand Empire, de notre Nation qui subsiste en Corps de Peuple depuis plus de 50. mille ans, de cette suite d'Empereurs qui nous ont gouvernez tant de Siécles; je vais voir ce qu'on pense de la Religion des Lettrez, de ce Culte simple que nous rendons à l'Etre Suprême. Quel plaisir de voir comme on parle en Europe de nos Arts, dont plusieurs sont plus anciens chez nous que tous les Royaumes Européans! je croi que l'Auteur se sera bien mépris dans l'Histoire de la guerre que nous eûmes il y a vingt-deux mille cinq cens cinquante-deux ans, contre les Peuples belliqueux du Tunquin & du Japon, & sur cette Ambassade solemnelle par laquelle le puissant Empereur du Mogol nous envoya demander des Loix, l'An du monde 50000900000007912345 0000. Hélas! lui dit un des Sçavans, on ne parle pas seulement de vous dans ce Livre: vous êtes trop peu de chose; presque tout roule sur la premiere Nation du monde, l'unique Nation, le grand Peuple Juif.

Juif? dit le Chinois, ces Peuples-là sont donc les Maîtres des trois quarts de la Terre, re, au moins? Ils se flattent bien qu'ils le seront un jour, lui répondit-on; mais en attendant ce sont eux qui ont l'honneur d'être ici Marchands Fripiers, & de rogner quelquefois les Espèces. Vous vous moquez, dit le Chinois, ces gens-là ont-ils jamais eu un vaste Empire? Ils ont possedé, lui dis-je, en propre, pendant quelques années, un petit pays; mais ce n'est point par l'étenduë des Etats qu'il faut juger d'un Peuple, de même que ce n'est point par les richesses qu'il faut juger d'un homme. Mais ne parle-t'on pas de quelque autre Peuple dans ce Livre, demanda le Lettré? Sans doute, dit le Sçavant qui étoit auprès de moi, & qui prenoit toujours la parole: on y parle beaucoup d'un petit pays de quatre-vingt lieuës de large, nommé l'Egypte, où l'on prétend qu'il y avoit un Lac de 150. lieuës de tour. Tu Dieu! dit le Chinois, un Lac de 150. lieuës dans un terrain qui en avoit quatre-vingt de large; cela est bien beau! Tout le monde étoit sage dans ce pays-là, ajoûta le Docteur. Oh! le bon tems que c'étoit, dit le Chinois. Mais est-ce là tout? Non, repliqua l'Européan, il est tant de questions encore de ces célébres Grecs. Qui sont ces Grecs, dit le Lettré? Ah! continua l'autre, il s'agit de cette Province, à-peu-près grande comme la deuxcentiéme partie de la Chine; mais qui a fait tant de bruit dans tout l'Univers. Jamais je n'ai oüi par-

A 2        ler

ler de ces gens-là, ni au Mogol, ni au Japon, ni dans la Grande Tartarie, dit le Chinois d'un air ingénu.

Ah ignorant ! ah barbare, s'écria poliment notre Sçavant ; vous ne connoiſſez donc point Epaminondas le Thébain, ni le Port de Pirée, ni le nom des deux Chevaux d'Achille, ni comment ſe nommoit l'Ane de Silène? Vous n'avez entendu parler ni de Jupiter, ni de Diogene, ni de Laïs, ni de Cibéle, ni de....

J'ai bien peur, repliqua le Lettré, que vous ne ſçachiez rien de l'avanture, éternellement mémorable, du célébre Xixofou Concochigramki, ni des Myſteres du Grand Fi pſi hi hi. Mais de grace, quelles ſont encore les choſes inconnuës dont traite cette Hiſtoire Univerſelle? Alors le Sçavant parla un quart-d'heure de ſuite de la République Romaine, & quand il vint à Jules-Ceſar, le Chinois l'interrompit, & lui dit : Pour celui-là, je croi le connoître; n'étoit-il pas Turc (*) ?

Comment, dit le Sçavant échauffé, eſt-ce que vous ne ſçavez pas aumoins la différence qui eſt entre les Payens, les Chrétiens, & les Muſulmans ? Eſt-ce que vous ne connoiſſez point Conſtantin, & l'Hiſtoire des Papes? Nous avons entendu parler

(*) Il n'y a pas long-tems que les Chinois prenoient tous les Européans pour des Mahometans.

## ET DE PHILOSOPHIE.

ler confusément, répondit l'Asiatique, d'un certain Mahomet.

Il n'est pas possible, repliqua l'autre, que vous ne connoissiez aumoins Luther, Zuingle, Bellarmin, Ecolampade. Je ne retiendrai jamais ces noms-là, dit le Chinois; il sortit alors, & alla vendre une partie considérable de Thé Peco & de fin Grogram, dont il acheta deux belles filles & un Mousse, qu'il ramena dans sa Patrie en adorant le Tien, & en se recommandant à Confucius.

Pour moi, témoin de cette conversation, je vis clairement ce que c'est que la Gloire, & je dis: Puisque Cesar & Jupiter sont inconnus dans le Royaume le plus beau, le plus ancien, le plus vaste, le plus peuplé, le mieux policé de l'Univers; il vous sied bien, Gouverneurs de quelques petits Pays, ô Prédicateurs d'une petite Paroisse, dans une petite Ville, ô Docteurs de Salamanque, ou de Bourges, ô petits Auteurs, ô pesans Commentateurs; il vous sied bien de prétendre à la réputation!

# DU SUICIDE,
## OU
# DE L'HOMICIDE DE SOI-MÊME.

### CHAPITRE II.

#### Ecrit en 1729.

PHILIPPE Mordant, coufin germain de ce fameux Comte de Peterboroug, fi connu dans toutes les Cours de l'Europe, & qui fe vante d'être l'homme de l'Univers qui a vû le plus de Poftillons & le plus de Rois ; Philippe Mordant, dis-je, étoit un jeune-homme de vingt-fept ans, beau, bien fait, riche, né d'un fang illuftre, pouvant prétendre à tout, & ce qui vaut encore mieux, paffionnément aimé de fa Maîtreffe. Il prit à ce Mordant un dégoût de la vie : il paya fes dettes, écrivit à fes amis pour leur dire adieu, & même fit des Vers dont voici les derniers traits en François :

L'Opium

L'Opium peut aider le Sage ;
Mais, selon mon opinion,
Il lui faut au lieu d'Opium
Un pistolet & du courage.

Il se conduisit selon ses principes, & se dépêcha d'un coup de pistolet, sans en avoir donné d'autre raison, sinon que son ame étoit lasse de son corps, & que quand on est mécontent de sa maison, il faut en sortir. Il sembloit qu'il eût voulu mourir, parcequ'il étoit dégoûté de son bonheur. Richard Smith vient de donner un étrange spectacle au monde pour une cause fort différente. Richard Smith étoit dégoûté d'être réellement malheureux : il avoit été riche & il étoit pauvre, il avoit eu de la santé & il étoit infirme. Il avoit une femme à laquelle il ne pouvoit faire partager que sa misere : un enfant au berceau étoit le seul bien qui lui restât. Richard Smith & Bridger Smith, d'un commun consentement, après s'être tendrement embrassez, & avoir donné le dernier baiser à leur enfant, ont commencé par tuer cette pauvre créature, & ensuite se sont pendus aux colomnes de leur lit. Je ne connois nulle part aucune horreur de sang froid qui soit de cette force ; mais la Lettre que ces infortunez ont écrite à Mr. Brindlay, leur cousin, avant leur mort, est aussi singuliere que leur mort même.

» Nous croyons, disent-ils, que Dieu

» nous pardonnera, &c. Nous avons quitté
» la vie, parceque nous étions malheureux
» sans ressource, & nous avons rendu à no-
» tre fils unique le service de le tuer, de-
» peur qu'il ne devînt aussi malheureux
» que nous, &c.

Il est à remarquer que ces gens, après avoir tué leur fils par tendresse paternelle, ont écrit à un ami pour leur recommander leur chat & leur chien. Ils ont crû, apparemment, qu'il étoit plus aisé de faire le bonheur d'un chat & d'un chien dans le monde, que celui d'un enfant, & ils ne vouloient pas être à charge à leur ami.

Toutes ces Histoires Tragiques, dont les Gazettes Angloises fourmillent, ont fait penser à l'Europe qu'on se ruë plus volontiers en Angleterre qu'ailleurs. Je ne sçai pourtant si à Paris il n'y a pas autant de fous qu'à Londres; peut-être que si nos Gazettes tenoient un Registre exact de ceux qui ont eu la démence de vouloir se tuer & le triste courage de le faire, nous pourrions sur ce point avoir le malheur de tenir tête aux Anglois. Mais nos Gazettes sont plus discrettes: les avantures des particuliers ne sont jamais exposées à la médisance publique dans ces Journaux avoüez par le Gouvernement. Tout ce que j'ose dire avec assurance, c'est qu'il ne sera jamais à craindre que cette folie de se tuer devienne une maladie épidémique: la Nature y a trop bien pourvu;

pourvu; l'espérance, la crainte, sont les ressorts puissans dont elle se sert pour arrêter presque toûjours la main du malheureux prêt à se fraper.

On a beau nous dire qu'il y a eu des pays où un Conseil étoit établi pour permettre aux Citoyens de se tuer, quand ils en avoient des raisons vrai, valables. Je réponds, ou que cela n'est pas, ou que ces Magistrats avoient très-peu d'occupation.

Voici seulement ce qui pourroit nous étonner, & ce qui mérite, je croi, un sérieux examen. Les Anciens Héros Romains se tuoient presque tous, quand ils avoient perdu une bataille dans les Guerres Civiles, & je ne vois point que ni du tems de la Ligue, ni de celui de la Fronde, ni dans les Troubles d'Italie, ni dans ceux d'Angleterre, aucun Chef ait pris le parti de mourir de sa propre main. Il est vrai que ces Chefs étoient Chrétiens, & qu'il y a bien de la différence entre les principes d'un Guerrier Chrétien, & ceux d'un Héros Payen; cependant pourquoi ces hommes, que le Christianisme retenoit, quand ils vouloient se procurer la mort n'ont-ils été retenus par rien, quand ils ont voulu empoisonner, assassiner, ou faire mourir leurs ennemis vaincus sur des échaffauds, &c.? La Religion Chrétienne ne défend-elle pas ces homicides-là, encore plus que l'homicide de soi-même?

Pourquoi donc, Caton, Brutus, Cassius, Antoine, Othon & tant d'autres, se sont-ils tuez si résolument, & que nos Chefs de Parti se sont laissez pendre, ou bien ont laissé languir leur misérable vieillesse dans une prison? Quelques Beaux-Esprits disent que ces Anciens n'avoient pas le véritable courage; que Caton fit une action de poltron en se tuant, & qu'il y auroit eu bien plus de grandeur d'ame à ramper sous César. Cela est bon dans une Ode, ou dans une Figure de Rhétorique. Il est très-sûr que ce n'est pas être sans courage, que de se procurer tranquilement une mort sanglante; qu'il faut quelque force pour surmonter ainsi l'instinct le plus puissant de la Nature, & qu'enfin une telle action prouve de la fureur, & non pas de la foiblesse. Quand un malade est en frénésie, il ne faut pas dire qu'il n'a point de force; il faut dire que sa force est celle d'un frénétique.

La Religion Payenne défendoit *l'homicide de soi-même*, ainsi que la Chrétienne: il y avoit même des places dans les Enfers pour ceux qui s'étoient tuez.

*Proxima deinde tenent moesti loca, qui sibi lethum,*
*Insontes peperere manu, lucemque perosi*
*Projecere animas; quam vellent athere in alto,*
*Nunc & pauperiem & duros perferre labores!*

*Fata*

# ET DE PHILOSOPHIE.

*Fata obstant, tristique Palus innabilis undâ*
*Alligat, & novies Styx interfusa coërcet.*
Virg. Æneïd. Lib. VI. v. 434. & seqq.

Là sont ces Insensez qui d'un bras téméraire
Ont cherché dans la mort un secours volontaire,
Qui n'ont pû supporter, foibles & malheureux,
Le fardeau de la vie imposé par les Dieux.
Hélas ! ils voudroient tous se rendre à la lumiere,
Recommencer cent fois leur pénible carriere :
Ils regrettent la vie, ils pleurent, & le sort,
Le sort, pour les punir, les retient dans la mort ;
L'abîme du Cocyte & l'Acheron terrible,
Mer entr'eux & la vie un obstacle invincible.

Telle étoit la Religion des Payens, & malgré les peines qu'on alloit chercher dans l'autre monde, c'étoit un honneur de quitter celui-ci & de se tuer ; tant les mœurs des hommes sont contradictoires. Parmi nous le duël n'est-il pas encore malheureusement honorable, quoique défendu par la Raison, par la Religion & par toutes les Loix ? Si Caton & César, Antoine & Auguste, ne se sont pas battus en duël, ce n'est pas qu'ils ne fussent aussi braves que nos François. Si le Duc de Montmorency, le Maréchal de Marillac, de Thou, S. Mars, & tant d'autres, ont mieux aimé être traînez au dernier supplice dans une charette, comme des Voleurs de grand chemin, que de se tuer comme Caton & Brutus; ce n'est pas qu'ils n'eussent autant de courage que ces Romains, & qu'ils n'eussent autant de ce qu'on appelle honneur; la véritable raison, c'est que la mode n'étoit pas alors à Paris de se tuer en pareil cas, & cette mode étoit établie à Rome.

Les femmes de la côte de Malabar se jettent toutes vives sur le bucher de leurs maris : ont-elles plus de courage que Cornélie ? Non ; mais la coûtume est dans ce Pays-là que les femmes se brûlent.

Coûtume, opinion, Reines de notre sort,
Vous réglez des Mortels & la vie & la mort.

# DE LA RELIGION DES QUAKERS.

## CHAPITRE III.

J'AI cru que la Doctrine & l'Histoire d'un Peuple aussi extraordinaire que les Quakers, méritoient la curiosité d'un homme raisonnable. Pour m'en instruire, j'allai trouver un des plus célèbres Quakers d'Angleterre, qui après avoir été trente ans dans le Commerce, avoit sçu mettre des bornes à sa fortune & à ses desirs, & s'étoit retiré dans une campagne auprès de Londres. J'allai le chercher dans sa retraite; c'étoit une maison petite, mais bien bâtie, & ornée de sa seule propreté. Le Quaker (*) étoit un vieillard frais, qui n'avoit jamais

_____

(*) Il s'appelloit André Pit, & tout cela est exactement vrai à quelques circonstances près. André Pit écrivit depuis à l'Auteur pour se plaindre de ce qu'on avoit ajouté un peu à la vérité, & l'assura que Dieu étoit offensé de ce qu'on avoit plaisanté les Quakers.

mais eu de maladie, parcequ'il n'avoit jamais connu les passions, ni l'intempérance. Je n'ai point vû en ma vie d'air plus noble, ni plus engageant que le sien. Il étoit vêtu, comme tous ceux de sa Religion, d'un habit sans plis dans les côtez, & sans boutons sur les poches ni sur les manches, & portoit un grand chapeau à bords rabattus comme nos Ecclésiastiques. Il me reçut avec son chapeau sur la tête, & s'avança vers moi sans faire la moindre inclination de corps; mais il y avoit plus de politesse dans l'air ouvert & humain de son visage, qu'il n'y en a dans l'usage de tirer une jambe derriere l'autre, & de porter à la main ce qui est fait pour couvrir la tête. Ami, me dit-il, je vois que tu es Etranger, si je puis t'être de quelque utilité, tu n'as qu'à parler. Monsieur, lui dis-je en me courbant le corps, & en glissant un pied vers lui selon notre coûtume, je me flatte que ma juste curiosité ne vous déplaira pas, & que vous voudrez bien me faire l'honneur de m'instruire de votre Religion. Les gens de ton Pays, me répondit-il, font trop de compliment & de révérences; mais je n'en ai encore vû aucun qui ait eu la même curiosité que toi. Entre, & dînons d'abord ensemble. Je fis encore quelques mauvais complimens, parcequ'on ne se défait pas de ses habitudes tout d'un coup, & après un repas sain & frugal, qui commença & qui

ET DE PHILOSOPHIE. 15

qui finit par une priere à Dieu, je me mis à interroger mon homme.

Je débutai par la question que de bons Catholiques ont fait plus d'une fois aux Huguenots. Mon cher Monsieur, dis-je, êtes-vous baptisé? Non, me répondit le Quaker, & mes Confréres ne le sont point. Comment morbleu, repris-je, vous n'êtes donc pas Chrétiens? Mon ami, repartit-il d'un ton doux, ne jure point : nous sommes Chrétiens; mais nous ne pensons pas que le Christianisme consiste à jetter de l'eau sur la tête d'un enfant avec un peu de sel. Eh bon Dieu! repris-je, outré de cette impieté, vous avez donc oublié que Jesus-Christ fut baptisé par Jean? Ami, point de juremens, encore un coup, dit le benin Quaker. Le Christ reçut le Baptême de Jean; mais il ne baptisa jamais personne; nous ne sommes pas les Disciples de Jean, mais du Christ. Ah! comme vous seriez brûlez par la sainte Inquisition, m'écriai-je! Au nom de Dieu, cher homme, que je vous baptise! S'il ne falloit que cela pour condescendre à ta foiblesse, nous le ferions volontiers, repartit-il gravement, nous ne condamnons personne pour user de la cérémonie du Baptême; mais nous croyons que ceux qui professent une Religion toute sainte & toute spirituelle, doivent s'abstenir, autant qu'ils le peuvent, des Cérémonies Judaïques. En voici bien d'un autre, m'écriai-je, je; des cérémonies Judaïques! Oüi, mon ami, continua-t-il, & si Judaïques, que plusieurs Juifs encore aujourd'hui usent quelquefois du Baptême de Jean. Consulte l'Antiquité, elle t'aprendra que Jean ne fit que renouveller cette pratique, laquelle étoit en usage long-tems avant lui parmi les Hébreux, comme le Pélerinage de la Mecque l'étoit parmi les Ismaëlites. Jesus voulut bien recevoir le Baptême de Jean, de même qu'il s'étoit soumis à la Circoncision; mais, & la Circoncision & le lavement d'eau doivent être tous deux abolis par le Baptême du Christ, ce baptême de l'esprit, cette ablution de l'ame qui sauve les hommes. Aussi le Précurseur Jean disoit: *Je vous baptise à la vérité avec de l'eau; mais un autre viendra après moi plus puissant que moi, & dont je ne suis pas digne de porter les sandales; celui-là vous baptisera avec le feu & le Saint Esprit.* Aussi le grand Apôtre des Gentils, Paul, écrit aux Corinthiens, *le Christ ne m'a pas envoyé pour baptiser, mais pour prêcher l'Evangile.* Aussi ce même Paul ne baptisa jamais avec de l'eau que deux personnes, encore fût-ce malgré lui. Il circoncit son Disciple Timothée: les autres Apôtres circoncisoient aussi tous ceux qui vouloient l'être. Es-tu circoncis, ajouta-t'il? Je lui répondis que je n'avois pas cet honneur. Eh bien, dit-il, l'ami, tu es Chrétien sans être circoncis, & moi, sans être baptisé. Voilà comme mon

mon saint homme abusoit assez spécieusement de trois ou quatre Passages de la Sainte Ecriture qui sembloient favoriser sa Secte ; mais il oublioit de la meilleure foi du monde une centaine de Passages qui l'écrasoient. Je me gardai bien de lui rien contester, il n'y a rien à gagner avec un Enthousiaste. Il ne faut pas s'aviser de dire à un homme les défauts de sa maîtresse, ni à un Plaideur le foible de sa cause, ni des raisons à un illuminé. Ainsi je passai à d'autres questions.

A l'egard de la Communion, lui dis-je, comment en usez-vous ? Nous n'en usons point, dit-il. Quoi ! point de Communion ? Non, point d'autre que celle des cœurs. Alors il me cita encore les Ecritures ; il me fit un fort beau Sermon contre la Communion, & me parla d'un ton d'Inspiré, pour me prouver que les Sacremens étoient tous d'invention humaine, & que le mot de Sacrement ne se trouvoit pas une seule fois dans l'Evangile. Pardonne, dit-il à mon ignorance, je ne t'ai pas aporté la centiéme partie des preuves de ma Religion ; mais tu peux les voir dans l'exposition de notre Foi, par Robert Barclay. C'est un des meilleurs Livres qui soit jamais sorti de la main des hommes ; nos ennemis conviennent qu'il est très-dangereux, cela prouve combien il est raisonnable. Je lui promis de lire ce Livre, & mon Quaker me crut déja converti.

verti. Ensuite il me rendit raison, en peu de mots, de quelques singularitez qui exposent cette Secte au mépris des autres. Avouë, dit-il, que tu as bien eu de la peine à t'empêcher de rire, quand j'ai répondu à toutes tes civilitez avec mon chapeau sur la tête, & en te tutoyant. Cependant tu me parois trop instruit, pour ignorer que du tems du Christ aucune nation ne tomboit dans le ridicule de substituer le pluriel au singulier : on disoit à Cesar Auguste, *Je t'aime, je te prie, je te remercie*; il ne souffroit pas même qu'on l'apelât Monsieur, *Dominus*. Ce ne fut que long-tems après lui, que les hommes s'aviserent de se faire apeler *vous* au-lieu de *tu*, comme s'ils étoient doubles, & d'usurper les titres impertinens de Grandeur, d'Eminence, de Sainteté, de Divinité même, que des vers de terre donnent à d'autres vers de terre, en les assurant qu'ils sont avec un profond respect, & avec une fausseté infâme, leurs très-humbles & très-obéïssans serviteurs. C'est pour être plus sur nos gardes contre cet indigne commerce de mensonges & de flateries, que nous tutoyons également les Rois & les Charbonniers, que nous ne saluons personne, n'ayans pour les hommes que de la charité, & du respect que pour les Loix.

Nous portons aussi un habit un peu différent des autres hommes, afin que ce soit

pour

pour nous un avertissement continuel de ne leur pas ressembler. Les autres portent les marques de leurs dignitez, & nous celle de l'humilité Chrétienne. Nous fuyons les assemblées de plaisir, les spectacles, le jeu; car nous serions bien à plaindre de remplir de ces bagatelles des cœurs en qui Dieu doit habiter. Nous ne faisons jamais de sermens, pas même en Justice; nous pensons que le nom du Très-Haut ne doit pas être prostitué dans les débats misérables des hommes. Lorsqu'il faut que nous comparoissions devant les Magistrats pour les affaires des autres ( car nous n'avons jamais de Procès ), nous affirmons la vérité par un *oüi* ou par un *non*, & les Juges nous en croyent sur nos simples paroles, tandis que tant d'autres Chrétiens se parjurent sur l'Evangile. Nous n'allons jamais à la guerre: ce n'est pas que nous craignions la mort, au-contraire nous benissons le moment qui nous unit à l'Etre des Etres; mais c'est que nous ne sommes ni loups, ni tigres, ni dogues; mais hommes, mais Chrétiens. Notre Dieu, qui nous a ordonné d'aimer nos ennemis, & de souffrir sans murmure, ne veut pas, sans doute, que nous passions la mer pour aller égorger nos freres, parceque des meurtriers vêtus de rouge, avec un bonnet haut de deux pieds, enrôlent des citoyens en faisant du bruit avec deux petits bâtons sur une peau d'âne bien tenduë. Et lorsqu'après des batailles
gagnées,

gagnées, tout Londres brille d'illuminations, que le Ciel est enflâmé de fusées, que l'air retentit du bruit des actions de graces, des Cloches, des Orgues, des canons, nous gémissons en silence sur ces meurtres qui causent la publique allégresse.

# DE LA
# RELIGION
# DES
# QUAKERS.

## CHAPITRE IV.

TElle fut à-peu-près la conversation que j'eus avec cet homme singulier. Mais je fus bien surpris quand le Dimanche suivant il me mena à l'Eglise des Quakers. Ils ont plusieurs Chapelles à Londres; celle où j'allai est près de ce fameux Pilier que l'on appelle le Monument. On étoit déja assemblé, lorsque j'entrai avec mon Conducteur. Il y avoit environ quatre cens hommes dans l'Eglise,
& trois

ET DE PHILOSOPHIE. 21

& trois cens femmes. Les femmes se cachoient le visage, les hommes étoient couverts de leurs larges chapeaux; tous étoient assis, tous dans un profond silence. Je passai au milieu d'eux sans qu'un seul levât les yeux sur moi. Ce silence dura un quart-d'heure : enfin un d'eux se leva, ôta son chapeau, & après quelques soupirs, debita moitié avec la bouche, moitié avec le nez, un galimatias tiré, à ce qu'il croyoit, de l'Evangile, où ni lui ni personne n'entendoit rien. Quand ce faiseur de contorsions eût fini son beau monologue, & que l'Assemblée se fût séparée toute édifiée & toute stupide, je demandai à mon homme pourquoi les plus sages d'entr'eux souffroient de pareilles sottises? Nous sommes obligez de les tolérer, me dit-il, parceque nous ne pouvons pas sçavoir si un homme qui se leve pour parler sera inspiré par l'Esprit ou par la folie. Dans le doute nous écoutons tout patiemment, nous permettons même aux femmes de parler ; deux ou trois de nos Dévotes se trouvent souvent inspirées à la fois, & c'est alors qu'il se fait un beau bruit dans la maison du Seigneur. Vous n'avez donc point de Prêtres, lui dis-je. Non, mon ami, dit le Quaker, & nous nous en trouvons bien. Alors ouvrant un Livre de sa Secte, il lut avec emphâse ces paroles : A Dieu ne plaise que nous osions ordonner à quelqu'un de

rece-

recevoir le Saint Esprit le Dimanche, à l'exclusion de tous les autres Fidéles. Grace au Ciel, nous sommes les seuls sur la Terre qui n'ayïons point de Prêtres. Voudrois-tu nous ôter une distinction si heureuse? Pourquoi abandonnerons-nous notre enfant à des nourrices mercenaires, quand nous avons du lait à lui donner? Ces Mercenaires domineroient bien-tôt dans la maison, & oprimeroient la mere & l'enfant. Dieu a dit, vous avez reçu gratis, donnez gratis. Irons-nous après cette parole marchander l'Evangile, vendre l'Esprit Saint, & faire d'une Assemblée de Chrétiens une Boutique de Marchands? Nous ne donnons point d'argent à des hommes vêtus de noir pour assister nos pauvres, pour enterrer nos morts, pour prêcher les Fidéles; ces Saints emplois nous sont trop chers pour nous en décharger sur d'autres. Mais comment pouvez-vous discerner, insistai-je, si c'est l'Esprit de Dieu qui vous anime dans vos discours? Quiconque, dit-il, priera Dieu de l'éclairer, & qui annoncera des véritez Evangéliques qu'il sentira, que celui-là soit sûr que Dieu l'inspire. Alors il m'accabla de Citations de l'Ecriture, qui démontroient, selon lui, qu'il n'y a point de Christianisme sans une révélation immédiate, & il ajoûta ces paroles remarquables : Quand tu fais mouvoir un de tes membres, est-ce ta propre force

# ET DE PHILOSOPHIE.

ce qui le remue? Non, sans doute; car ce membre a souvent des mouvemens involontaires; c'est donc celui qui a créé ton corps qui meut ce corps de terre. Et les idées que reçoit ton ame, est-ce toi qui les forme? Encore moins; car elles viennent malgré toi; c'est donc le Créateur de ton ame qui te donne tes idées; mais comme il a laissé à ton cœur la liberté, il donne à ton esprit les idées que ton cœur mérite; tu vis dans Dieu, tu agis, tu penses dans Dieu. Tu n'as donc qu'à ouvrir les yeux à cette lumiere qui éclaire tous les hommes, alors tu verras la vérité, & la feras voir. Eh! voilà le Pere Malebranche, tout pur, m'écriai-je. Je connois ton Malebranche, dit-il; il étoit un peu Quaker; mais il ne l'étoit pas assez. Ce sont-là les choses les plus importantes que j'ai apprises touchant la Doctrine des Quakers. Dans la premiere Lettre vous aurez leur Histoire, que vous trouverez encore plus singuliere que leur Doctrine.

HISTOIRE

# HISTOIRE DES QUAKERS.

## CHAPITRE V.

Vous avez déja vû que les Quakers dattent depuis Jesus-Christ, qui selon eux est le premier Quaker. La Religion, disent-ils, fut corrompuë presque après sa mort, & resta dans cette corruption environ 1600. années. Mais il y avoit toujours quelques Quakers cachez dans le monde, qui prenoient soin de conserver le feu sacré, éteint partout ailleurs, jusqu'à ce qu'enfin cette lumiere s'étendit en Angleterre en l'an 1642.

Ce fut dans le tems que trois ou quatre Sectes déchiroient la Grande-Bretagne par des Guerres Civiles entreprises au nom de Dieu, qu'un nommé Georges Fox, du Comté de Leicester, fils d'un Ouvrier en soye, s'avisa de prêcher en vrai Apôtre, à ce qu'il prétendoit; c'est-à-dire sans sçavoir ni lire ni écrire. C'étoit un jeune-homme me de vingt-cinq ans, de mœurs itréprochables, & saintement fou. Il étoit vêtu de cuir depuis les pieds jusqu'à la tête, il alloit de Village en Village, criant contre la Guerre & contre le Clergé. S'il n'avoit prêché que contre les Gens de guerre, il n'avoit rien à craindre ; mais il attaquoit les Gens d'Eglise. Il fut bien-tôt mis en prison; on le mena à Darby devant le Juge de Paix. Fox se présenta au Juge avec son bonnet de cuir sur la tête. Un Sergent lui donna un grand soufflet, en lui disant: Gueux, ne sçais-tu pas qu'il faut paroître tête nuë devant Mr. le Juge ? Fox tendit l'autre jouë, & pria le Sergent de vouloir bien lui donner un autre soufflet pour l'amour de Dieu. Le Juge de Darby voulut lui faire prêter serment avant de l'interroger. Mon ami, sçache, dit-il au Juge, que je ne prends jamais le Nom de Dieu en vain. Le Juge voyant que cet homme le tutoyoit, l'envoya aux Petites-Maisons de Darby pour y être foüetté. Georges Fox alla en loüant Dieu à l'Hôpital des fous, où l'on ne manqua pas d'executer à la rigueur la Sentence du Juge. Ceux qui lui infligerent la pénitence du foüet furent bien surpris, quand il les pria de lui apliquer encore quelques coups de verges pour le bien de son ame. Ces Messieurs ne se firent pas prier : Fox eut sa double dose, dont il les remercia très-cordialement ; puis il se mit

*Tome IV.* B à les

à les prêcher. Dabord on rit, enfuite on l'écouta, & comme l'enthoufiafme eft une maladie qui fe gagne, plufieurs furent perfuadez, & ceux qui l'avoient fouëtté devinrent fes premiers Difciples. Délivré de fa prifon, il courut les champs avec une douzaine de Profélytes, prêchant toujours contre le Clergé, & fouëtté de tems en tems. Un jour étant mis au Pilori, il harangua tout le Peuple avec tant de force, qu'il convertit une cinquantaine d'Auditeurs, & mit le refte tellement dans fes intérêts qu'on le tira en tumulte du trou où il étoit, on alla chercher le Curé Anglican dont le crédit avoit fait condamner Fox à ce fuplice, & on le piloria à fa place.

Il ofa bien convertir quelques Soldats de Cromwel, qui quitterent le métier des armes, & refuferent de prêter le ferment. Cromwel ne vouloit pas d'une Secte où l'on ne fe battoit point, de même que Sixte-Quint auguroit mal d'une Secte, *dove non fi chiavava* : il fe fervit de fon pouvoir pour perfécuter ces nouveaux venus. On en rempliffoit les prifons; mais les perfécutions ne fervent prefque jamais qu'à faire des Profélytes. Ils fortoient de leurs prifons affermis dans leur créance, & fuivis de leurs Geoliers qu'ils avoient convertis. Mais voici ce qui contribua le plus à étendre la Secte. Fox fe croyoit infpiré, il crut par conféquent devoir parler d'une maniere

ET DE PHILOSOPHIE. 27

niere différente des autres hommes. Il se mit à trembler, à faire des contorsions & des grimaces, à retenir son haleine, à la pousser avec violence ; la Prêtresse de Delphes n'eût pas mieux fait. En peu de tems il acquit une grande habitude d'inspiration, & bien-tôt après il ne fut plus guéres en son pouvoir de parler autrement. Ce fut le premier don qu'il communiqua à ses Disciples. Ils firent de bonne foi toutes les grimaces de leur Maître, ils trembloient de toutes leurs forces au moment de l'inspiration. De-là ils en eurent le nom de Quakers qui signifie Trembleurs. Le petit Peuple s'amusoit à les contrefaire, on trembloit, on parloit du nez, on avoit des convulsions, & on croyoit avoir le S. Esprit. Il leur falloit quelques miracles, ils en firent.

Le Patriarche Fox dit publiquement à un Juge de Paix, en présence d'une grande Assemblée : Ami, prends garde à toi, Dieu te punira bien-tôt de persécuter les Saints. Ce Juge étoit un yvrogne qui s'enyvroit tous les jours de mauvaise biére & d'eau-de-vie ; il mourut d'apopléxie deux jours après, précisément comme il venoit de signer un ordre pour envoyer quelques Quakers en prison. Cette mort soudaine ne fut point attribuée à l'intempérance du Juge : tout le monde la regarda comme un effet des prédictions du Saint homme; cette mort fit plus de Quakers, que mille Sermons & autant de convulsions n'en auroient pu faire. Cromwel voyant que leur nombre augmentoit tous les jours, voulut les attirer à son parti, il leur fit offrir de l'argent; mais ils furent incorruptibles, & il dit un jour que cette Religion étoit la seule contre laquelle il n'avoit pû prévaloir avec des guinées.

Ils furent quelquefois persécutez sous Charles II. non pour leur Religion; mais pour ne vouloir pas payer les Dixmes au Clergé, pour tutoyer les Magistrats, & réfuser de prêter les sermens prescrits par la Loi.

Enfin Robert Barclay, Ecossois, présenta au Roi en 1675. son Apologie des Quakers, Ouvrage aussi bon qu'il pouvoit l'être. L'Epître Dédicatoire à Charles II. contient non des basses flateries, mais des véritez hardies, & des conseils justes. « Tu as
» goûté, dit-il à Charles, à la fin de cette
» Epître, de la douceur & de l'amertume,
» de la prospérité & des plus grands mal-
» heurs : tu as été chassé des pays où tu ré-
» gnes, tu as senti le poids de l'opression,
» & tu dois sçavoir combien l'Opresseur
» est détestable devant Dieu & devant les
» hommes : Que si après tant d'épreuves &
» de bénédictions ton cœur s'endurcissoit,
» & oublioit le Dieu qui s'est souvenu de
» toi dans tes disgraces, ton crime en se-
» roit

» roit plus grand, & ta condamnation plus
» terrible ; au-lieu donc d'écouter les fla-
» teurs de ta Cour, écoute la voix de ta
» conscience, qui ne te flatera jamais. Je
» suis ton fidéle ami & sujet, BARCLAY.

Ce qui est plus étonnant, c'est que cette Lettre écrite à un Roi, par un particulier obscur, eut son effet, & que la persécution cessa.

# HISTOIRE DES QUAKERS.

## CHAPITRE VI.

ENVIRON ce tems parut l'illustre Guillaume Pen, qui établit la puissance des Quakers en Amérique, & qui les auroit rendus respectables en Europe, si les hommes pouvoient respecter la Vertu sous des apparences ridicules. Il étoit fils unique du Chevalier Pen, Vice-Amiral d'Angleterre, & favori du Duc d'Yorck, depuis Jacques II.

Guillaume Pen, à l'âge de quinze ans, rencontra un Quaker à Oxfort, où il faisoit ses Etudes : ce Quaker le persuada, & le jeune-homme, qui étoit vif, naturellement éloquent, & qui avoit de l'ascendant dans sa Physionomie & dans ses manieres, gagna bien-tôt quelques-uns de ses camarades : il établit insensiblement une Société de Jeunes Quakers qui s'assembloient chez lui ; desorte qu'il se trouva Chef de la Secte à l'âge de seize ans.

De retour chez le Vice-Amiral son pere, au sortir du Collége, au-lieu de se mettre à genoux devant lui, & de lui demander sa bénédiction, selon l'usage des Anglois, il l'aborda le chapeau sur la tête, & lui dit : *Je suis fort aise, l'ami, de te voir en bonne santé.* Le Vice-Amiral crut que son fils étoit devenu fou ; il apperçut bien-tôt qu'il étoit Quaker. Il mit en usage tous les moyens que la prudence humaine peut employer pour l'engager à vivre comme un autre ; le jeune-homme ne répondit à son pere qu'en l'exhortant à se faire Quaker lui-même. Enfin le pere se relâcha à ne lui demander autre chose, sinon qu'il allât voir le Roi & le Duc d'Yorck le chapeau sous le bras, & qu'il ne les tutoyât point. Guillaume répondit que sa conscience ne le lui permettoit pas, & qu'il valloit mieux obéir à Dieu qu'aux hommes. Le pere indigné & au désespoir, le chassa de sa maison. Le jeune Pen remercia Dieu de ce qu'il souffroit déja pour sa cause; il alla prêcher dans la Cité, il y fit beaucoup de Profélites.

Les Prêches des Ministres éclaircissoient tous les jours, & comme il étoit jeune, beau & bien fait, les femmes de la Cour & de la Ville accouroient dévotement pour l'entendre. Le Patriarche George Fox vint du fond de l'Angleterre le voir à Londres, sur sa réputation; tous deux résolurent de faire des Missions dans les Pays Etrangers; ils s'embarquerent pour la Hollande, après avoir laissé des Ouvriers en assez bon nombre pour avoir soin de la vigne de Londres.

Leurs travaux eurent un heureux succès à Amsterdam. Mais ce qui leur fit plus d'honneur, & ce qui mit le plus leur humilité en danger, fut la réception que leur fit la Princesse Palatine Elizabeth, tante de George I. Roi d'Angleterre, femme illustre par son esprit & par son sçavoir, & à qui Descartes avoit dédié son Roman de Philosophie.

Elle étoit alors retirée à la Haye, où elle vit *les Amis;* car c'est ainsi qu'on appelloit alors les Quakers en Hollande. Elle eut plusieurs conférences avec eux; ils prêcherent souvent chez elle, & s'ils ne firent pas d'elle une parfaite Quakeresse, ils avoüerent au moins qu'elle n'étoit pas loin du Royaume des Cieux. Les Amis se-

B 4　　　　　　merent

merent aussi en Allemagne ; mais il y recuëillirent peu ; on ne goûta pas la mode de tutoyer dans un Pays où il faut prononcer toujours les termes d'Altesse & d'Excelence. Pen repassa bien-tôt en Angleterre sur la nouvelle de la maladie de son pere, il vint recueillir ses derniers soupirs. Le Vice-Amiral se réconcilia avec lui, & l'embrassa avec tendresse, quoiqu'il fût d'une différente Religion. Mais Guillaume l'exhorta en vain à ne point recevoir le Sacrement & à mourir Quaker ; & le vieux bon-homme recommanda inutilement à Guillaume d'avoir des boutons sur ses manches & des ganses à son chapeau.

Guillaume hérita de grands biens, parmi lesquels il se trouvoit des dettes de la Couronne pour des avances faites par le Vice-Amiral dans des Expéditions maritimes. Rien n'étoit moins assuré alors que l'argent dû par le Roi. Pen fut obligé d'aller tutoyer Charles II. & ses Ministres, plus d'une fois, pour son payement. Le Gouvernement lui donna en 1680. au-lieu d'argent, la propriété & la Souveraineté d'une Province d'Amérique, au Sud de Maryland. Voilà un Quaker devenu Souverain. Il partit pour ses nouveaux Etats avec deux Vaisseaux chargez de Quakers, qui le suivirent. On appella dès-lors le Pays *Pensilvania*, du nom de Pen ; il y fonda la ville

ville de Philadelphie, qui est aujourd'hui très-florissante. Il commença par faire une Ligue avec les Amériquains ses voisins. C'est le seul Traité entre ces Peuples & les Chrétiens qui n'ait point été juré, & qui n'ait point été rompu. Le nouveau Souverain fut aussi le Législateur de la Pensilvanie, il donna des Loix très-sages, dont aucune n'a été changée depuis lui. La premiere est de ne maltraiter personne au sujet de la Religion, & de regarder comme freres tous ceux qui croyent un Dieu.

A peine eût-il établi son Gouvernement, que plusieurs Marchands de l'Amérique vinrent peupler cette Colonie. Les Naturels du païs au lieu de fuïr dans les forêts, s'acoûtumerent insensiblement avec les pacifiques Quakers. Autant ils détestoient les autres Chrétiens conquérans & destructeurs de l'Amérique, autant ils aimoient ces nouveaux venus. En peu de tems ces prétendus Sauvages, charmez de ces prétendus voisins, vinrent en foule demander à Guillaume Pen de les recevoir au nombre de ses vassaux. C'étoit un spectacle bien nouveau, qu'un Souverain que tout le monde tutoyoit & à qui on parloit le chapeau sur la tête ; un Gouvernement sans Prêtres, un Peuple sans armes, des Citoyens tous égaux, à la Magistrature près, & des Voisins sans jalousie. Guillaume Pen pouvoit se vanter d'avoir aporté sur la terre l'Age d'Or, dont on parle

tant

tant, & qui n'a vraisemblablement existé qu'en Pensilvanie.

Il revint en Angleterre pour les affaires de son nouveau Pays, après la mort de Charles Second. Le Roi Jacques, qui avoit aimé son pere, eut la même affection pour le fils, & ne le considera plus comme un Sectaire obscur, mais comme un très-grand homme. La politique du Roi s'accordoit en cela avec son goût. Il avoit envie de flatter les Quakers en abolissant les Loix contre les Non-conformistes, afin de pouvoir introduire la Religion Catholique à la faveur de cette liberté. Toutes les Sectes d'Angleterre virent le piége, & ne s'y laisserent pas prendre ; elles sont toûjours réünis contre le Catholicisme, leur ennemi commun. Mais Pen ne crut pas devoir renoncer à ses principes pour favoriser des Protestans qui le haïssoient, contre un Roi qui l'aimoit Il avoit établi la liberté de conscience en Amérique, il n'avoit pas envie de vouloir paroître la détruire en Europe ; il demeura donc fidéle à Jacques Second, au point qu'il fut généralement accusé d'être Jesuite. Cette calomnie l'affligea sensiblement, il fut obligé de s'en justifier par des Ecrits publics. Cependant le malheureux Jacques Second, qui, comme presque tous les Stuards, étoit un composé de grandeur & de foiblesse, & qui, comme eux, en fit trop & trop peu, perdit son Royaume sans qu'il qu'il y eût une épée de tirée, & sans qu'on pût dire comment la chose arriva.

Toutes les Sectes Angloises reçurent de Guillaume Troisiéme & de son Parlement, cette même liberté qu'elles n'avoient pas voulu tenir des mains de Jacques. Ce fut alors que les Quakers commencerent à joüir par la force des Loix de tous les Priviléges dont ils sont en possession aujourd'hui. Pen, après avoir vû enfin sa Secte établie sans contradiction dans le Païs de sa naissance, retourna en Pensilvanie. Les siens & les Amériquains le reçurent avec des larmes de joye, comme un pere qui revenoit voir ses enfans. Toutes ses Loix avoient été religieusement observées pendant son absence; ce qui n'étoit arrivé à aucun Legislateur avant lui. Il resta quelques années à Philadelphie: il en partit enfin malgré lui pour aller solliciter à Londres des avantages nouveaux en faveur du Commerce des Pensilvains; il ne les revit plus, il mourut à Londres en 1718.

Je ne puis deviner quel sera le sort de la Religion des Quakers en Amérique; mais je vois qu'elle dépérit tous les jours à Londres. Par tout païs la Religion dominante, quand elle ne persécute point, engloutit à la longue toutes les autres. Les Quakers ne peuvent pas être Membres du Parlement, ni posseder aucun Office; parcequ'il faudroit prêter serment, & qu'ils ne veulent point jurer ; ils ſont réduits à la néceſſité de gagner de l'argent par le Commerce. Leurs enfans, enrichis par l'induſtrie de leurs peres, veulent joüir, avoir des honneurs, des boutons & des manchettes ; ils ſont honteux d'être apelez Quakers, & ſe font Proteſtans pour être à la mode.

# DE LA RELIGION ANGLICANE.

## CHAPITRE VII.

C'EST ici le Païs des Sectes : *multæ ſunt manſiones in domo Patris mei* ; un Anglois, comme un homme libre, va au Ciel par le chemin qu'il lui plaît.

Cependant, quoique chacun puiſſe ici ſervir Dieu à ſa mode, leur véritable Religion, celle où l'on fait fortune eſt la Secte des Epiſcopaux, apelée l'Egliſe Anglicane, ou l'Egliſe par excellence. On ne peut avoir d'emploi ni en Angleterre, ni en Irlande, ſans être du nombre des fidéles Anglicans.

Cette

Cette raison, qui est une excellente preuve, a converti tant de Non-conformistes, qu'aujourd'hui il n'y a pas la vingtiéme partie de la Nation qui soit hors du giron de l'Eglise dominante.

Le Clergé Anglican a retenu beaucoup des Cérémonies Catholiques, & surtout celle de recevoir les Dîmes, avec une attention très-scrupuleuse. Ils ont aussi la pieuse ambition d'être les maîtres; car quel Vicaire de village ne voudroit pas être Pape?

De-plus, ils fomentent, autant qu'ils peuvent, dans leurs Oüailles un saint zéle contre les Non-conformistes. Ce zéle étoit assez vif sous le Gouvernement des Toris, dans les dernieres années de la Reine Anne: mais il ne s'étendoit pas plus loin qu'à casser quelquefois les vîtres des Chapelles hérétiques, car la rage des Sectes a fini en Angleterre avec les Guerres civiles, & ce n'étoit plus sous la Reine Anne que les bruits sourds d'une mer encore agitée long-tems après la tempête. Quand les Whigs & les Toris déchirerent leur païs, comme autrefois les Guelphes & les Gibelins, il fallut bien que la Religion entrât dans les partis; les Toris étoient pour l'Episcopat, les Wighs le vouloient abolir: mais ils se sont contentez de l'abaisser quand ils ont été les maîtres.

Du tems que le Comte Harley d'Oxford & Mylord Bolingbroke faisoient boire la santé des Toris, l'Eglise Anglicane les regardoit

gardoit comme les défenseurs de ses saints Priviléges. L'Assemblée du bas Clergé, qui est une espece de Chambre des Communes, composée d'Ecclésiastiques, avoit alors quelque crédit; elle joüissoit aumoins de la liberté de s'assembler, de raisonner de controverse, & de faire brûler de tems en tems quelques Lives impies; c'est-à-dire, écrits contr'elle. Le Ministre, qui est Whig aujourd'hui, ne permet pas seulement à ces Messieurs de tenir leur Assemblée, ils sont réduits dans l'obscurité de leur Paroisse au triste emploi de prier Dieu pour le Gouvernement, qu'ils ne seroient pas fâchez de troubler.

Quant aux Evêques qui sont vingt-six en tout, ils ont séance dans la Chambre Haute en dépit des Whigs; parceque la coutume ou l'abus de les regarder comme Barons subsiste encore. Il y a une clause dans le Serment que l'on prête à l'Etat, laquelle exerce bien la patience Chrétienne de ces Messieurs; on y promet d'être de l'Eglise, comme elle est établie par la Loi. Il n'y a guéres d'Evêques, de Doyens, d'Archiprêtres, qui ne pensent l'être de Droit Divin; c'est donc un grand sujet de mortification pour eux d'être obligez d'avoüer, qu'ils tiennent tout d'une misérable Loi faite par des profanes Laïques. Un sçavant Religieux (le Pere Courayer) a écrit depuis peu un Livre pour prouver la validité & la succession

ET DE PHILOSOPHIE. 39

-cession des Ordinations Anglicanes. Cet Ouvrage a été proscrit en France ; mais croyez-vous qu'il ait plû au Ministére d'Angleterre? Point du tout ; les maudits Whigs se soucient très-peu que la succession Episcopale ait été interrompuë chez eux ou non, & que l'Evêque Parker ait été consacré dans un Cabaret (comme on le veut), ou dans une Eglise: ils aiment mieux même que les Evêques tirent leur autorité du Parlement que des Apôtres. Le Lord B.... dit que cette idée de Droit Divin ne serviroit qu'à faire des tyrans en camail & en rochet; mais que la Loi fait des Citoyens.

A l'égard des mœurs, le Clergé Anglican est plus réglé que celui de France & en voici la cause. Tous les Ecclésiastiques sont élevez dans l'Université d'Oxford, ou dans celle de Cambridge, loin de la corruption de la Capitale. Ils ne sont apelez aux Dignitez de l'Eglise que très-tard, & dans un âge où les hommes n'ont d'autres passions que l'avarice, lorsque leur ambition manque d'alimens. Les emplois sont ici la récompense des longs services dans l'Eglise, aussi-bien que dans l'Armée : on n'y voit pas des jeunes gens Evêques ou Colonels au sortir du Collége; de-plus, les Prêtres sont presque tous mariez. La mauvaise grace contractée dans l'Université, & le peu de commerce qu'on a ici avec les femmes, font que d'ordinaire un Evêque est forcé de

se

se contenter de la sienne. Les Prêtres vont quelquefois au Cabaret, parceque l'usage le leur permet; & s'ils s'enyvrent, c'est sérieusement & sans scandale.

Cet Etre indéfinissable, qui n'est ni Ecclésiastique ni Séculier: en un mot, ce que l'on apele un Abbé, est une espece inconnuë en Angleterre; les Ecclésiastiques sont tous ici réservez & presque tous pédans. Quand ils aprennent qu'en France des jeunes-gens connus par leurs débauches, & élevez à la Prélature par des intrigues de femmes, font publiquement l'amour, s'égayent à composer des Chansons tendres, donnent tous les jours des soupers délicats & longs, & de-là vont implorer les lumieres du Saint Esprit, & se nomment hardiment les Successeurs des Apôtres, ils remercient Dieu d'être Protestans : mais ce sont des vilains Hérétiques à bruler à tous les diables, comme dit Maître François Rablais. C'est pourquoi je ne me mêle point de leurs affaires,

# DES PRESBYTERIENS.

## CHAPITRE VIII.

LA Religion Anglicane ne s'étend qu'-
en Angleterre & en Irlande; le Presbytéranisme est la Religion dominante
en Ecosse. Ce Presbytéranisme n'est autre
chose que le Calvinisme pur, tel qu'il avoit
été établi en France, & qu'il subsiste à Ge-
nève. Comme les Prêtres de cette Secte ne
reçoivent dans les Eglises que des gages
très-médiocres, & que par conséquent ils
ne peuvent vivre dans le même luxe que les
Evêques, ils ont pris le parti naturel de crier
contre les honneurs où ils ne peuvent atteindre. Figurez-vous l'orgueilleux Diogêne,
qui fouloit aux pieds l'orgueil de Platon,
les Presbyteriens d'Ecosse ne ressemblent pas
mal à ce fier & gueux raisonneur; ils trai-
terent Charles II. avec bien moins d'égard
que Diogêne n'avoit traité Alexandre. Car,
lorsqu'ils prirent les armes pour lui contre
Cromwel qui les avoit trompez, ils firent
essuyer à ce pauvre Roi quatre Sermons par
jour,

jour: ils lui défendoient de joüer, ils le mettoient en pénitence; si-bien que Charles se lassa bientôt d'être Roi de ces Pédans, & s'échapa de leurs mains comme un Ecolier se sauve du Collége.

Devant un jeune & vif Bachelier François, criaillant le matin dans les Ecoles de Théologie, le soir chantant avec les Dames, un Théologien Anglican est un Caton; mais ce Caton paroît un Galant devant un Presbytérien d'Ecosse. Ce dernier affecte une démarche grave, un air fâché, un vaste chapeau, un long manteau par-dessus, un habit court, prêche du nez, & donne le nom de Prostituée de Babylone à toutes les Eglises, où quelques Ecclésiastiques sont assez heureux d'avoir cinquante mille livres de rente, & où le Peuple est assez bon pour le souffrir, & pour les apeler Monseigneur, Votre Grandeur, & Votre Eminence.

Ces Messieurs, qui ont aussi quelques Eglises en Angleterre, ont mis les airs graves & sévéres à la mode en ce Païs. C'est à eux qu'on doit la sanctification du Dimanche dans les trois Royaumes. Il est défendu ce jour-là de travailler & de se divertir; ce qui est le double de la sévérité des Eglises Catholiques. Point d'Opéra, point de Comédie, point de Concerts à Londres le Dimanche; les Cartes même y sont si expressément défendües,

# ET DE PHILOSOPHIE. 43

[du]ës, qu'il n'y a que les personnes de [qu]alité, & ce qu'on apelle les honnêtes [ge]ns, qui joüent ce jour-là ; le reste de la [N]ation va au Sermon, au Cabaret & chez [l]es Filles de joye.

Quoique la Secte Episcopale & la Presbytérienne soient les deux dominantes dans [la] Grande-Bretagne, toutes les autres y [so]nt bien venuës & vivent assez bien en[se]mble, pendant que la plûpart de leurs [p]rédicans se détestent réciproquement avec [p]resqu'autant de cordialité qu'un Jansé[n]iste damne un Jesuite.

Entrez dans la Bourse de Londres, cette Place plus respectable que bien des Cours, dans laquelle s'assemblent les Députez de toutes les Nations pour l'utilité des hommes : Là le Juif, le Mahometan & le Chrétien, traitent l'un avec l'autre comme s'ils étoient de la même Religion, & ne donnent le nom d'Infidéles qu'à ceux qui font banqueroute. Là le Presbytérien se fie à l'Anabaptiste, & l'Anglican reçoit la promesse du Quaker. Au sortir de ces pacifiques & libres Assemblées, les uns vont à la Synagogue, les autres vont boire : celui-ci va se faire baptiser dans une grande Cuve au nom du Pere, par le Fils, au S. Esprit : celui-là fait couper le prépuce de son fils, & fait marmotter sur l'enfant des paroles Hébraïques qu'il n'entend point ; les autres vont dans leur Eglise attendre l'inspiration

de

de Dieu, leur chapeau sur la tête, & tous sont contens.

S'ils n'y avoit en Angleterre qu'une Religion, le Despotisme seroit à craindre. S'il n'y en avoit que deux, elles se couperoient la gorge; mais il y en a trente, & elles vivent en paix & d'heureuse.

# DES SOCINIENS, OU ARIENS, OU TITRINITAIRES.

## CHAPITE IX.

Il y a ici une petite Secte composée d'Ecclésiastiques & de quelques Séculiers très-sçavans, qui ne prennent ni le nom d'Ariens, ni celui de Sociniens; mais qui ne sont point du tout de l'avis de St. Athanase sur le Chapitre de la Trinité, & qui vous disent nettement que le Pere est plus grand que le Fils.

## ET DE PHILOSOPHIE. 45

Vous souvenez-vous d'un certain Evêque Orthodoxe, qui pour convaincre un Empereur de la Consubstantiation, s'avisa de prendre le fils de l'Empereur sous le menton, & de lui tirer le nez en présence de Sa Sacrée Majesté ? L'Empereur alloit faire jetter l'Evêque par ses fenêtres, quand le bon-homme lui dit ces belles & convaincantes paroles : Seigneur, si Votre Majesté est si fâchée que l'on manque de respect à son fils, comment pensez-vous que Dieu le Pere traitera ceux qui refusent à Jesus-Christ les titres qui lui sont dûs? Les gens dont je vous parle disent que le S. Evêque étoit fort mal-avisé, que son argument n'étoit rien moins que concluant, & que l'Empereur devoit lui répondre : Aprenez qu'il y a deux façons de me manquer de respect ; la premiére, de ne rendre pas assez d'honneur à mon fils ; & la seconde, de lui en rendre autant qu'à moi.

Quoiqu'il en soit, le parti d'Arius commence à revivre en Angleterre aussi-bien qu'en Hollande & en Pologne. Le grand Mr. Newton faisoit à cette opinion l'honneur de la favoriser. Ce Philosophe pensoit que les Unitaires raisonnoient plus géométriquement que nous. Mais le plus ferme Patron de la Doctrine Arienne, est l'illustre Docteur Clarke. Cet homme est d'une vertu rigide, & d'un caractére doux, plus amateur de ses opinions que passionné

pour

pour faire des Profélytes, uniquement occupé de calculs & de démonstrations, aveugle & sourd pour tout le reste, une vraye machine à raisonnemens.

C'est lui qui est l'Auteur d'un Livre assez peu entendu, & estimé, sur l'existence de Dieu; & d'un autre plus intelligible, mais assez méprisé, sur la vérité de la Religion Chrétienne.

Il ne s'est point engagé dans des belles disputes Scholastiques, que notre ami appelle de vénérables billevesées, il s'est contenté de faire imprimer un Livre qui contient tous les témoignages des premiers siécles pour & contre les Unitaires, & a laissé au Lecteur le soin de compter les voix & de juger. Ce Livre du Docteur lui a attiré beaucoup de Partisans; mais l'a empêché d'être Archevêque de Cantorbéry: Car lorsque la Reine Anne voulut lui donner ce Poste, un Docteur nommé Gibson, qui avoit sans doute ses raisons, dit à la Reine: MADAME, Mr. Clarke est le plus sçavant & le plus honnête-homme du Royaume, il ne lui manque qu'une chose. Et quoi, dit la Reine? C'est d'être Chrétien, dit le Docteur bénévole. Je croi que Clarke s'est trompé dans son calcul, & qu'il valoit mieux être Primat Orthodoxe d'Angleterre, que Curé Arien.

Vous voyez quelles révolutions arrivent dans les opinions comme dans les Empires

## ET DE PHILOSOPHIE. 47

Le parti d'Arius après trois cens ans [de] triomphe, & douze siécles d'oubli, re[naî]t enfin de sa cendre; mais il prend très-[m]al son tems de reparoître dans un âge où [t]out le monde est rassasié de disputes & de [Se]ctes. Celle-ci est encore trop petite pour [o]btenir la liberté des Assemblées publi[q]ues; elle l'obtiendra sans doute si elle [de]vient plus nombreuse : mais on est si [ti]éde à présent surtout cela, qu'il n'y a [p]lus guéres de fortune à faire pour une [r]eligion nouvelle ou renouvellée. N'est-[c]e pas une chose plaisante que Luther, [C]alvin, Zuingle, tous Ecrivains qu'on ne [p]eut lire, ayent fondé des Sectes qui par[t]agent l'Europe; que l'ignorant Mahomet [ai]t donné une Religion à l'Asie & à l'Afri[q]ue; & que Messieurs Newton, Clarke, [L]ock, le Clerc, &c. les plus grands Phi[l]osophes & les meilleures Plumes de leur [t]ems, ayent pû à peine venir à bout d'é[t]ablir un petit Troupeau, qui même diminuë tous les jours.

Voilà ce que c'est que de venir au monde à propos. Si le Cardinal de Retz reparoissoit au jourd'hui, il n'ameuteroit pas dix femmes dans Paris.

Si Cromwel renaissoit, lui qui a fait couper la tête à son Roi, & s'est fait Souverain, il seroit un simple Marchand de Londres.

DU

# DU PARLEMENT.

## CHAPITRE X.

LEs Membres du Parlement d'Angletetre aiment à se comparer aux anciens Romains autant qu'ils le peuvent.

Il n'y a pas long-tems que Mr. Schipping dans la Chambre des Communes, commença son Discours par ces mots : *La Majesté du Peuple Anglois seroit blessée.* La singularité de l'expression causa un grand éclat de rire ; mais sans se déconcerter, il répéta les mêmes paroles d'un air ferme, & on ne rit plus. J'avouë que je ne vois rien de commun entre la Majesté du Peuple Anglois & celle du Peuple Romain, encore moins entre leurs Gouvernemens. Il y a un Sénat à Londres dont quelques Membres sont soupçonnez, quoiqu'à tort sans doute, de vendre leurs voix dans l'occasion, comme on faisoit à Rome :

ET DE PHILOSOPHIE. 49

[...]e : voilà toute la ressemblance. D'ail[leu]rs, les deux Nations me paroissent entie[re]ment différentes, soit en bien, soit en [m]al. On n'a jamais connu chez les Ro[m]ains la folie horrible des guerres de Re[li]gion ; cette abomination étoit réservée à [c]es Dévots, Prêcheurs d'humilité & de pa[tie]nce. Marius & Sylla, Pompée & Cé[sar], Antoine & Auguste, ne se battoient [po]int pour décider si le Flamen devoit por[ter] sa chemise pardessus sa robbe, ou sa robbe [pa]rdessus sa chemise; & si les Poulets Sacrez [de]voient manger & boire, ou bien man[ge]r seulement, pour qu'on prît les Augu[re]s. Les Anglois se sont fait pendre autre[fo]is réciproquement à leurs Assises, & se [so]nt détruits en bataille rangée pour des [q]uerelles de pareille espece. La Secte des [E]piscopaux & le Presbytérianisme ont tour[n]é, pour un tems, ces têtes mélancoli[q]ues. Je m'imagine que pareille sotise ne [le]ur arrivera plus; ils me paroissent deve[n]ir sages à leurs dépens, & je ne leur voi [n]ulle envie de s'égorger dorénavant pour [d]es syllogismes. Toutefois qui peut ré[p]ondre des hommes ?

Voici une différence plus essentielle en[tr]e Rome & l'Angleterre, qui met tout [l']avantage du côté de la derniere ; c'est [q]ue le fruit des Guerres Civiles à Rome a [é]té l'esclavage, & celui des troubles d'An[g]leterre, la liberté. La Nation Angloise est

*Tome IV.*         C         la

la seule de la Terre, qui soit parvenuë à régler le pouvoir des Rois en leur résistant, & qui d'efforts en efforts ait enfin établi ce Gouvernement sage, où le Prince Tout-puissant pour faire du bien, a les mains liées pour faire le mal, où les Seigneurs sont grands sans insolence & sans Vassaux, & où le Peuple partage le Gouvernement sans confusion (*).

La Chambre des Pairs & celle des Communes sont les Arbitres de la Nation, le Roi est le Surarbitre. Cette balance manquoit aux Romains; les Grands & le Peuple étoient toûjours en division à Rome, sans qu'il y eût un pouvoir mitoyen qui pût les accorder. Le Sénat de Rome, qui avoit l'injuste & punissable orgueil de ne vouloir rien partager avec les Plébéïens, ne connoissoit d'autre secret pour les éloigner du Gouvernement, que de les occuper toujours dans les Guerres Etrangeres; ils regardoient le Peuple comme une Bête féroce qu'il falloit lâcher sur leurs voisins, de-peur qu'elle ne devorât ses Maîtres. Ainsi le plus grand défaut du Gouvernement

(*) Il faut ici bien soigneusement peser les termes. Le mot de Roi ne signifie point partout la même chose. En France, en Espagne, il signifie un homme qui par les droits du sang est le Juge Souverain & sans appel de toute la Nation. En Angleterre, en Suede, en Pologne, il signifie le Premier Magistrat.

vernement des Romains en fit des Conquérans; c'est parcequ'ils étoient malheureux chez eux qu'ils devinrent les Maîtres du monde, jusqu'à ce qu'enfin leurs divisions les rendirent esclaves.

Le Gouvernement d'Angleterre n'est point fait pour un si grand éclat, ni pour une fin si funeste; son but n'est point la brillante folie de faire des conquêtes; mais d'empêcher que ses voisins n'en fassent. Ce Peuple n'est pas seulement jaloux de sa liberté; il l'est encore de celle des autres. Les Anglois étoient acharnez contre Loüis XIV. uniquement parcequ'ils lui croyoient de l'ambition. Il en a coûté sans doute pour établir la liberté en Angleterre: c'est dans des mers de sang qu'on a noyé l'Idole du Pouvoir despotique; mais les Anglois ne croyent point avoir acheté trop cher leurs Loix. Les autres Nations n'ont pas versé moins de sang qu'eux; mais ce sang qu'elles ont répandu pour la cause de leur liberté, n'a fait que cimenter leur servitude.

Ce qui devient une révolution en Angleterre, n'est qu'une sédition dans les autres pays. Une Ville prend les armes pour défendre ses Priviléges, soit en Barbarie, soit en Turquie; aussi-tôt des Soldats mercenaires la subjuguent, des Bourreaux la punissent, & le reste de la Nation baise ses chaînes. Les François pensent que le Gouvernement de cette Isle est plus orageux que la mer qui l'environne ; & cela cela est vrai ; mais c'est quand le Roi commence la tempête, c'est quand il veut se rendre le Maître du Vaisseau dont il n'est que le premier Pilote. Les Guerres Civiles de France ont été plus longues, plus cruelles, plus fécondes en crimes que celles d'Angletere ; mais de toutes ces Guerres Civiles aucune n'a eu une liberté sage pour objet.

Dans le tems détestable de Charles IX. & de Henri III. il s'agissoit seulement de sçavoir si on seroit l'esclave des Guises ; pour la derniere guerre de Paris elle ne mérite que des siflets. Il me semble que je vois des Ecoliers qui se mutinent contre le Préfet d'un Collége, & qui finissent par être fouettez. Le Cardinal de Retz avec beaucoup d'esprit & de courage mal employez, rebelle sans aucun sujet, factieux sans dessein, Chef de parti sans Armée, cabaloit pour cabaler, & sembloit faire la Guerre Civile pour son plaisir. Le Parlement de Paris ne sçavoit ce qu'il vouloit, ni ce qu'il ne vouloit pas. Il levoit des troupes par Arrêt, il les cassoit : il menaçoit, demandoit pardon ; il mettoit à prix la tête du Cardinal Mazarin, & ensuite venoit le complimenter en cérémonie. Nos Guerres Civiles sous Charles VI. avoient été cruelles, celles de la Ligue furent abominables,

ET DE PHILOSOPHIE. 53

minables, celle de la Fronde fut ridicule.

Ce qu'on reproche le plus en France aux Anglois, c'est le supplice de Charles I. Monarque digne d'un meilleur sort, qui fut, & avec raison, traité par ses vainqueurs comme il les eût traité s'il eût été heureux. Après tout, regardez d'un côté Charles I. vaincu en bataille rangée, prisonnier, jugé, condamné dans Westminster, & décapité; & de l'autre, l'Empereur Henri VII. empoisonné par son Chapelain en communiant, Henri III. assassiné par un Moine, trente assassinats méditez contre Henri IV. plusieurs executez, & le dernier privant enfin la France de ce grand Roi: pesez ces attentats, & jugez.

# SUR LE GOUVERNEMENT.

## CHAPITRE XI.

CE mélange dans le Gouvernement d'Angleterre, ce Concert entre les Communes, les Lords & le Roi, n'a pas toujours subsisté. L'Angleterre a été long-tems esclave, elle l'a été des Romains, des Saxons, des Danois, des François. Guillaume le Conquérant la gouverna surtout avec un Sceptre de fer. Il disposoit des biens, de la vie de ses nouveaux Sujets, comme un Monarque de l'Orient ; il défendit, sous peine de mort, qu'aucun Anglois osât avoir du feu & de la lumiere chez lui passé huit heures du soir ; soit qu'il prétendît par-là prévenir leurs assemblées nocturnes, soit qu'il voulût essayer par une défense si bizarre jusqu'où peut aller le pouvoir des hommes sur d'autres hommes. Il est vrai qu'avant & après Guillaume le Conquérant les Anglois ont eu des Parlemens ; ils s'en vantent, comme si ces Assemblées, appellées alors Parlemens, composées de Tyrans Ecclésiastiques & de pillars, nommez Barons,

avoient

avoient été les gardiens de la Liberté & de la Félicité publique.

Les Barbares, qui des bords de la mer Baltique fondirent dans le reste de l'Europe, apportèrent avec eux l'usage de ces Etats ou Parlemens, dont on fait tant de bruit, & qu'on connoît si peu; les Rois alors n'étoient point despotiques, cela est vrai, & c'est précisément par cette raison que les peuples gémissoient dans une servitude misérable; les Chefs de ces Sauvages, qui avoient ravagé la France, l'Italie, l'Espagne & l'Angleterre, se firent Monarques. Leurs Capitaines partagèrent entr'eux les Terres des vaincus: de-là ces Margraves, ces Lords, ces Barons, ces Sous-Tyrans, qui disputoient souvent avec des Rois mal affermis les dépouilles des Peuples. C'étoient des Oiseaux de proye combattans contre un Aigle pour sucer le sang des Colombes: chaque Peuple avoit cent Tyrans au-lieu d'un bon Maître. Des Prêtres se mirent bien-tôt de la partie; de tout tems le sort des Gaulois, des Germains, des Insulaires d'Angleterre, avoit été d'être gouvernez par leurs Druïdes, & par les Chefs de leurs Villages, ancienne espece de Barons; mais moins Tyrans que leurs successeurs. Ces Druïdes se disoient médiateurs entre la Divinité & les hommes; ils faisoient des Loix, ils excommunioient, ils condamnoient à la mort. Les Evêques succederent peu-à-peu à leur autorité temporelle dans le Gouvernemnt Goth & Vandale. Les Papes se mirent à leur tête, & avec des Brefs, des Bulles & des Moines, ils firent trembler les Rois, les déposerent, les firent assassiner, & tirerent à eux tout l'argent qu'ils purent de l'Europe. L'imbécile Inas, l'un des Tyrans de la Heptarchie d'Angleterre, fut le premier qui dans un Pélérinage à Rome se soumit à payer le denier de St. Pierre ( ce qui étoit environ un écu de notre monnoye ) pour chaque maison de son Territoire. Toute l'Isle suivit bien-tôt cet exemple, l'Angleterre devint petit-à-petit une Province du Pape; le St. Pere y envoyoit de tems en tems ses Légats pour y lever des impôts exorbitans. Jean-sans-terre fit enfin une cession en bonne forme de son Royaume à Sa Sainteté qui l'avoit excommunié; les Barons qui n'y trouverent pas leur compte chasserent ce misérable Roi, & mirent à sa place Loüis VIII. pere de St. Loüis Roi de France. Mais ils se dégoûterent bien-tôt de ce nouveau venu, & lui firent repasser la mer.

 Tandis que les Barons, les Evêques, les Papes déchiroient tous ainsi l'Angleterre, où tous vouloient commander; le Peuple, la plus nombreuse, la plus utile, & même la plus vertueuse partie des hommes, composée de ceux qui étudient les
Loix

voix & les Sciences, des Négocians, des Artisans; le Peuple, dis-je, étoit regardé par eux comme des Animaux au-dessous de l'homme. Il s'en falloit bien que les Communes eussent alors part au Gouvernement; c'étoient des Vilains, leur travail, leur sang appartenoient à leurs Maîtres qui s'appelloient Nobles. Le plus grand nombre des hommes étoit en Europe ce qu'ils sont encore en plusieurs endroits du monde, serfs d'un Seigneur, espece de bétail qu'on vend & qu'on achete avec la Terre. Il a fallu des siécles, pour rendre justice à l'humanité, pour sentir qu'il étoit horrible que le grand nombre semât & que le petit recueillît; & n'est-ce pas un bonheur pour les Français que l'autorité de ces petits Brigands ait été éteinte en France par la Puissance légitime des Rois, en Angleterre par celle du Roi & de la Nation?

Heureusement dans les secousses que les querelles des Rois & des Grands donnoient aux Empires, les fers des Nations se sont plus ou moins relâchez, la Liberté est née en Angleterre des querelles des Tyrans. Les Barons forcerent Jean-sans-terre & Henri III. à accorder cette fameuse Charte dont le principal but étoit a la vérité de mettre les Rois dans la dépendance des

Lords ; mais dans laquelle le reste de la Nation fut un peu favorisé ; afin que dans l'occasion elle se rangeât du parti de ses prétendus Protecteurs. Ce qu'on reproche le plus en France aux Anglais, & avec raison, c'est le suplice de Charles premier, Monarque digne d'un meilleur sort.

Voici comme commence la grande Charte : » Nous accordons de notre libre vo- » lonté les Priviléges suivans aux Archevê- » ques, Evêques, Abbez, Prieurs & Ba- » rons de notre Royaume, &c.

Dans les Articles de cette Charte, il n'est pas dit un mot de la Chambre des Communes ; preuve qu'elle n'existoit pas encore, ou qu'elle existoit sans pouvoir. On y spécifie les hommes libres d'Angleterre, triste démonstration qu'il y en avoit qui ne l'étoient pas ; on voit par l'Article XXXII. que les hommes prétendus libres devoient le service à leur Seigneur. Une telle Liberté tenoit encore beaucoup de l'esclavage.

Par l'Article XXI. le Roi ordonne que ses Officiers ne pourront dorénavant prendre de force les chevaux & les charettes des hommes libres qu'en payant. Ce Réglement parut au Peuple une vraye Liberté, parcequ'il ôtoit une plus grande Tyrannie.

Henry,

ET DE PHILOSOPHIE. 59

Henry VII. Usurpateur heureux & grand Politique, qui faisoit semblant d'aimer les Barons, mais qui les haïssoit & les craignoit; s'avisa de procurer l'aliénation de leurs Terres. Par-là les Vilains qui dans la suite acquirent du bien par leurs travaux, acheterent les Châteaux des illustres Pairs qui s'étoient ruinez par leur folie : peu-à-peu toutes les Terres changerent de Maître.

La Chambre des Communes devint de jour en jour plus puissante. Les familles des anciens Pairs s'éteignirent avec le tems; & comme il n'y a proprement que les Pairs qui soient Nobles en Angleterre, dans la rigueur de la Loi, il n'y auroit plus du tout de Noblesse en ce Païs-là, si les Rois n'avoient pas créé de nouveaux Barons de tems en tems, & conservé le Corps des Pairs qu'ils avoient tant craint autrefois, pour l'oposer à celui des Communes devenu trop redoutable.

Tous ces nouveaux Pairs qui composent la Chambre Haute, reçoivent du Roi leur titre & rien de plus, puisqu'aucun d'eux n'a la Terre dont il porte le nom. L'un est Duc de Dorset, & n'a pas un pouce de terre en Dorsetshire; l'autre est Comte d'un Village, qui sçait à peine où ce Village est situé. Ils ont du pouvoir dans le Parlement, non ailleurs.

Vous n'entendez point ici parler de haute,
moyenne

moyenne & baſſe Juſtice, ni du droit de chaſſer ſur les Terres d'un Citoyen, lequel n'a pas là liberté de tirer un coup de fuſil ſur ſon propre champ.

Un homme, parcequ'il eſt Noble ou Prêtre, n'eſt point ici exempt de payer certaines taxes; tous les impôts ſont réglez par la Chambre des Communes, qui n'étant que la ſeconde par ſon rang, eſt la premiere par ſon crédit.

Les Seigneurs & les Evêques peuvent bien rejetter le Bill des Communes, lorſqu'il s'agit de lever de l'argent; mais il ne leur eſt pas permis d'y rien changer, il faut ou qu'ils le reçoivent, ou qu'ils le rejettent ſans reſtriction. Quand le Bill eſt confirmé par les Lords & aprouvé par le Roi, alors tout le monde paye, chacun donne, non ſelon ſa qualité (ce qui ſeroit abſurde) mais ſelon ſon revenu. Il n'y a point de taille, ni de capitation arbitraire; mais une taxe réelle ſur les Terres, elles ont été évaluées toutes ſous le fameux Roi Guillaume III.

La taxe ſubſiſte toûjours la même, quoique les revenus des Terres ayent augmenté; ainſi perſonne n'eſt foulé & perſonne ne ſe plaint; le Payſan n'a point les pieds meurtris par des ſabots, il mange du pain blanc, il eſt bien vêtu, il ne craint point d'augmenter le nombre de ſes Beſtiaux, ni de couvrir ſon toît de tuiles, de-peur que

…e l'on ne hausse ses impôts l'année d'a-
…ès. Il y a ici beaucoup de Paysans qui
…t environ cinq ou six cens livres Sterling
… revenu, & qui ne dédaignent pas de
…ntinuer à cultiver la terre qui les a
…richis, & dans laquelle ils vivent li-
…res.

# SUR LE COMMERCE.

## CHAPITRE XII.

LE Commerce, qui a enrichi les Citoyens en Angleterre, a contribué à les rendre libres, & cette liberté a étendu le Commerce à son tour; de-là s'est formé la grandeur de l'Etat. C'est le Commerce qui a établi peu-à-peu les forces navales, par qui les Anglois sont les Maîtres des Mers; ils ont à présent près de deux cens Vaisseaux de guerre. La postérité aprendra peut-être avec surprise, qu'une petite Isle, qui n'a de soi-même qu'un peu de Bled, de Plomb, de l'Etain, de la terre à Foulon, & de la Laine grossiere, est devenuë par son Commerce assez puissante

pour

pour envoyer en 1723. trois Flottes à la fois en trois extrémitez du Monde: l'une devant Gibraltar, conquise & conservée par ses armes : l'autre à Portobello pour ôter au Roi d'Espagne la joüiſſance des tréſors des Indes ; & la troiſiéme dans la Mer Baltique pour empêcher les Puiſſances du Nord de ſe battre.

Quand Loüis XIV. faiſoit trembler l'Italie, & que ſes Armées, déja maîtreſſes de la Savoye & du Piémont, étoient prêtes de prendre Turin, il fallut que le Prince Eugene marchât du fond de l'Allemagne au ſecours du Duc de Savoye. Il n'avoit point d'argent, ſans quoi on ne prend ni ne défend les Villes ; il eut recours à des Marchands Anglois. En une demie-heure de tems on lui prêta cinq Millions; avec cela il délivra Turin, battit les François, & écrivit à ceux qui avoient prêté cette ſomme ce petit billet : « Meſſieurs, j'ai reçu votre argent, & je me flatte de l'avoir bien employé à votre ſatisfaction. » Tout cela donne un juſte orgueil à un Marchand Anglois, & ſçait qu'il oſe ſe comparer, non ſans quelque raiſon, à un Citoyen Romain. Auſſi le cadet d'un Pair du Royaume ne dédaigne point le négoce. Mylord Townshend Miniſtre d'Etat, a un frere qui ſe contente d'être Marchand dans la Cité. Dans le tems que Mylord Oxford gouvernoit l'Angleterre, ſon cadet étoit Facteur à Alep, à Alep, d'où il ne voulut pas revenir, & où il est mort. Cette coutume, qui pourtant commence trop à se passer, paroît monstrueuse à des Allemands entêtez de leurs quartiers : ils ne sçauroient concevoir que le fils d'un Pair d'Angleterre, ne soit qu'un riche & puissant Bourgeois, au-lieu qu'en Allemagne tout est Prince. On a vû jusqu'à trente Altesses du même nom, n'ayans pour tout bien que des Armoiries & de l'orgueil.

En France est Marquis qui veut, & quiconque arrive à Paris du fond d'une Province avec de l'argent à dépenser, & un nom en *ac* ou en *ille*, peut dire *un homme comme moi ! un homme de ma qualité !* & mépriser souverainement un Négociant ; le Négociant entend lui-même parler si souvent avec dédain de sa Profession, qu'il est assez sot pour en rougir. Je ne sçai pourtant lequel est le plus utile à un Etat, ou un Seigneur bien poudré, qui sçait précisément à quelle heure le Roi se leve, à quelle heure il se couche, & qui se donne des airs de grandeur en joüant le rôle d'esclave dans l'Antichambre d'un Ministre ; ou un Négociant qui enrichit son pays, donne de son cabinet des ordres à Suratte & au Caire, & contribuë au bonheur du monde.

SUR

# SUR L'INSERTION DE LA PETITE VÉROLE.

## CHAPITRE XIII.

ON dit doucement dans l'Europe Chrétienne que les Anglois sont des fous & des enragez : des fous, parce qu'ils donnent la petite Vérole à leurs enfans pour les empêcher de l'avoir ; des enragez, parcequ'ils communiquent de gayeté de cœur à ces enfans une maladie certaine & affreuse dans la vuë de prévenir un mal incertain. Les Anglois de leur côté disent, que les autres Européans sont des lâches & des dénaturez ; ils sont lâches, en ce qu'ils craignent de faire un peu de mal à leurs enfans ; dénaturez, en ce qu'ils les exposent à mourir un jour de la petite Vérole. Pour juger laquelle des deux Nations a raison, voici l'histoire de cette fameuse Insertion dont on parle en France avec tant d'effroi.

Les

Les femmes de Circassie sont, de tems immémorial, dans l'usage de donner la petite Vérole à leurs enfans, même à l'âge de six mois, en leur faisant une incision au bras, & en insérant dans cette incision une pustule qu'elles ont soigneusement enlevée du corps d'un autre enfant. Cette pustule fait dans le bras où elle est insinuée l'effet du levain dans un morceau de pâte; elle y fermente, & répand dans la masse du sang les qualitez dont elle est empreinte. Les boutons de l'enfant, à qui l'on a donné cette petite Vérole artificielle, servent à porter la même maladie à d'autres. C'est une circulation presque continuelle en Circassie, & quand malheureusement il n'y a point de petite Vérole dans le pays, on est aussi embarassé qu'on l'est ailleurs dans une mauvaise année.

Ce qui a introduit en Circassie cette coutume, qui paroit si étrange à d'autres Peuples, est pourtant une cause commune à tous les Peuples de la Terre; c'est la tendresse maternelle & l'intérêt.

Les Circassiens sont pauvres, & leurs filles sont belles; aussi ce sont elles dont ils font le plus de trafic. Ils fournissent de Beautez les Harems du Grand-Seigneur, le Sophi de Perse, & ceux qui sont assez riches pour acheter & pour entretenir cette marchandise précieuse. Ils élevent ces filles en tout bien & en tout honneur à caresser

les

les hommes, à former des danses pleines de lasciveté & de molesse, à rallumer par tous les artifices les plus voluptueux le goût des Maîtres dédaigneux à qui elles sont destinées. Ces pauvres créatures répetent tous les jours leur leçon avec leur mere, comme nos petites filles répétent leur Catechisme, sans y rien comprendre.

Or il arrivoit souvent qu'un pere & une mere, après avoir bien pris des peines pour donner une bonne éducation à leurs enfans, se voyoient tout-d'un-coup frustrez de leur espérance. La petite Vérole se mettoit dans la famille, une fille en mouroit, une autre perdoit un œil, une troisiéme relevoit avec un gros nez, & les pauvres gens étoient ruinez sans ressource. Souvent même quand la petite Vérole devenoit épidémique, le Commerce étoit interrompu pour plusieurs années; ce qui causoit une notable diminution dans les Serails de Perse & de Turquie.

Une Nation commerçante est toûjours fort allerte sur ses intérêts, & ne néglige rien des connoissances qui peuvent être utiles à son Négoce. Les Circassiens s'aperçurent que sur mille personnes il s'en trouvoit à peine une seule qui fût attaquée deux fois d'une petite Vérole bien complette; qu'à la vérité on essuye quelquefois trois ou quatre petites Véroles légéres, mais jamais deux qui soient décidées & dangereuses;

ET DE PHILOSOPHIE. 67

...ses; qu'en un mot, jamais on n'a véri-
...ment cette maladie deux fois en sa vie.
...emarquerent encore, que quand les pe-
...s Véroles sont très-bénignes, & que
...r irruption ne trouve à percer qu'une
...u délicate & fine, elles ne laissent au-
...e impression sur le visage. De ces obser-
...ons naturelles ils conclurent, que si un
...nt de six mois, ou d'un an, avoit une
...te Vérole benigne, il n'en mourroit pas;
...'en seroit pas marqué, & seroit quitte
...cette maladie pour le reste de ses jours.
...l restoit donc pour conserver la vie &
...beauté de leurs enfans, de leur donner
...petite Vérole de bonne heure; c'est ce
...e l'on fit en inserant dans le corps d'un
...fant un bouton que l'on prit de la petite
...érole la plus complette, & en même tems
...plus favorable qu'on pût trouver.

L'expérience ne pouvoit pas manquer
... réussir. Les Turcs qui sont gens sensez,
...dopterent bien-tôt après cette coûtume,
...aujourd'hui il n'y a point de Bacha dans
Constantinople qui ne donne la petite Vérole à son fils & à sa fille en les faisant sevrer.

Il y a quelques gens qui prétendent que
les Circassiens prirent autrefois cette coûtume des Arabes; mais nous laissons ce point
d'histoire à éclaircir par quelques sçavant
Benédictin, qui ne manquera pas de composer là-dessus plusieurs Volumes *in-folio*
avec les preuves. Tout ce que j'ai à dire sur

cette

cette matiere, c'est que dans le commencement du Régne de George I. Madame de Wortley Montaigu, une des femmes d'Angleterre qui a le plus d'esprit, & le plus de force dans l'esprit, étant avec son mari en Ambassade à Constantinople, s'avisa de donner sans scrupule la petite Vérole à un enfant dont elle étoit accouchée en ce Pays. Son Chapelain eut beau lui dire que cette expérience n'étoit point Chrétienne, & ne pouvoit réussir que chez des Infidéles, le fils de Madame Wortley s'en trouva à merveille; cette Dame de retour à Londres fit part de son expérience à la Princesse de Galles qui est aujourd'hui Reine. Il faut avoüer que, Titres & Couronnes à part, cette Princesse est née pour encourager tous les Arts, & pour faire du bien aux hommes; c'est un Philosophe aimable sur le Trône: elle n'a jamais perdu ni une occasion de s'instruire, ni une occasion d'exercer sa générosité. C'est elle qui ayant entendu dire qu'une fille de Milton, vivoit encore, & vivoit dans la misere, lui envoya sur le champ un présent considérable; c'est elle qui protége le sçavant Pere le Courayer; c'est elle qui daigna être la Médiatrice entre le Docteur Clarck & Mr. Leibnitz. Dès qu'elle eût entendu parler de l'Inoculation ou insertion de la petite Vérole, elle en fit faire l'épreuve sur quatre Criminels condamnez à mort, à qui elle sauva doublement la vie; car non-seulement
elle

ET DE PHILOSOPHIE. 69

[...]es tira de la potence; mais à la faveur [de ce]tte petite Vérole artificielle, elle pré[vint] la naturelle qu'ils auroient probable[men]t euë, & dont ils seroient morts dans [un â]ge plus avancé.

[L]a Princesse, assurée de l'utilité de cette [épre]uve, fit inoculer ses enfans. L'Angle[terre] suivit son exemple, & depuis ce tems [plus de] mille enfans de famille, au moins, [doiv]ent ainsi la vie à la Reine & à Ma[dam]e Wortley Montaigu, & autant de fil[les à] leur doivent leur beauté.

[S]ur cent personnes dans le monde, soi[xan]te au moins ont la petite Vérole; de ces [soix]ante vingt en meurent dans les années [les] plus favorables, & vingt en conservent [pou]r toujours de fâcheux restes. Voilà donc [la] cinquième partie des hommes que cette [m]aladie tuë ou enlaidit sûrement. De tous [ce]ux qui sont inoculez en Turquie ou en [An]gleterre, aucun ne meurt, s'il n'est in[fir]me & condamné à mort d'ailleurs. Per[so]nne n'est marqué, aucun n'a la petite Vé[ro]le une seconde fois, supposé que l'inocu[la]tion ait été parfaite. Il est donc certain [q]ue si quelque Ambassadrice Françoise [a]voit raporté ce secret de Constantinople à [P]aris, elle auroit rendu un service éternel [à] la Nation. Le Duc de Villequier, pere du Duc d'Aumont d'aujourd'hui, l'homme de France le mieux constitué & le plus sain, ne seroit pas mort à la fleur de son âge : le

Prince

Prince Soubise, qui avoit la santé la plus brillante, n'auroit pas été emporté à l'âge de vingt-cinq ans: Monseigneur, grand-pere de Loüis XV. n'auroit pas été enterré dans sa cinquantiéme année. Vingt mille hommes morts à Paris de la petite Verole en 1723. vivroient encore. Quoi donc! Est-ce que les François n'aiment point la vie? Est-ce que leurs femmes ne se soucient point de leur beauté? En vérité nous sommes d'étranges gens! Peut-être dans dix ans prendra-t'on cette Méthode Angloise, si les Curez & les Médecins le permettent; ou bien les François dans trois mois se serviront de l'inoculation par fantaisie, si les Anglois s'en dégoûtent par inconstance.

J'aprends que depuis cent ans les Chinois sont dans cet usage; c'est un grand préjugé que l'exemple d'une Nation qui passe pour être la plus sage & la mieux policée de l'Univers. Il est vrai que les Chinois s'y prennent d'une façon différente: ils ne font point d'incision, ils font prendre la petite Vérole par le nez comme du tabac en poudre, cette façon est plus agréable; mais elle revient au même, & sert également à confirmer que si on avoit pratiqué l'inoculation en France, on auroit sauvé la vie à des milliers d'hommes.

# SUR LE CHANCELIER BACON.

## CHAPITRE XIV.

IL n'y a pas long-tems que l'on agitoit dans une compagnie célébre cette question usée & frivole : Quel étoit le plus grand homme qu'il y ait eu sur la terre; si c'étoit César, Alexandre, Tamerlan, Cromwel, &c.

Quelqu'un répondit que c'étoit sans contredit Isaac Newton. Cet homme avoit raison; car si la vraye Grandeur consiste à avoir reçu du Ciel un puissant génie, & à s'en être servi pour s'éclairer soi-même & les autres, un homme comme Mr. Newton, tel qu'il s'en trouve à peine en dix siécles, est véritablement le grand homme; & ces Politiques & ces Conquérans, dont aucun siécle n'a manqué, ne sont d'ordinaire que d'illustres méchans. C'est à celui qui domine sur les esprits par la force de la vérité, non à ceux qui font des esclaves par violence, c'est à celui qui connoît l'Univers, non à
ceux

ceux qui le défigurent, que nous devons nos respects.

Puis donc que vous exigez que je vous parle des hommes célébres qu'a porté l'Angleterre, je commencerai par les Bacons, les Lockes & les Newtons, &c. Les Généraux & les Ministres viendront à leur tour.

Il faut commencer par le fameux Baron de Vérulam, connu en Europe sous le nom de BACON, qui étoit fils d'un Garde des Sceaux, & fut long-tems Chancelier sous le Roi Jacques I. Cependant au milieu des intrigues de la Cour & des occupations de sa Charge, qui demandoient un homme tout entier, il trouva le tems d'être grand Philosophe, bon Historien, Ecrivain élégant; & ce qui est encore plus étonnant, c'est qu'il vivoit dans un siécle où l'on ne connoissoit guére l'Art de bien écrire, encore moins la bonne Philosophie. Il a été, comme c'est l'usage parmi les hommes, plus estimé après sa mort que de son vivant. Ses ennemis étoient à la Cour de Londres, ses admirateurs étoient les Etrangers.

Lorsque le Marquis d'Effiat amena en Angleterre la Princesse Marie, fille de Henri le Grand, qui devoit épouser le Roi Charles, ce Ministre alla visiter Bacon, qui lors étant malade au lit le reçut les rideaux fermez. Vous ressemblez aux Anges

Anges, lui dit d'Effiat ; on entend toujours parler d'eux, on les croit bien supérieurs aux hommes, & on n'a jamais la consolation de les voir.

Vous sçavez comment Bacon fut accusé d'un crime qui n'est guéres d'un Philosophe, de s'être laissé corrompre par argent. Vous sçavez comment il fut condamné par la Chambre des Pairs à une amende d'environ quatre cens mille livres de notre monnoye, à perdre sa dignité de Chancelier & de Pair. Aujourd'hui les Anglois révèrent sa mémoire, au point qu'à peine avouent-ils qu'il ait été coupable. Si vous me demandez ce que j'en pense, je me servirai pour vous répondre d'un mot que j'ai ouï dire à Mylord Bolingbroke. On parloit en sa présence de l'avarice dont le Duc de Marlborough avoit été accusé, & on en citoit des traits sur lesquels on appelloit au témoignage de Mylord Bolingbroke, qui ayant été d'un parti contraire, pouvoit peut-être avec bienséance dire ce qui en étoit. C'étoit un si grand homme, répondit-il, que j'ai oublié ses vices.

Je me bornerai donc à vous parler de ce qui a mérité au Chancelier Bacon l'estime de l'Europe.

Le plus singulier & le meilleur de ses Ouvrages, est celui qui est aujourd'hui le moins lû & le plus utile ; je veux parler

*Tome IV.* D de

de son *Novum Scientiarum Organum*. C'est l'échaffaut avec lequel on a bâti la nouvelle Philosophie, & quand cet Edifice a été élevé, aumoins en partie, l'échaffaut n'a plus été d'aucun usage.

Le Chancelier Bacon ne connoissoit pas encore la Nature ; mais il sçavoit & indiquoit tous les chemins qui menent à elle. Il avoit méprisé de bonne heure ce que les Universitez appelloient la Philosophie, & il faisoit tout ce qui dépendoit de lui, afin que ces Compagnies, instituées pour la perfection de la raison humaine, ne continuassent pas de la gâter par leurs *quidditez*, leurs horreurs du vuide, leurs formes substantielles, & tous ces mots impertinens, que non seulement l'ignorance rendoit respectables, mais qu'un mélange ridicule avec la Religion avoit rendu sacrez.

Il est le Pere de la Philosophie expérimentale. Il est bien vrai qu'avant lui on avoit découvert des secrets étonnans : on avoit inventé la Boussole, l'Imprimerie, la Gravure des Estampes, la Peinture à l'huile, les Glaces, l'Art de rendre en quelque façon la vuë aux Vieillards par les Lunettes qu'on appelle Besicles, la Poudre à Canon, &c. On avoit cherché, trouvé & conquis un nouveau Monde. Qui ne croiroit que ces sublimes découvertes eussent été faites par les plus grands
Philosophes

Philosophes, & dans des tems bien plus éclairez que le nôtre? Point du tout, c'est dans le tems de la plus stupide barbarie que ces grands changemens ont été faits sur la Terre. Le hazard seul a produit presque toutes ces inventions, & il y a même bien de l'apparence que ce qu'on appelle Hazard a eu grande part dans la découverte de l'Amérique; dumoins a-t-on toujours cru que Christophe Colomb n'entreprit son voyage que sur la foi d'un Capitaine de Vaisseau, qu'une tempête avoit jetté jusqu'à la hauteur des Isles Caraïbes. Quoiqu'il en soit, les hommes sçavoient aller au bout du Monde; ils sçavoient détruire des Villes avec un tonnerre artificiel, plus terrible que le tonnerre véritable; mais ils ne connoissoient pas la circulation du sang, la pesanteur de l'air, les loix du mouvement, la lumiere, le nombre de nos Planettes, &c. Et un homme qui soutenoit une These sur les Catégories d'Aristote, sur l'Universel *a parte rei*, ou telle autre sottise, étoit regardé comme un prodige.

Les inventions les plus étonnantes & les plus utiles ne sont pas celles qui font le plus d'honneur à l'Esprit humain. C'est à un instinct méchanique, qui est chez la plûpart des hommes, que nous devons la plûpart des Arts, & nullement à la saine Philosophie.

La découverte du Feu, l'Art de faire du Pain, de fondre & de préparer les Métaux, de bâtir des Maisons, l'invention de la Navette, sont d'une toute autre nécessité que l'Imprimerie & la Boussolle ; cependant ces Arts furent inventez par des hommes encore sauvages.

Quel prodigieux usage les Grecs & les Romains ne firent-ils pas depuis des Méchaniques ! Cependant on croyoit de leur tems qu'il y avoit des Cieux de Cryftal, & que les Etoiles étoient de petites Lampes qui tomboient quelquefois dans la Mer ; & un de leurs plus grands Philosophes, après bien des recherches, avoit trouvé que les Astres étoient des cailloux qui s'étoient détachez de la Terre.

En un mot, personne avant le Chancelier Bacon n'avoit connu la Philosophie expérimentale, & de toutes les épreuves Physiques qu'on a faites depuis lui, il n'y en a presque pas une qui ne soit indiquée dans son Livre. Il en avoit fait lui-même plusieurs. Il fit des especes de Machines Pneumatiques par lesquelles il devina l'élasticité de l'air ; il a tourné tout autour de la découverte de sa pesanteur. Il y touchoit ; cette vérité fut saisie par Torricelli. Peu de tems après, la Physique expérimentale commença tout d'un coup à être cultivée à la fois dans presque toutes les parties de l'Europe. C'étoit un trésor

ET DE PHILOSOPHIE. 77

sor caché dont Bacon s'étoit douté, & que tous les Philosophes encouragez par sa promesse s'efforcerent de déterrer.

On voit dans son Livre en termes exprez, cette Attraction nouvelle dont Mr. Newton passe pour l'inventeur.

Il faut chercher, dit Bacon, s'il n'y auroit point une espece de force Magnetique qui opére entre la terre & les choses pesantes, entre la Lune & l'Océan, entre les Planetes, &c. En un autre endroit il dit: il faut ou que les corps graves soient poussez vers le centre de la terre, ou qu'ils en soient mutuellement attirez; & en ce dernier cas, il est évident que plus les corps en tombans s'approchent de la terre, plus fortement ils s'attireront. Il faut, poursuit-il, expérimenter si la même Horloge à poids ira plus vîte sur le haut d'une montagne, ou au fond d'une mine. Si la force des poids diminue sur la montagne & augmente dans la mine, il y a aparence que la terre a une vraye attraction.

Ce Précurseur de la Philosophie a été aussi un Ecrivain élegant, un Historien, un bel Esprit.

Ses Essais de Morale sont très-estimez; mais ils sont faits pour instruire plûtôt que pour plaire, & n'étant ni la Satire de la Nature Humaine, comme les Maximes de la Rochefoucault, ni l'Ecole du Scepticisme, comme Montagne; ils sont

D 3 moins

moins lûs que ces deux Livres ingénieux.

Sa vie de Henri VII. a passé pour un Chef-d'Oeuvre; mais comment se peut-il faire que quelques personnes osent comparer un si petit Ouvrage avec l'Histoire de notre illustre Mr. de Thou?

En parlant de ce fameux Imposteur Perkin, fils d'un Juif converti, qui prit si hardiment le nom de Richard IV. Roi d'Angleterre, encouragé par la Duchesse de Bourgogne, & qui disputa la Couronne à Henri VII. voici comme le Chancelier Bacon s'exprime: » Environ ce tems le » Roi Henri fut obsedé d'esprits malins » par la magie de la Duchesse de Bourgo- » gne, qui évoqua des Enfers l'ombre » d'Edoüard IV. pour venir tourmenter » le Roi Henri. Quand la Duchesse de » Bourgogne eût instruit Perkin, elle com- » mença à déliberer par quelle région du » Ciel elle feroit paroître cette Comette, & » elle résolut qu'elle éclateroit d'abord sur » l'horison de l'Irlande.

Il me semble que notre sage de Thou ne donne guéres dans ce Phœbus, qu'on prenoit autrefois pour du Sublime, mais qu'à présent on nomme avec raison Galimatias

# SUR Mr. LOCKE.

## CHAPITRE XV.

Jamais il ne fut peut-être un esprit plus sage, plus méthodique, un Logicien plus exact que Mr. Locke; cependant il n'étoit pas grand Mathématicien. Il n'avoit jamais pu se soumettre à la fatigue des calculs, ni à la sécheresse des veritez Mathématiques, qui ne présentent d'abord rien de sensible à l'esprit; & personne n'a mieux éprouvé que lui, qu'on pouvoit avoir l'esprit Géométre, sans le secours de la Géométrie. Avant lui de grands Philosophes avoient décidé positivement ce que c'est que l'ame de l'homme : mais puisqu'ils n'en sçavoient rien du tout, il est bien juste qu'ils ayent tous été d'avis différens.

Dans la Gréce, berceau des Arts & des Erreurs, & où l'on poussa si loin la grandeur & la sottise de l'Esprit humain, on raisonnoit comme chez nous sur l'Ame.

Le divin Anaxagoras, à qui on dressa un Autel pour avoir appris aux hommes que le Soleil étoit plus grand que le Péloponnese, que la neige étoit noire, & que les Cieux étoient de pierre, affirma que l'ame étoit un esprit aërien, mais cependant immortel. Diogene, un autre que celui qui devint Cynique après avoir été Faux-monnoyeur, assuroit que l'ame étoit une portion de la substance même de Dieu; & cette idée aumoins étoit brillante. Epicure la composoit de parties comme le corps.

Aristote, qu'on a expliqué de mille façons, parcequ'il étoit inintelligible, croyoit, si l'on s'en rapporte à quelques-uns de ses Disciples, que l'entendement de tous les hommes étoit une seule & même substance.

Le divin Platon, maître du divin Aristote, & le divin Socrate, maître du divin Platon, disoient l'ame corporelle & éternelle. Le Démon de Socrate lui avoit appris sans doute ce qui en étoit. Il y a des gens à la vérité qui prétendent qu'un homme qui se vantoit d'avoir un génie familier, étoit indubitablement un fou, ou un fripon; mais ces gens-là sont trop difficiles.

Quant à nos Peres de l'Eglise, plusieurs dans les premiers siécles ont cru l'ame humaine, les Anges & Dieu corporels. Le monde se raffine toujours. St. Bernard, selon l'aveu du Pere Mabillon, enseigna
à propos

à propos de l'ame, qu'après la mort elle ne voyoit pas Dieu dans le Ciel ; mais qu'elle converfoit feulement avec l'Humanité de Jefus-Chrift. On ne le crut pas cette fois fur fa parole, l'avanture de la Croifade avoit un peu décrédité fes oracles. Mille Scolaftiques font venus enfuite, comme le Docteur irréfragable (*), le Docteur fubtil (†), le Docteur Angélique (¶), le Docteur Séraphique (§), le Docteur Cherubique, qui tous ont été bien fûrs de connoître l'ame très-clairement ; mais qui n'ont pas laiffé d'en parler comme s'ils avoient voulu que perfonne n'y entendît rien. Notre Defcartes, né non pour découvrir les erreurs de l'Antiquité, mais pour y fubftituer les fiennes, & entraîné par cet efprit fyftématique qui aveugle les plus grands hommes, s'imagina avoir démontré que l'ame étoit la même chofe que la penfée, comme la matiere, felon lui, eft la même chofe que l'Etendue. Il affura bien que l'on penfe toujours, & que l'ame arrive dans le corps pourvuë de toutes les notions métaphyfiques, connoiffant Dieu, l'efpace infini, ayant toutes les idées abftraites, remplie enfin de belles connoif-
fances,

(*) Hales.
(†) (†) Scot.
(¶) St. Thomas.
(§) St. Bonaventure.

fances, qu'elle oublie malheureusement en sortant du ventre de la mere.

Le Péré MALLEBRANCHE de l'Oratoire, dans ses illusions sublimes, n'admet point les idées innées; mais il ne doutoit pas que nous ne vissions tout en Dieu, & que Dieu, pour ainsi dire, ne fût notre Ame.

Tant de Raisonnemens ayant fait le Roman de l'Ame, un Sage est venu qui en a fait modestement l'Histoire. Mr. Locke a dévelopé à l'Homme la Raison humaine, comme un excellent Anatomiste explique les ressorts du Corps humain; il s'aide partout du flambeau de la Physique, il ose quelquefois parler affirmativement; mais il ose aussi douter. Au-lieu de définir tout-d'un-coup ce que nous ne connoissons pas, il examine par dégrez ce que nous voulons. connoître, il prend un enfant au moment de sa naissance, il suit pas-à-pas les progrez de son entendement, il voit ce qu'il a de commun avec les bêtes, & ce qu'il a au-dessus d'elles. Il consulte surtout son propre témoignage, la conscience de sa pensée.

Je laisse, dit-il, à discuter à ceux qui en sçavent plus que moi, si notre Ame existe avant ou après l'organization de notre corps; mais j'avoue qu'il m'est tombé en partage une de ces Ames grossieres qui ne pensent pas toujours, & j'ai même le malheur de ne pas concevoir qu'il soit plus nécessaire à l'Ame de penser toujours,
qu'au

qu'au corps d'être toujours en mouvement.

Pour moi je me vante de l'honneur d'être en ce point auſſi ſtupide que Mr. Locke. Perſonne ne me fera jamais croire que je penſe toujours, & je ne me ſens pas plus diſpoſé que lui à imaginer que quelques ſemaines après ma conception j'étois une fort ſçavante Ame, ſçachant alors mille choſes que j'ai oubliées en naiſſant, & ayant fort inutilement poſſedé dans l'*uterus* des connoiſſances qui m'ont échapé dès que j'ai pu en avoir beſoin, & que je n'ai jamais bien pu raprendre depuis.

Mr. Locke, après avoir ruïné les idées innées, après avoir bien renoncé à la vanité de croire qu'on penſe toujours, ayant bien établi que toutes nos idées nous viennent par les Sens, ayant examiné nos idées ſimples, celles qui ſont compoſées, ayant ſuivi l'eſprit de l'homme dans toutes ſes opérations, ayant fait voir combien les Langues que les hommes parlent ſont imparfaites, & quel abus nous faiſons des termes à tous momens; il vient enfin à conſiderer l'étendue ou plûtôt le néant des connoiſſances humaines. Ce fut dans ce Chapitre qu'il oſe avancer modeſtement ces paroles. "Nous ne ſerons peut-être " jamais capables de connoître, ſi un Etre " purement matériel penſe ou non. Ce diſcours ſage parut à plus d'un Théologion une déclaration ſcandaleuſe, que l'Ame est matérielle & mortelle. Quelques Anglois dévots à leur maniere sonnerent l'alarme. Les superstitieux sont dans la Société ce que les poltrons sont dans une Armée, ils ont & donnent des terreurs paniques. On cria que Mr. Locke vouloit renverser la Religion ; il ne s'agissoit pourtant pas de Religion dans cette affaire : c'étoit une question purement philosophique, très-indépendante de la Foi & de la Révélation. Il ne falloit qu'examiner sans aigreur s'il y a de la contradiction à dire, la Matiere pent penser, & si Dieu peut communiquer la Pensée à la Matiere. Mais les Théologiens commencent trop souvent par dire que Dieu est outragé quand on n'est pas de leur avis ; c'est trop ressembler aux mauvais Poëtes, qui crioient que Despréaux parloit mal du Roi, parcequ'il se moquoit d'eux. Le Docteur Stillingfleet s'est fait une réputation de Théologien modéré, pour n'avoir pas dit positivement des injures à Mr. Locke. Il entra en lice contre lui ; mais il fut battu, car il raisonnoit en Docteur, & Locke en Philosophe instruit de la force & de la foiblesse de l'Esprit humain, & qui se batoit avec des armes dont il connoissoit la trempe.

Si j'osois parler après Mr. Locke sur un sujet si délicat, je dirois : Les hommes disputent depuis long-tems sur la nature & sur l'immortalité de l'Ame ; à l'egard de
son

son immortalité, il est impossible de la démontrer, puisqu'on dispute encore sur sa nature; qu'assurément il faut connoître à fond un Etre créé, pour décider s'il est immortel ou non. La raison humaine est si peu capable de démontrer par elle-même l'immortalité de l'Ame, que la Religion a été obligée de nous la révéler. Le bien commun de tous les hommes demande qu'on croye l'Ame immortelle : la Foi nous l'ordonne, il n'en faut pas davantage, & la chose est décidée. Il n'en est pas de même de sa nature; il importe peu à la Religion de quelle substance soit l'Ame, pourvû qu'elle soit vertueuse. C'est un Horloge qu'on nous a donné à gouverner; mais l'Ouvrier ne nous a pas dit dequoi le ressort de cette Horloge est composé.

Je suis corps & je pense, je n'en sçai pas davantage. Si je ne consulte que mes foibles lumieres, irai-je attribuer à une cause inconnue ce que je puis si aisément attribuer à la seule cause seconde que je connois un peu ? Ici tous les Philosophes de l'Ecole m'arrêtent en argumentant, & disent : Il n'y a dans le corps que de l'étenduë & de la solidité, & il ne peut avoir que du mouvement & de la figure. Or du mouvement, de la figure, de l'étendue & de la solidité ne peuvent faire une pensée; donc l'Ame ne peut pas être matiere. Tout ce grand raisonnement répété tant de fois,

*Tome IV.* se

se réduit uniquement à ceci. Je ne connois que très-peu de chose de la matiere, j'en devine imparfaitement quelques proprietez. Or je ne sçai point-du-tout si ces proprietez peuvent être jointes à la pensée ; donc, parceque je ne sçai rien du tout, j'assure positivement que la Matiere ne sçauroit penser. Voilà nettement la maniere de raisonner de l'Ecole.

Mr. Locke diroit avec simplicité à ces Messieurs : Confessez dumoins que vous êtes aussi ignorans que moi, votre imagination ni la mienne ne peuvent concevoir comment un corps a des idées, & comprenez-vous mieux comme une Substance, telle qu'elle soit, a des idées ? Vous ne concevez ni la Matiere ni l'Esprit, comment osez-vous assurer quelque chose ? Que vous importe que l'Ame soit un de ces Etres incompréhensibles, qu'on appelle Matiere, ou un de ces Etres incompréhensibles qu'on appelle Esprit ? Quoi ! Dieu, le Créateur de tout, ne peut-il pas éterniser ou anéantir votre Ame à son gré, quelle que soit sa substance ?

Le Superstitieux vient à son tour, & dit qu'il faut brûler pour le bien de leurs Ames, ceux qui soupçonnent qu'on peut penser avec la seule aide du corps. Mais que diroit-il, si c'étoit lui-même qui fût coupable d'irreligion ? En effet, quel est l'homme qui osera assurer, sans une impiété absurde,

absurde, qu'il est impossible au Créateur de donner à la Matiere la pensée & le sentiment ? Voyez, je vous prie, à quel embarras vous êtes réduits, vous qui bornez ainsi la puissance du Créateur. Les bêtes ont les mêmes organes que nous, les mêmes perceptions ; elles ont de la mémoire, elles combinent quelques idées. Si Dieu n'a pas pû animer la Matiere, & lui donner le sentiment, il faut de deux choses l'une, ou que les bêtes soient de pures machines, ou qu'elles ayent une ame spirituelle.

Il me paroît démontré que les bêtes ne peuvent être de simples machines, voici ma preuve : Dieu leur a fait précisément les mêmes organes de sentiment que les nôtres ; donc, si elles ne sentent point, Dieu a fait un ouvrage inutile. Or Dieu, de votre aveu même, ne fait rien en vain ; donc il n'a point fabriqué tant d'organes de sentiment, pour qu'il n'y eût point de sentiment ; donc les bêtes ne sont point de pures machines. Les bêtes, selon vous, ne peuvent pas avoir une ame spirituelle ; donc malgré vous il ne reste autre chose à dire, sinon que Dieu a donné aux organes des bêtes, qui sont matiere, la faculté de sentir & d'appercevoir, que vous appellez instinct dans elles. Eh ! qui peut empêcher Dieu de communiquer à nos organes plus déliez cette faculté de sentir, d'apercevoir

cevoir & de penser, que nous appellons raison humaine? De quelque côté que vous vous tourniez, vous êtes obligez d'avouer votre ignorance, & la puissance immense du Créateur. Ne vous révoltez donc plus contre la sage & modeste Philosophie de Locke : loin d'être contraire à la Religion, elle lui serviroit de preuve, si la Religion en avoit besoin ; car quelle Philosophie plus religieuse que celle qui m'affirmant que ce qu'elle conçoit clairement, & sçachant avouer sa foiblesse, vous dit qu'il faut recourir à Dieu, dès qu'on examine les premiers principes ?

D'ailleurs, il ne faut jamais craindre qu'aucun sentiment Philosophique puisse nuire à la Religion d'un Pays. Nos Ministres ont beau être contraires à nos démonstrations, ils n'en sont pas moins révérez par nos Philosophes Chrétiens, qui sçavent que les objets de la Raison & de la Foi sont de différente nature. Jamais les Philosophes ne feront une Secte de Religion; pourquoi? C'est qu'ils n'écrivent point pour le Peuple, & qu'ils sont sans enthousiasme. Divisez le Genre-Humain en vingt parties, il y en a dix-neuf composées de ceux qui travaillent de leurs mains, & qui ne sçauront jamais s'il y a eu un Mr. Locke au monde ; dans la vingtiéme partie qui reste, combien trouve-t-on peu d'hommes qui lisent ? Et parmi ceux qui lisent, il y en a vingt a vingt qui lisent des Romans, contre un qui étudie en Philosophie. Le nombre de ceux qui pensent est excessivement petit, & ceux-là ne s'avisent pas de troubler la monde.

Ce n'est ni Montagne, ni Locke, ni Bayle, ni Spinosa, ni Hobbes, ni Mylord Shaftsbury, ni Mr. Collins, ni Mr. Toband, ni Fuld, ni Beker, ni Mr. le Comte de Boulainvilliers, &c. qui ont porté le flambeau de la discorde dans leur Patrie; ce sont pour la plûpart des Théologiens, qui ayans eu d'abord l'ambition d'être Chef des Sectes, ont bien-tôt eu celle d'être Chefs de Partis. Que dis-je ? Tous ces Livres de Philosophie Moderne mis ensemble, ne feront jamais dans le monde autant de bruit seulement, qu'en a fait autrefois la dispute des Cordeliers sur la forme de leurs Manches & de leurs Capuchons.

# MELANGES DE LITTERAT.

## SUR DESCARTES ET NEWTON.

### CHAPITRE XVI.

UN François qui arrive à Londres, trouve les choses bien changées en Philosophie comme dans tout le reste. Il a laissé le monde plein, il le trouve vuide. A Paris on voit l'Univers composé de Tourbillons, de Matiere subtile; à Londres on ne voit rien de cela. Chez vous c'est la pression de la Lune qui cause le flux de la Mer; chez les Anglois c'est la Mer qui gravite vers la Lune; de façon que quand vous croyez que la Lune devroit nous donner Marée haute, ces Messieurs croyent qu'on doit avoir Marée basse, ce qui malheureusement ne peut se vérifier; car il auroit fallu, pour s'en éclaircir, examiner la Lune & les Marées au premier instant de la Création.

Vous

Vous remarquerez encore, que le Soleil, qui en France n'entre pour rien dans cette affaire, y contribue ici environ pour son quart. Chez vos Cartésiens tout se fait par une impulsion qu'on ne comprend guéres ; chez Mr. Newton c'est par une attraction, dont on ne connoît pas mieux la cause. A Paris vous vous figurez la terre faite comme un melon, à Londres elle est aplatie des deux côtez. La lumière dans un Cartésien existe dans l'air, pour un Newtonien elle vient du Soleil en six minutes & demie. Votre Chimie fait toutes ses opérations avec des Acides, des Alkalis, & de la Matiere subtile; l'Attraction domine jusques dans la Chimie Angloise.

L'essence même des choses a totalement changé. Vous ne vous accordez ni sur la définition de l'Ame, ni sur celle de la Matiere. Descartes assure que l'Ame est la même chose que la pensée, & Mr. Locke lui prouve assez bien le contraire.

Descartes assure encore qne l'étendue seule fait la Matiere, Newton y ajoûte la solidité.

Voilà de furieuses contrarietez!

*Non nostrum inter vos tantas componere lites.*

Ce fameux Newton, ce Destructeur du Système Cartésien, mourut au mois de Mars de l'an passé 1727. Il a vécu honoré de ses

Compatriotes, & a été enterré comme un Roi qui auroit fait du bien à ſes Sujets.

On a lû avec avidité, & l'on a traduit en Anglois l'Eloge de Mr. Newton, que Mr. de Fontenelle a prononcé dans l'Académie des Sciences. Mr. de Fontenelle eſt le Juge des Philoſophes, on attendoit en Angleterre ſon jugement comme une déclaration ſolemnelle de la ſupériorité de la Philoſophie Angloiſe. Mais quand on a vu qu'il comparoit Deſcartes à Newton, toute la Société Royale de Londres s'eſt ſoulevée, loin d'acquieſcer au jugement, on a critiqué le Diſcous. Pluſieurs même ( & ceux-là ne ſont pas les plus Philoſophes ) ont été choquez de cette comparaiſon, ſeulement parceque Deſcartes étoit François.

Il faut avouer que ces deux Grands Hommes ont été bien différens l'un de l'autre dans leur conduite, dans leur fortune, & dans leur Philoſophie.

Deſcartes étoit né avec une imagination brillante & forte, qui en fit un homme ſingulier dans la vie privée, comme dans ſa maniere de raiſonner; cette imagination ne put ſe cacher même dans ſes Ouvrages Philoſophiques, où l'on voit à tous momens des comparaiſons ingénieuſes & brillantes. La Nature en avoit preſque fait un Poëte; & en effet, il compoſa pour la Reine de Suede un divertiſſement en Vers,
que

que pour l'honneur de sa mémoire on n'a pas fait imprimer.

Il essaya quelque tems du métier de la guerre, & depuis étant devenu tout-à-fait Philosophe, il ne crut pas indigne de lui de faire l'amour. Il eut de sa Maîtresse une fille nommée *Francine* qui mourut jeune, & dont il regretta beaucoup la perte. Ainsi il éprouva tout ce qui appartient à l'humanité.

Il crut long-tems qu'il étoit nécessaire de fuir les hommes, & surtout sa Patrie, pour philosopher en liberté.

Il avoit raison, les hommes de son tems n'en sçavoient pas assez pour l'éclairer, & n'étoient guéres capables que de lui nuire.

Il quitta la France, parcequ'il cherchoit la vérité qui étoit persécutée alors par la misérable Philosophie de l'Ecole; mais il ne trouva pas plus de raison dans les Universitez de la Hollande où il se retira: Car dans le tems qu'on condamnoit en France les seules propositions de sa Philosophie qui fussent vrayes, il fut aussi persécuté par les prétendus Philosophes de Hollande, qui ne l'entendoient pas mieux, & qui voyans de plus près sa gloire, haïssoient davantage sa personne. Il fut obligé de sortir d'Utrecht; il essuya l'accusation d'Athéïsme, derniere ressource des calomniateurs, & lui qui avoit employé toute la sagacité de son esprit à chercher de nouvelles preuves de l'existence d'un Dieu, fut soupçonné de n'en point reconnoître.

Tant de persécutions supposoient un très-grand mérite & une réputation éclatante; aussi avoit-il l'un & l'autre. La raison perça même un peu dans le monde à-travers les ténébres de l'Ecole, & les préjugez de la superstition populaire. Son nom fit enfin tant de bruit, qu'on voulut l'attirer en France par des récompenses. On lui proposa une pension de mille écus. Il vint sur cette espérance, paya les frais de la Patente qui se vendoit alors, n'eut point la pension, & s'en retourna philosopher dans sa solitude de Nord-Hollande, dans le tems que le grand Galilée, à l'âge de 80. ans, gémissoit dans les prisons de l'Inquisition, pour avoir démontré le mouvement de la Terre.

Enfin il mourut à Stokolm d'une mort prématurée, & causée par un mauvais régime, au milieu de quelques Sçavans ses ennemis, & entre les mains d'un Médecin qui le haïssoit.

La carriere du Chevalier Newton a été toute différente. Il a vécu 85. ans, toujours tranquille, heureux & honoré dans sa Patrie.

Son grand bonheur a été non seulement d'être né dans un Païs libre; mais dans un tems où les impertinences Scholastiques

lastiques étant bannies, la raison seule étoit cultivée, & le monde ne pouvoit être que son écolier & non son ennemi.

Une oposition singuliere dans laquelle il se trouve avec Descartes, c'est que dans le cours d'une si longue vie, il n'a eu ni passion ni foiblesse. Il n'a jamais approché d'aucune femme: c'est ce qui m'a été confirmé par le Médecin & le Chirurgien entre les bras de qui il est mort: on peut admirer en cela Newton; mais il ne faut pas blâmer Descartes.

L'opinion publique en Angleterre sur ces deux Philosophes, est que le premier étoit un Rêveur, & que l'autre étoit un Sage.

Très-peu de personnes à Londres lisent Descartes, dont effectivement les Ouvrages sont devenus inutiles; très-peu lisent aussi Newton, parcequ'il faut être fort sçavant pour le comprendre. Cependant tout le monde parle d'eux, on n'accorde rien au François, & on donne tout à l'Anglois. Quelques gens croyent que si l'on ne s'en tient plus à l'horreur du vuide, si l'on sçait que l'air est pesant, si l'on se sert de lunettes d'approche, on en a l'obligation à Newton. Il est ici l'Hercule de la Fable, à qui les ignorans attribuoient tous les faits des autres Héros.

Dans une Critique qu'on a fait à Londres du Discours de Mr. de Fontenelle,
on

on a osé avancer que Descartes n'étoit pas un grand Géometre. Ceux qui parlent ainsi, peuvent se reprocher de battre leur nourrice. Descartes a fait un aussi grand chemin du point où il a trouvé la Géometrie jusqu'au point où il l'a poussée, que Newton en ait fait après lui. Il est le premier qui ait enseigné la maniere de donner les équations algébraïques des Courbes. Sa Géométrie, graces à lui, devenuë commune, étoit de son tems si profonde, qu'aucun Professeur n'osa entreprendre de l'expliquer, & qu'il n'y avoit guéres en Hollande que Schotten, & en France que Fermat qui l'entendissent.

Il porta cet esprit de Géométrie & d'invention dans la Dioptrique, qui devint entre ses mains un Art tout nouveau; & s'il s'y trompa en quelque chose, c'est qu'un homme qui découvre de nouvelles Terres, ne peut tout d'un coup en connoître toutes les proprietez. Ceux qui viennent après lui, & qui rendent ces Terres fertiles, lui ont aumoins l'obligation de la découverte. Je ne nierai pas que tous les autres Ouvrages de Mr. Descartes fourmillent d'erreurs.

La Géométrie étoit un guide que lui-même avoit en quelque façon formé, & qui l'auroit conduit sûrement dans sa Physique ; cependant il abandonna à la fin ce Guide, & se livra à l'Esprit de Systême.

me. Alors sa Philosophie ne fut plus qu'un Roman ingénieux tout-au-plus, & vraisemblable pour les Philosophes du même tems. Il se trompa sur la nature de l'ame, sur les loix du mouvement, sur la nature de la lumiere. Il admit des idées innées, il inventa de nouveaux Elémens, il créa un Monde, il fit l'homme à sa mode; & on dit avec raison que l'Homme de Descartes n'est en effet que celui de Descartes, fort éloigné de l'homme véritable.

Il poussa ses erreurs métaphysiques, jusqu'à prétendre que deux & deux font quatre, parceque Dieu l'a voulu ainsi; mais ce n'est point trop dire qu'il étoit estimable, même dans ses égaremens. Il se trompa; mais ce fut aumoins avec méthode, & de conséquence en conséquence. Il détruisit les chiméres absurdes dont on infatuoit la Jeunesse depuis 2000 ans. Il apprit aux hommes de son tems à raisonner, & à se servir contre lui-même de ses armes. S'il n'a pas payé en bonne monnoye, c'est beaucoup d'avoir décrié la fausse.

Je ne croi pas qu'on ose à la vérité comparer en rien sa Philosophie avec celle de Newton; la premiere est un Essai, la seconde est un Chef-d'œuvre. Mais celui qui nous a mis sur la voye de la vérité, vaut peut-être celui qui a été depuis au bout de cette carriere.

Defcartes donna la vuë aux aveugles; ils virent les fautes de l'Antiquité, & les fiennes; la route qu'il ouvrit eft depuis lui devenuë immenfe. Le petit Livre de Rohault a fait pendant quelque tems une Phyfique complette; aujourd'hui tous les Recueils des Academies de l'Europe ne font pas même un commencement de Syftême. En aprofondiffant cet abîme, il s'eft trouvé infini.

# HISTOIRE DE L'ATTRACTION.

## CHAPITRE XVII.

JE n'entrerai point ici dans une explication Mathématique de ce qu'on appelle l'Attraction, ou la Gravitation: je me borne à l'Hiftoire de cette nouvelle proprieté de la Matiere, devinée long-tems avant Newton & démontrée par lui; c'eft donner en quelque façon l'Hiftoire d'une création nouvelle.

Copernic

## ET DE PHILOSOPHIE.

Copernic, ce Chriſtophe Colomb de l'Aſtronomie, avoit à peine appris aux hommes le véritable ordre de l'Univers, ſi long-tems défiguré; il avoit à peine fait voir que la Terre tourne, & ſur elle-même, & dans un eſpace immenſe, lorſque tous les Docteurs firent à-peu-près les mêmes objections que leurs devanciers avoient faites contre les Antipodes. St. Auguſtin en niant ces Antipodes avoit dit: *Eh quoi! ils auroient donc la tête en-bas*, & ils tomberoient dans le Ciel? Les Docteurs diſoient à Copernic: Si la Terre tournoit ſur elle-même, toutes ſes parties ſe détacheroient & tomberoient dans le Ciel. Il eſt certain que la Terre tourne, répondit Copernic, & que ſes parties ne s'envolent pas; il faut donc qu'une Puiſſance les dirige toutes vers le centre de la Terre; & probablement, dit-il, cette propriété exiſte dans tous les Globes, dans le Soleil, dans la Lune, dans les Etoiles; c'eſt un attribut donné à la Matiere par la Divine Providence. C'eſt ainſi qu'il s'explique dans ſon premier Livre *Des Révolutions Céleſtes*, ſans avoir oſé, ni peut-être pu aller plus loin.

Kepler qui ſuivit Copernic, & qui perfectionna l'admirable découverte du vrai Syſtême du Monde, approcha un peu du Syſtême de la Peſanteur univerſelle: on voit dans ſon Traité de l'Etoile de Mars, des veines encore mal formées de cette Mine dont Newton à tiré son Or. Kepler admet non seulement une tendance de tous les corps terrestres au centre, mais aussi des Astres les uns vers les autres. Il ose entrevoir & dire, que si la Terre & la Lune n'étoient pas retenuës dans leurs Orbites, elles s'approcheroient l'une de l'autre, elles s'uniroient. Cette verité étonnante étoit obscurcie chez lui de tant de nuages & de tant d'erreurs, qu'on a dit qu'il l'avoit devinée par instinct.

Cependant le grand Galilée, parlant d'un principe plus méchanique, examinoit quelle est la chute des corps sur la terre. Il trouvoit que si un corps tombe dans le premier tems, par exemple, d'une seule toise, il parcourt trois toises dans le second tems, & que dans le troisiéme tems il parcourt cinq toises; & qu'ainsi, puisque 5. 3. & 1. font 9. & qu'au bout de ce troisiéme tems le corps a parcouru en tout 9. toises, il se trouve que 9. étant le quarré de trois, les espaces parcourus sont toujours comme le quarré des tems.

Il s'agissoit ensuite de sçavoir trois choses. 1. Si les corps tomboient également vîte sur la Terre, abstraction faite de la résistance de l'Air? 2. Quel espace parcouroient ces corps en effet dans une minute? 3. Si à quelque distance que ce fût du centre de notre Globe, les chûtes seroient les mêmes

mêmes. Voilà en partie ce que le Chancelier Bacon propofoit d'examiner.

Il eft bien fingulier que Defcartes, le plus grand Géométre de fon tems, ne fe foit pas fervi de ce fil dans le Labyrinthe qu'il s'étoit bâti lui-même. On ne trouve nulle trace de ces véritez dans fes Ouvrages : auffi n'eft-il pas furprenant qu'il fe foit égaré.

Il voulut créer un Univers. Il fit une Philofophie comme on fait un bon Roman : tout parut vraifemblable & rien ne fut vrai. Il imagina des Elémens, des Tourbillons, qui fembloient rendre une raifon plaufible de tous les Myfteres de la Nature ; mais en Philofophie il faut fe défier de ce qu'on croit entendre trop aifément, auffi-bien que des chofes qu'on n'entend pas.

La pefanteur, la chûte accélérée des corps fur la Terre, la révolution des Planettes dans leurs Orbites, leurs rotations autour de leur axe, tout cela n'eft que du mouvement. Or, *difoit Defcartes*, le mouvement ne peut être conçu que par impulfion ; donc que tous ces corps font pouffez. Mais par qui le font-ils ? Tout l'efpace eft plein, donc il eft rempli d'une matiere très-fubtile, puifque nous ne l'apercevons pas ; donc cette matiere va d'Occident en Orient, puifque c'eft d'Occident en Orient que toutes les Planettes font

font entraînées. Ainsi de suppositions en suppositions, & de vraisemblances en vraisemblances, on a imaginé un vaste Tourbillon de Matiere subtile, dans lequel les Planettes sont entraînées autour du Soleil : on a créé encore un autre Tourbillon particulier qui nage dans le grand, & qui tourne journellement autour de la Planette. Quand tout cela est fait, on prétend que la pesanteur dépend de ce mouvement journalier; car, dit-on, la Matiere subtile, qui tourne autour de notre petit Tourbillon, doit avoir incomparablement plus de force centrifuge, & repousser par conséquent tous les corps vers la terre. Voilà la cause de la pesanteur dans le Système Cartesien.

Mr. Newton semble anéantir sans ressource tous ces Tourbillons grands & petits, & celui qui emporte les Planettes autour du Soleil, & celui qui fait tourner chaque Planette sur elle-même.

Premierement, à l'égard du prétendu petit Tourbillon de la Terre, il est prouvé qu'il doit perdre petit-à-petit son mouvement; il est prouvé que si la Terre nage dans un fluide, ce fluide doit être de la même densité que la Terre; & si ce fluide est de la même densité, tous les corps que nous remuons, doivent éprouver une résistance extrême. De-plus, tout solide, mû dans un fluide aussi dense que lui,

perd

perd toute sa vîtesse avant d'avoir parcouru 3. de ses diamétres; & cela seul détruit sans ressource tout Tourbillon.

2. A l'égard des grands Tourbillons, ils sont encore plus chimériques; il est impossible de les accorder avec les régles de Kepler dont la vérité est démontrée. Mr. Newton fait voir que la révolution du fluide, dans lequel Jupiter est supposé entraîné, n'est pas avec la révolution du fluide de la Terre, comme la révolution de Jupiter est avec celle de la Terre. Il prouve que les Planettes faisant leurs révolutions dans des Ellipses, & par conséquent étant bien plus éloignées les unes des autres dans leurs Aphélies, & un peu plus proches dans leurs Périhélies; la Terre, par exemple, devroit aller plus vîte, quand elle est plus près de Venus & de Mars, puisque le fluide qui l'emporte, étant alors plus pressé, doit avoir plus de mouvement; & cependant c'est alors même que le mouvement de la Terre est plus ralenti.

Il prouve qu'il n'y a point de matiere céleste qui aille d'Occident en Orient, puisque les Comettes traversent ces espaces tantôt de l'Orient à l'Occident, tantôt du Septentrion au Midi.

Enfin, pour mieux trancher encore, s'il est possible, toute difficulté, il prouve, & même par des expériences, que le Plein est impossible, & il nous ramene le Vuide qu'Aristote & Descartes avoient banni du Monde.

Ayant par toutes ces raisons, & par beaucoup d'autres encore, renversé les Tourbillons du Cartésianisme, il desesperoit de pouvoir connoître jamais s'il y a un principe secret dans la Nature qui cause à la fois le mouvement de tous les Corps célestes, & qui fait la pesanteur sur la Terre. S'étant retiré en 1666. à cause de la peste, à la Campagne près de Cambridge, un jour qu'il se promenoit dans son Jardin, & qu'il voyoit des fruits tomber d'un arbre, il se laissa aller à une méditation profonde sur cette pesanteur, dont tous les Philosophes ont cherché si long-tems la cause envain, & dans laquelle le Vulgaire ne soupçonne pas même de mystere. Il se dit à lui-même, de quelque hauteur dans notre Hémisphere que tombassent ces corps, leur chûte seroit certainement dans la progression découverte par Galilée, & les espaces parcourus par eux seroient comme les quarrez de tems. Ce pouvoir qui fait descendre les corps graves, est le même, sans aucune diminution sensible, à quelque profondeur qu'on soit dans la Terre, & sur la plus haute Montagne; pourquoi ce pouvoir ne s'étendroit-il pas jusqu'à la Lune? Et s'il est vrai qu'il pénétre jusques-là, n'y a-t'il a-t-il pas grande apparence que ce pouvoir la retient dans son Orbite, & détermine son mouvement ? Mais si la Lune obéït à ce principe, tel qu'il soit, n'est-il pas encore très-raisonnable de croire que les autres Planettes y sont également soumises ? Si ce pouvoir existe, ce qui est prouvé d'ailleurs, il doit augmenter en raison renversée des quarrez des distances. Il n'y a donc plus qu'à examiner le chemin que feroit un corps grave en tombant sur la Terre d'une hauteur médiocre, & le chemin que feroit dans le même-tems un corps qui tomberoit de l'Orbite de la Lune. Pour en être instruit, il ne s'agit plus que d'avoir la mesure de la Terre, & la distance de la Lune à la Terre.

Voilà comment Mr. Newton raisonna. Mais on n'avoit alors en Angleterre que de très-fausses mesures de notre Globe. On s'en rapportoit à l'estime incertaine des Pilotes, qui comptoient soixante mille d'Angleterre pour un degré, au-lieu qu'il en falloit compter près de soixante & dix. Ce faux calcul ne s'accordant pas avec les conclusions que Mr. Newton vouloit tirer, il les abandonna. Un Philosophe médiocre, & qui n'auroit eu que de la vanité, eût fait quadrer comme il eût pû la mesure de la Terre avec son Systême ; Mr. Newton aima mieux abandonner alors son projet. Mais depuis que Mr. Picart eût mesuré la Terre exactement, en traçant cette Méridienne qui fait tant d'honneur à la France, Mr. Newton reprit ses premieres idées, & il trouva son compte avec le calcul de Mr. Picart.

C'est une chose qui me paroît toujours admirables, qu'on ait découvert de si sublimes véritez avec l'aide d'un Quart de Cercle, & d'un peu d'Arithmétique.

La circonférence de la Terre est de cent vingt-trois millions deux cens quarante-neuf mille six cens pieds; de cela seul peut suivre le Systême de l'attraction.

Dès qu'on connoît la circonference de la Terre, on connoît celle de l'Orbite de la Lune, & le diamétre de cette Orbite. La révolution de la Lune dans cette Orbite se fait en vingt-sept jours, sept heures, quarante-trois minutes; donc il est démontré que la Lune dans son mouvement moyen, parcourt cent quatre-vingt-sept mille neuf cens soixante pieds de Paris par minute. Et par un Théorême connu, il est démontré que la force centrale qui feroit tomber un corps de la Lune, ne le feroit tomber que de quinze pieds de Paris dans la premiere minute. Maintenant si la régle, par laquelle les corps pesent, gravitent, s'attirent en raison inverse des quarrez des distances, est vraye; si c'est le même pouvoir qui agit

suivant

suivant cette régle dans toute la Nature, il est évident que la Terre étant éloignée de la Lune de 60. demi-diamétres, un corps grave doit tomber sur la Terre de quinze pieds dans la premiere seconde, & de cinquante-quatre mille pieds dans la premiere minute.

Or est-il qu'un corps grave tombe en effet de quinze pieds dans la premiere seconde, & parcourt dans la premiere minute cinquante-quatre mille pieds; lequel nombre est le quarré de soixante multiplié par quinze. Donc les corps pesent en raison inverse des quarrez des distances; donc le même pouvoir fait la pesanteur sur la Terre, & retient la Lune dans son Orbite, étant démontré que la Lune pese sur la Terre qui est le centre de son mouvement particulier. Il est démontré d'ailleurs que la Terre & la Lune pesent sur le Soleil, qui est le centre de leur mouvement annuel.

Les autres Planetes doivent être soumises à cette Loi générale, & si cette Loi existe, ces Planetes doivent suivre les régles trouvées par Kepler. Toutes ces régles, tous ces rapports sont en effet gardez par les Planetes avec la derniere exactitude. Donc le pouvoir de la gravitation fait peser toutes les Planetes vers le Soleil, de même que notre Globe.

Enfin, la réaction de tout corps étant proportionnelle à l'action, il demeure certain que la Terre pese à son tour sur la Lune, & que le Soleil pese sur l'une & sur l'autre : que chacun des Satellites de Saturne pese sur les quatre, & les quatre sur lui : tous cinq sur Saturne, Saturne sur tous : qu'il en est ainsi de Jupiter ; & que tous ces Globes sont attirez par le Soleil réciproquement attiré par eux.

Ce pouvoir de gravitation agit à proportion de la matiere que renferment les corps. C'est une vérité que Mr. Newton a démontrée par des expériences. Cette nouvelle découverte a servi à faire voir que le Soleil, centre de toutes les Planetes, les attire toutes en raison directe de leurs masses combinées avec leur éloignement. De-là s'élevant par degrez jusqu'à des connoissances qui sembloient n'être pas faites pour l'Esprit-humain, il ose calculer combien de matiere contient le Soleil, & combien il s'en trouve dans chaque Planete.

Son seul principe des Loix de la gravitation rend raison de toutes les inégalitez apparentes dans le cours des Globes Célestes. Les variations de la Lune deviennent une suite nécessaire de ces Loix. Le flux & le reflux de la mer est encore un effet très-simple de cette attraction. La proximité de la Lune dans son plein, & quand elle est nouvelle, & son éloignement dans ses Quartiers, combinez avec l'action du Soleil, rendent une raison sensible

sible de l'élévation & de l'abaissement de l'Océan.

Après avoir rendu compte par sa sublime Théorie du cours & des inégalitez des Planetes, il assujettit les Cométes au frein de la même Loi.

Il prouve que ce sont des corps solides qui se meuvent dans la sphére de l'action du Soleil, & décrivent une ellipse si excentrique & si approchante de la parabole, que certaines Cometes doivent mettre plus de cinq cens ans dans leur révolution.

Le sçavant Mr. Halley croit que la Cométe de 1680. est la même qui parut du tems de Jules-César. Celle-là surtout sert plus qu'une autre à faire voir que les Cométes sont des corps durs & opaques; car elle descendit si près du Soleil, qu'elle n'en étoit éloignée que d'une sixiéme partie de son disque ; elle put par conséquent acquérir un degré de chaleur deux mille fois plus violent que celui du fer le plus enflâmé. Elle auroit été dissoute & consommée en peu de tems, si elle n'avoit pas été un corps opaque. La mode commençoit alors de deviner le cours des Cométes. Le célébre Mathématicien Jacques Bernoulli, conclut par son Systême, que cette fameuse Cométe de 1680. reparoîtroit le 17. Mai 1729. Aucun Astronome de l'Europe ne se coucha cette nuit du 17. Mai ; mais la fameuse Cométe ne parut point. Il y a
aumoins

aumoins plus d'adresse, s'il n'y a pas plus de sureté, à lui donner cinq cens soixante & quinze ans pour revenir. Pour Mr. Whiston, il a sérieusement affirmé que du tems du Déluge il y avoit eu une Cométe qui avoit inondé notre Globe, & il a eu l'injustice de s'étonner qu'on se soit un peu moqué de cette idée. L'Antiquité pensoit à-peu-près dans le goût de Mr. Whiston ; elle croyoit que les Cométes étoient toûjours les avant-courieres de quelque grand malheur sur la Terre. Mr. Newton au contraire soupçonne qu'elles sont très-bienfaisantes, & que les fumées qui en sortent ne servent qu'à secourir & à vivifier les Planetes, qui s'imbibent dans leurs cours de toutes ces particules que le Soleil a détachées des Cométes. Ce sentiment est dumoins plus probable que l'autre. Ce n'est pas tout, si cette force de gravitation, d'attraction, agit dans tous les Globles Célestes ; elle agit sans doute sur toutes les parties de ces Globes. Car si les corps s'attirent en raison de leurs masses, ce ne peut être qu'en raison de la quantité de leurs parties ; & si ce pouvoir est logé dans le tout, il l'est sans doute dans la moitié, il l'est dans le quart, dans la huitiéme partie, ainsi jusqu'à l'infini.

Ainsi voilà l'attraction qui est le grand ressort qui fait mouvoir toute la Nature. Mr. Newton avoit bien prévû, après voir démontré

démontré l'existence de ce principe, qu'on se révolteroit contre son seul nom ; dans plus d'un endroit de son Livre il précautionne son Lecteur contre ce nom même. Il l'avertit de ne le pas confondre avec les qualitez occultes des Anciens, & de se contenter de connoître qu'il y a dans tous les corps une force centrale qui agit, d'un bout de l'Univers à l'autre, sur les corps les plus proches, & sur les plus éloignez, suivant les Loix immuables de la Méchanique.

Il est étonnant qu'après les protestations solemnelles de ce grand Homme, Mr. Saurin & M. de Fontenelle lui ayent reproché nettement les chimères du Péripatétisme : Mr. Saurin dans les Mémoires de l'Académie de 1709. & Mr. de Fontenelle dans l'Eloge même de Mr. Newton.

Presque tous les François, sçavans & autres, ont répeté ce reproche. On entend dire partout, pourquoi Mr. Newton ne s'est-il pas servi du mot d'Impulsion que l'on comprend si-bien, plûtôt que du terme d'Attraction qu'on ne comprend pas ?

Mr. Newton auroit pu répondre à ces Critiques : Premièrement, vous n'entendez pas plus le mot d'Impulsion que celui d'Attraction ; & si vous ne concevez pas pourquoi un corps tend vers le centre d'un autre corps, vous n'imaginez pas plus

plus par quelle vertu un corps en peut pousser un autre.

Secondement, je n'ai pu admettre l'Impulsion; car il faudroit pour cela que j'eusse connu qu'une Matiere Céléste pousse en effet les Planetes. Or, non-seulement je ne connois point cette matiere; mais j'ai prouvé qu'elle n'existe pas.

Troisiémement, je ne me sers du mot d'Attraction que pour exprimer un effet que j'ai découvert dans la Nature; effet certain & indisputable d'un principe inconnu, qualité inhérente dans la Matiere, dont de plus habiles que moi trouveront, s'ils peuvent, la cause.

Que nous avez-vous donc apris, insiste-t'on encore? Et pourquoi tant de calculs, pour nous dire ce que vous-même ne comprenez pas?

Je vous ai appris (pourroit continuer Mr. Newton) que la méchanique des forces centrales fait seule mouvoir les Planetes & les Comètes dans des proportions marquées. Je suis, continueroit-il, dans un cas bien différent des Anciens; ils voyoient, par exemple, l'eau monter dans les pompes, & ils disoient l'eau monte, parcequ'elle a horreur du vuide. Mais moi, je suis dans le cas de celui qui auroit remarqué le premier que l'eau monte dans les pompes, & qui laisseroit à d'autres le soin d'expliquer la cause de cet effet.

## ET DE PHILOSOPHIE.

fet. L'Anatomiste qui a dit le premier que le bras se remuë, parceque les muscles se contractent, enseigna aux hommes une vérité incontestable; lui en aura-t'on moins d'obligation, parcequ'il n'a pas sçu pourquoi les muscles se contractent? La cause du ressort de l'air est inconnuë; mais celui qui a découvert ce ressort a rendu un grand service à la Physique. Le ressort que j'ai découvert étoit plus caché & plus universel; ainsi on doit m'en sçavoir plus de gré. J'ai découvert une nouvelle proprieté de la Matiere, un des secrets du Créateur; j'en ai calculé, j'en ai démontré les effets, peut-on me chicaner sur le nom que je lui donne?

Ce sont les Tourbillons qu'on peut appeller une qualité occulte, puisqu'on n'a jamais prouvé leur existence: l'Attraction au contraire est une chose réelle, puisqu'on en démontre les effets, & qu'on en calcule les proportions. La cause de cette cause est dans le sein de Dieu.

*Procedes hunc, & non ibis amplius.*

# SUR L'OPTIQUE DE Mr. NEWTON.

## CHAPITRE XVIII.

UN nouvel Univers a été découvert par les Philosophes du dernier siécle, & ce Monde nouveau étoit d'autant plus difficile à connoître, qu'on ne se doutoit pas même qu'il existât. Il sembloit aux plus sages, que c'étoit une témérité insensée d'oser seulement songer qu'on pût deviner par quelles loix les Corps celestes se meuvent, & comment la Lumiere agit. Galilée par ses découvertes astronomiques, Kepler par ses calculs, Descartes, au moins en partie dans sa Dioptrique, & Newton dans tous ses Ouvrages, ont vû la méchanique des ressorts du Monde. Dans la Géométrie on a assujetti l'infini au calcul, la circulation du sang dans les Animaux, & de la séve dans les

les Végétables ont changé pour nous la Nature. Une nouvelle maniere d'exister a été donnée au corps dans la Machine pneumatique, les objets se sont raprochez de nos yeux à l'aide des Telescopes. Enfin, ce que Mr. Newton a découvert sur la Lumiere, est digne de tout ce que la curiosité des hommes pouvoit attendre de plus hardi, après tant de nouveautez.

Jusqu'à Antonio de Dominis, l'Arc-en-Ciel avoit paru un miracle inexplicable. Ce Philosophe devina & expliqua que c'étoit un effet nécessaire de la pluye & du Soleil. Descartes rendit son nom immortel par un composé encore plus mathématique de ce Phénomène si naturel; il calcula les réfléxions & les réfractions de la lumiere dans les goutes de pluyes, & cette sagacité eut alors quelque chose de divin.

Mais qu'auroit-il dit, si on lui avoit fait connoître qu'il se trompoit sur la nature de la lumiere; qu'il n'avoit aucune raison d'assurer que c'étoit un corps globuleux, s'étendant par tout l'Univers, qui n'attend pour être mis en action que d'être poussé par le Soleil, ainsi qu'un long bâton qui agit à un bout quand il est pressé par l'autre; qu'il est très-vrai qu'elle est dardée par le Soleil, & qu'enfin la lumiere est transmise du Soleil à la Terre en près de sept minutes, quoiqu'un boulet de canon, conservant toûjours sa vîtesse, ne puisse puissé faire ce chemin qu'en vingt-cinq années ? Quel eût été son étonnement si on lui eût dit, il est faux que la lumiere se réfléchisse régulièrement en rebondissant sur les corps solides : il est faux que les corps soient transparens, quand ils ont des pores larges ; & il viendra un homme qui démontrera ces paradoxes, & qui anatomisera un seul rayon de lumiere avec plus de dexterité, que le plus habile Artiste ne disséque le corps humain ?

Cet homme est venu. Mr. Newton avec le seul secours du Prisme a démontré aux yeux, que la lumiere est un amas de rayons colorez, qui tous ensemble donnent la couleur blanche; un seul rayon est divisé par lui en sept rayons, qui viennent tous se placer sur un linge ou sur un papier blanc dans leur ordre, l'un au-dessus de l'autre & à d'inégales distances. Le premier est couleur de feu, le second citron, le troisime jaune, le quatriéme verd, le cinquiéme bleu, le sixiéme indigo, le septiéme violet. Chacun de ces rayons tamisé ensuite par cent autres prismes, ne changera jamais la couleur qu'il porte, de même qu'un or épuré ne s'altére plus dans les creusets; & pour surabondance de preuve chacun de ces rayons élémentaires porte en soi ce qui fait sa couleur à nos yeux. Prenez un petit morceau de bois jaune, par exemple, & exposez-le au rayon couleur de feu

feu, & le bois se tint à l'instant en couleur de feu ; exposez-le au rayon verd, il prend la couleur verte, & ainsi du reste.

Quelle est donc la cause des couleurs dans la Nature ? Rien autre chose que la disposition des corps à réfléchir les rayons d'un certain ordre, & à absorber tous les autres.

Quelle est donc cette secrette disposition ? Il démontre que c'est uniquement l'épaisseur des petites parties constituantes dont un corps est composé. Et comment se fait cette réflexion ? On pensoit que c'étoit parceque les rayons rebondissoient comme une balle sur la surface d'un corps solide. Point du tout. Mr. Newton a apris aux Philosophes étonnez, que la lumiere se réfléchit, non des surfaces mêmes; mais sans toucher aux surfaces ; qu'elle rejaillit du sein des pores, & enfin du vuide même. Il leur a apris que les corps sont opaques en partie, parceque leurs pores sont larges ; que plus les pors d'un corps sont petits, plus le corps est transparent; ainsi le papier qui réfléchit la lumiere quand il est sec, se transmet quand il est huilé ; parceque l'huile remplissant les pores, les rend beaucoup plus petits.

C'est-là qu'examinant l'extrême porosité des corps, chaque partie ayant ses pores, & chaque partie de ses parties ayant

les

les siens, il fait voir qu'il n'est point assuré qu'il y ait un pouce cubique de matiere solide dans l'Univers; tant notre esprit est éloigné de concevoir ce que c'est que Matiere. Ayant ainsi décomposé la lumiere, & ayant porté la sagacité de ses découvertes jusqu'à démontrer le moyen de connoître la couleur composée par les couleurs primitives; il fait voir que ces rayons élémentaires, séparez par le moyen du prisme, ne sont arrangez dans leur ordre, que parcequ'ils sont réfractez en cet ordre même; & c'est cette proprieté inconnuë jusqu'à lui de se rompre dans cette proportion, c'est cette réfraction inégale des rayons, ce pouvoir de réfracter le rouge moins que la couleur orangée, &c. qu'il nomme réfrangibilité. Les raisons les plus réfléxibles sont les plus réfrangibles; de-là il fait voir que le même pouvoir cause la réfléxion & la réfraction de la lumiere.

Tant de merveilles ne sont que le commencement de ses découvertes; il a trouvé le secret de voir les vibrations & les secousses de lumiere qui vont & viennent sans fin, & qui transmettent la lumiere ou la réfléxissent selon l'épaisseur des parties qu'elles rencontrent. Il a osé calculer l'épaisseur des particules d'air nécessaire entre deux verres posez l'un sur l'autre, l'un plat, l'autre convéxe d'un côté, pour opérer telle transmission ou réfléxion, & pous faire telle ou telle couleur.

De

De toutes ces combinaisons, il trouve en quelle proportion la lumiere agit sur les corps, & les corps agissent sur elle.

Il a si bien vû la lumiere, qu'il a déterminé à quel point l'art de l'augmenter, & d'aider nos yeux par des Télescopes, doit se borner.

Descartes par une noble confiance bien pardonnable à l'ardeur que lui donnoient les commencemens d'un Art presque découvert par lui, espéroit voir dans les Astres avec des Lunettes d'aproche, des objets aussi petits que ceux qu'on discerne sur la terre.

Newton a montré qu'on ne peut plus perfectionner les Lunettes à cause de cette réfraction & de cette réfrangibilité même, qui en nous raprochant les objets, écartent trop les rayons élémentaires. Il a calculé dans ces verres la proportion de l'écartement des rayons rouges & des rayons bleus, & portant la démonstration dans des choses dont on ne soupçonnoit pas même l'existence, il examine les inégalitez que produit la figure du verre, & celle que fait la réfrangibilité. Il trouve que le verre objective de la Lunette étant convexe d'un côté & plat de l'autre, si le côté plat est tourné vers l'objet, le défaut qui vient de la construction & de la position du verre, est cinq mille fois moindre que le défaut qui vient par la réfrangibilité :
&

& qu'ainsi ce n'est pas la figure des verres qui fait qu'on ne peut perfectionner les Lunettes d'aproche; mais qu'il faut s'en prendre à la nature même de la lumiere.

Voilà pourquoi il inventa un Télescope qui montre les objets par réfléxion, & non point par réfraction.

Il étoit encore peu connu en Europe, quand il fit cette Découverte J'ai vû un petit Livre composé environ ce tems-là, dans lequel en parlant du Télescope de Newton, on le prend pour un Lunetier: *Artifex quidam Anglus nomine Nevvton.*

HISTOIRE

# HISTOIRE DE L'INFINI.

## CHAPITRE XIX.

Les premiers Géometres se sont aperçus, sans doute, dès l'onziéme & douziéme proposition, que s'ils marchoient sans s'égarer, ils étoient sur le bord d'un abîme, & que les petites véritez incontestables qu'ils trouvoient, étoient entourées de l'Infini. On l'entrevoyoit, dès qu'on songeoit qu'un côté d'un quarré ne peut jamais mesurer la diagonale, ou que des circonférences de Cercles différens passeront toûjours entre un Cercle & sa tangente, &c. Quiconque cherchoit seulement la racine du nombre 6. voyoit bien que c'étoit un nombre entre deux & trois; mais quelque division qu'il pût faire, cette racine dont il aprochoit toûjours ne se trouvoit jamais. Si l'on considéroit une ligne droite coupant une autre ligne droite perpendiculairement, on les voyoit se couper en un point indivisible ; mais si elles se coupoient obliquement, on étoit forcé, ou d'admettre un point plus grand qu'un autre, ou de ne rien comprendre dans la nature des points & dans le commencement de toute grandeur.

La seule inspection d'un Cone droit étonnoit l'esprit ; car sa base qui est un Cercle, contient un nombre infini de lignes. Son Sommet est quelque chose qui différe infiniment de la ligne. Si on coupoit ce Cone parallélement à son axe, on trouvoit une figure qui s'aprochoit toûjours de plus en plus des côtez du triangle formé par le Cone, sans jamais le rencontrer. L'Infini étoit partout, comment connoître l'air d'une Cercle ? Comment celle d'une courbe quelconque ?

Avant Apollonius le Cercle n'avoit été étudié que comme mesure des Angles, & comme pouvant donner certaines moyennes proportionnelles. Ce qui prouve en passant, que les Egyptiens, qui avoient enseigné la Géométrie aux Grecs, avoient été de très-médiocres Géométres, quoiqu'assez bons Astronomes. Apollonius entra dans le détail des Sections coniques. Archiméde considéra le Cercle comme une figure d'une infinité de côtez, & donna le raport du diamétre à la circonférence, tel que l'esprit humain peut le donner. Il quarra la parabole,

bole ; Hypocrate de Chio quarra les lunules du Cercle.

La duplication du cube, la trisection de l'angle, inabordables à la Géométrie ordinaire, & la quadrature du Cercle impossible à toute Géométrie, furent l'inutile objet des recherches des Anciens. Ils trouverent quelques secrets sur leur route, comme les Chercheurs de la Pierre Philosophale. On connoît la Cissoïde de Dioclès, qui aproche de sa directrice sans jamais l'atteindre ; la Concoïde de Nicomède qui est dans le même cas ; la Spirale d'Archimède. Tout cela fut trouvé sans l'Algebre, sans ce calcul qui aide si fort l'Esprit humain, & qui semble le conduire sans l'éclairer.

Que deux Arithméticiens, par exemple, ayent un compte à faire ; que le premier le fasse de tête voyant toûjours ses nombre présens à son esprit ; & que l'autre opére sur le papier par une régle de routine, mais sûre, dans laquelle il ne voit jamais la vérité qu'il cherche qu'après le résultat, & comme un homme qui y est arrivé les yeux fermez ; voilà à-peu-près la différence qui est entre un Géométre sans calcul, qui considére des figures & voit leurs raports, & un Algébriste qui cherche ces raports par des opérations qui ne parlent point à l'esprit. Mais on ne peut aller loin avec la premiere méthode : elle est peut-être reservée pour des Etres supérieurs à nous.

nous. Il nous faut des secours qui aident & qui prouvent notre foiblesse. A mesure que la Géométrie s'est étendue, il a fallu plus de ces secours.

Hariot Anglois, Viette Poitevin, & surtout le fameux Descartes, employerent les signes, les lettres. Descartes soumit les courbes à l'Algebre, & réduisit tout en équations Algébraïques.

Du tems de Descartes, Cavalliero, Religieux d'un ordre de Jésuates qui ne subsiste plus, donna au Public en 1635. la Géométrie des indivisibles : Géométrie toute nouvelle dans laquelle les plans sont composez d'une infinitez de lignes, & les solides d'une infinité de plans. Il est vrai qu'il n'osoit pas plus prononcer le mot d'Indéfini en Mathématique, que Descartes en Physique. Ils se servoient l'un & l'autre du terme adouci d'*Indefini*; cependant Roberval en France avoit les mêmes idées, & il y avoit alors à Bruges un Jésuite qui marchoit à pas de Géant dans cette carriere par un chemin différent. C'étoit Grégoire de St. Vincent, qui, en prenant pour but une erreur, & croyant avoir trouvé la Quadrature du Cercle, trouva en effet des choses admirables. Il réduisit l'Infini même à des raports finis, il connut l'Infini en petit & en grand. Mais ces recherches étoient noyées dans trois *in-folio* : elles manquoient de méthode ; &, qui pis est, une erreur palpable

palpable qui terminoit le Livre, nuifit à toutes les véritez qu'il contenoit.

On cherchoit toûjours à quarrer des courbes. Defcartes fe fervoit des tangentes; Fermat, Confeiller de Touloufe, employoit fa régle de *maximis & minimis*; régle qui méritoit plus de juftice que Defcartes ne lui en rendit. Wallis Anglois en 1655. donna hardiment l'Arithmétique des infinis, & des fuites infinies en nombre.

Mylord Brounker fe fervit de cette fuite pour quarrer une hyperbole. Mercator de Holftein eut grande part à cette invention; mais il s'agiffoit de faire fur toutes les courbes ce que le Lord Brounker avoit fi heureufement tenté. On cherchoit une méthode générale d'affujettir l'Infini à l'Algebre, comme Defcartes y avoit affujetti le Fini. C'eft cette méthode que trouva Newton à l'âge de vingt-trois ans; auffi admirable en cela que notre jeune Mr Cléraut, qui à l'âge de treize ans, vient de faire imprimer un Traité de la mefure des Courbes à double courbure. La méthode de Newton a deux parties, le calcul différentiel & le calcul intégral.

Le différentiel confifte à trouver une quantité plus petite qu'aucune affignable, laquelle prife une infinité de fois, égale la quantité donnée; & c'eft ce qu'en Angleterre on apelle la méthode des fluentes ou des fluxions.

L'intégrale consiste à prendre la somme totale des quantitez différentielles.

Le célèbre Philosophe Leibnitz, & le profond Mathématicien Bernoulli ont tous deux revendiqué, l'un le calcul différentiel, l'autre le calcul intégral ; il faut être capable d'inventer des choses si sublimes, pour oser s'en attribuer l'honneur. Pourquoi trois grands Mathématiciens cherchans tous la vérité ne l'auront-ils pas trouvée ? Torricelli, la Loubére, Descartes, Roberval, Descartes, Paschal, n'ont-ils pas tous démontré, chacun de leur côté, les proprietez de la Cicloïde, nommée alors la Roulette ? N'a-t'on pas vû souvent des Orateurs traitans le même sujet, employer les mêmes pensées sous des termes différens ? Les signes dont Newton & Leibnitz se servoient étoient différens, & les pensées étoient les mêmes.

Quoiqu'il en soit, l'Infini commença alors à être traité par le calcul. On s'accoûtuma insensiblement à recevoir des Infinis plus grands les uns que les autres. Cet Edifice si hardi effraya un des Architectes. Leibnitz n'osa apeller ces Infinis que des Incomparables ; mais Mr de Fontenelles vient enfin d'établir ces différens ordres d'Infinis sans aucun ménagement, & il faut qu'il ait été bien sûr de *son fait* pour l'avoir osé.

# DE LA CHRONOLOGIE DE NEWTON;

*Qui fait le monde moins vieux de 500. ans.*

## CHAPITRE XX.

IL me reste à vous parler d'un autre Ouvrage à la portée du Genre Humain; mais qui se sent toûjours de cet esprit créateur que Mr. Newton portoit dans toutes ses recherches. C'est une Chronologie toute nouvelle; car dans tout ce qu'il entreprenoit, il falloit qu'il changeât les idées reçues par les autres hommes.

Accoutumé à débrouiller des cahos, il a voulu porter au moins quelque lumiere dans celui des Fables anciennes confondues avec l'Histoire, & fixer une Chronologie incertaine. Il est vrai qu'il n'y a point de famille, de Ville, de Nation, qui ne cherche à reculer son origine. De plus, les premiers Historiens sont les plus négligens à marquer les dattes. Les Livres étoient moins communs mille fois qu'aujourd'hui; par conséquent étans moins exposez à la critique, on trompoit le monde plus impunément; & puisqu'on a évidemment supposé des faits, il est assez pro-

F 4 bable

bable qu'on a aussi supposé des dattes.

En général il parut à Mr. Newton que le monde étoit de 500 ans plus jeune que les Chronologistes ne le disent. Il fonde son idée sur le cours ordinaire de la Nature, & sur les Observations Astronomiques.

On entend ici par le cours de la Nature le tems de chaque génération des hommes. Les Egyptiens s'étoient servis les premiers de cette maniere incertaine de compter, quand ils voulurent écrire les commencemens de leur Histoire. Ils comptoient 341 générations depuis Menès jusqu'à Sethon; & n'ayant pas de dattes fixes, ils évaluerent trois générations à 100 ans. Ainsi ils compterent du Régne de Menès au Régne de Sethon 11340 années.

Les Grecs, avant de compter par Olympiades, suivirent la méthode des Egyptiens, & étendirent un peu la durée des générations, poussans chaque génération jusqu'à quarante années.

Or en cela les Egyptiens & les Grecs se tromperent dans leur calcul. Il est bien vrai que, selon le cours ordinaire de la Nature, trois générations font environ cent à six vingt ans, mais il s'en faut bien que trois Régnes tiennent ce nombre d'années. Il est très-évident, qu'en général les hommes vivent plus long-tems que les Rois ne régnent. Ainsi un homme qui voudra écrire l'Histoire, sans avoir des dattes précises, cifes ; & qui fçaura qu'il y a eu neuf Rois chez une Nation, aura grand tort s'il compte 300. ans pour ces neuf Rois. Chaque génération est d'environ 30 ans, chaque régne est d'environ vingt, l'un portant l'autre. Prenez le 30 Rois d'Angleterre depuis Guillaume le Conquérant jufqu'à George I. ils ont régné 648 ans ; ce qui réparti fur les 30 Rois, donne à chacun 21 ans & demi de régne. Soixante-trois Rois Rois de France ont régné, l'un portant l'autre, chacun à-peu-près vingt ans. Voilà le cours ordinaire de la Nature. Donc les Anciens fe font trompez, quand ils ont égalé en général la durée des Régnes à la durée des générations ; donc ils ont trop compté ; donc il est à propos de retrancher un peu de leur calcul.

Les Observations Aftronomiques femblent prêter encore un plus grand fecours à notre Philofophe. Il paroît plus fort en combattant fur fon terrain.

Vous fçavez que la Terre, outre fon mouvement annuel qui l'emporte autour du Soleil d'Occident en Orient dans l'efpace d'une année, a encore une révolution finguliere tout-à-fait inconnue jufqu'à ces derniers tems. Ses pôles ont un mouvement très-lent de rétrogradation d'Orient en Occident, qui fait que chaque jour leur pofition ne répond pas précifément au même point du Ciel. Cette différence insensible en une année, devient assez forte avec le tems; & au bout de 72 ans on trouve que la différence est d'un dégré; c'est-à-dire, de la 360 partie de tout le Ciel. Ainsi après 72 années le Colure de l'Equinoxe du Printems qui passoit par un Fixe, répond à une autre Fixe. De-là vient que le Soleil, au-lieu d'être dans la partie du Ciel où étoit le Bélier du tems d'Hipparque, se trouve répondre à cette partie du Ciel où étoit le Taureau; & que les Gemeaux sont à la place où le Taureau étoit alors. Tous les Signes ont changé de place; cependant nous retenons toûjours la maniere de parler des Anciens. Nous disons que le Soleil est dans le Bélier au Printems, par la même condescendance que nous disons que le Soleil tourne.

Hipparque fut le premier chez les Grecs, qui s'aperçut de quelque changement dans les Constellations par rapport aux Equinoxes, ou plûtôt qui l'aprit des Egyptiens. Les Philosophes attribuerent ce mouvement aux Etoiles; car alors on étoit bien loin d'imaginer une telle révolution dans la Terre. On la croyoit dans tous sens immobile. Ils créerent donc un Ciel où ils attacherent toutes les Etoiles, & donnerent à ce Ciel un mouvement particulier, qui le faisoit avancer vers l'Orient, pendant que toutes les Etoiles sembloient faire leur route journaliere d'Orient en Occident.

dent. A cette erreur ils en ajoutèrent une seconde bien plus essentielle. Ils crurent que le Ciel prétendu des Etoiles fixes avançoit d'un dégré vers l'Orient en cent années. Ainsi ils se trompèrent dans leur Calcul Astronomique, aussi-bien que dans leur Systême Physique. Par exemple, un Astronome auroit dit alors, l'Equinoxe du Printems a été du tems d'un tel Observateur dans un tel signe, à une telle Etoile. Il a fait deux dégrez de chemin depuis cet Observateur jusqu'à nous : or deux dégrez valent 200 ans; donc cet Observateur vivoit 200 ans avant moi. Il est certain qu'un Astronome qui auroit raisonné ainsi, se seroit trompé justement de cinquante ans. Voilà pourquoi les Anciens, doublement trompez, composèrent leur grande année du monde; c'est-à-dire, de la révolution de tout le Ciel, d'environ 36000 ans. Mais les Modernes sçavent que cette révolution imaginaire du Ciel des Etoiles, n'est autre chose que la révolution des pôles de la terre qui se fait en 25900 ans. Il est bon de remarquer ici en passant, que Mr. Newton, en déterminant la figure de la terre, a très-heureusement expliqué la raison de cette révolution.

Tout ceci posé, il reste pour fixer la Chronologie, de voir par quelle Etoile le Colure des Equinoxes coupe aujourd'hui l'Ecliptique au Printems, & de sçavoir s'il né se trouve point quelque Ancien qui nous ait dit en quel point l'Ecliptique étoit coupé de son tems par le même Colure des Equinoxes.

Clément Alexandrin rapporte que Chiron, qui étoit de l'Expédition des Argonautes, observa les Constellations au tems de cette fameuse Expédition ; & fixa l'Equinoxe du Printems au milieu du Bélier, l'Equinoxe d'Automne au milieu de la Balance, le Solstice de notre Eté au milieu du Cancre, & le Solstice d'Hyver au milieu du Capricorne.

Long-tems après l'Expédition des Argonautes, & un an avant la Guerre du Péloponnèse, Meton observa que le point du Solstice d'Eté passoit par le sixiéme dégré du Cancre.

Or chaque Signe du Zodiaque est de 30 dégrez. Du tems de Chiron, le Solstice étoit à la moitié du Signe; c'est-à-dire, au quinziéme dégré; un an avant la Guerre du Péloponèse, il étoit au huitiéme ; donc il avoit retardé de sept dégrez (un dégré vaut 72 ans;) donc du commencement de la Guerre du Péloponèse, à l'entreprise des Argonautes, il n'y a que sept fois 72 ans, qui font 504 ans, & non pas 700 années, comme le disoient les Grecs. Ainsi en comparant l'état du Ciel d'aujourd'hui à l'état où il étoit alors, nous voyons que l'Expédition des Argonautes doit être placée 209

ans

ans avant Jesus-Christ, & non pas environ 1400 ans, & que par conséquent le monde est moins vieux d'environ 500 ans qu'on ne pensoit. Par-là toutes les Epoques sont rapprochées, & tout est fait plus tard qu'on ne le dit. Je ne sçai si ce Systême ingénieux fera une grande fortune, & si l'on voudra se résoudre sur ces idées à réformer la Chronologie du Monde. Peut-être les Sçavans trouveroient-ils que ç'en seroit trop, d'accorder à un même homme l'honneur d'avoir perfectionné à la fois la Physique, la Géométrie & l'Histoire; ce seroit une espece de Monarchie universelle dont l'amour-propre s'accommode mal-aisément. Aussi dans le tems que de très-grands Philosophes l'attaquoient sur l'Attraction, d'autres combattoient son Systême Chronologique. Le tems qui devroit faire voir à qui la victoire est dûe, ne fera peut-être que laisser la dispute indécise.

Il est bon, avant que de quitter Newton, d'avertir que l'Infini, l'Attraction & le Cahos de la Chronologie, ne sont pas les seuls abîmes où il ait fouillé. Il s'est avisé de commenter l'Apocalypse. Il y trouve que le Pape est l'Antechrist, & il explique ce Livre incompréhensible à-peu-près comme tous ceux qui s'en sont mêlez. Aparemment qu'il a voulu par ce Commentaire consoler la race humaine de la supériorité qu'il avoit sur elle.

# DE LA TRAGEDIE.

## CHAPITRE XXI.

LEs Anglois avoient déja un Théâtre aussi-bien que les Espagnols, quand les François n'avoient encore que des tréteaux. Shakespear, qui passoit pour le Corneille des Anglois, fleurissoit à-peu-près dans le tems de Lopez de Vega; il créa le Théâtre, il avoit un génie plein de force & de fécondité, de naturel & de sublime, sans la moindre étincelle de bon goût, & sans la moindre connoissance des régles. Je vais vous dire une chose hazardée, mais vraye, c'est que le mérite de cet Auteur a perdu le Théâtre Anglois; il y a de si belles Scenes, des morceaux si grands & si terribles répandus dans ses Farces monstrueuses qu'on appelle Tragédies, que ces Piéces ont toûjours été jouées avec un grand succès. Le tems qui seul fait la réputation des hommes, rend à la fin leurs défauts respectables. La plûpart des idées bizarres & gigantesques de cet Auteur ont

acquis,

acquis, au bout de 150 ans, le droit de passer pour sublimes. Les Auteurs modernes l'ont presque tous copié. Mais ce que réüssissoit en Shakespear, est sifflé chez eux, & vous croyez bien que la vénération qu'on a pour cet Auteur, augmente à mesure que l'on méprise les Modernes. On ne fait pas réfléxion qu'il ne faudroit pas l'imiter, & le mauvais succès des Copistes fait seulement qu'on le croit inimitable. Vous sçavez que dans la Tragédie du More de Venise, Piéce très-touchante, un mari étrangle sa femme sur le Théâtre, & que quand la pauvre femme est étranglée, elle s'écrie qu'elle meurt très-injustement. Vous n'ignorez pas que dans Hamlet, des Fossoyeurs creusent une fosse en buvant, en chantant des Vaudevilles, & en faisant sur les têtes des morts qu'ils rencontrent, des plaisanteries convenables à gens de leur métier; mais ce qui vous surprendra, c'est qu'on a imité ces sottises. Sous le Régne de Charles II. qui étoit celui de la politesse, & l'âge des Beaux Arts, Otway dans sa Venise sauvée, introduit le Sénateur Antonio & sa Courtisane Naki au milieu des horreurs de la Conspiration du Marquis de Bedemar. Le vieux Sénateur Antonio fait auprès de sa Courtisane toutes les singeries d'un vieux débauché impuissant & hors du bon sens. Il contrefait le Taureau & le Chien, il mord les jambes de sa Maîtresse

qui

qui lui donne des coups de pieds & des coups de foüet. On a retranché de la Piéce d'Otway ces bouffonneries faites pour la plus vile canaille; mais on a laiffé dans le Jules-Céfar de Shakefpear les plaifanteries des Cordonniers & des Savetiers Romains, introduits fur la Scene avec Caffius & Brutus. Vous vous plaindrez fans doute, que ceux qui jufqu'à préfent vous ont parlé du Théâtre Anglois, & furtout de ce fameux Shakefpear, ne vous ayent encore fait voir que fes erreurs, & que perfonne n'ait traduit aucun de ces endroits frapans qui demandent grace pour toutes fes fautes. Je vous répondrai qu'il eft bien aifé de rapporter en Profe les fottifes d'un Poëte; mais très-difficile de traduire fes beaux Vers. Tous les Grimauds qui s'érigent en Critiques des Ecrivains célébres, compilent des Volumes. J'aimerois mieux deux pages qui nous fiffent connoître quelque beauté; car je maintiendrai toûjours avec tous les gens de bon goût, qu'il y a plus à profiter dans douze Vers d'Homere & de Virgile, que dans toutes les Critiques qu'on a faites de ces deux Grands Hommes.

J'ai hazardé de traduire quelques morceaux des meilleurs Poëtes Anglois; en voici un de Shakefpear. Faites grace à la Copie en faveur de l'Original, & fouvenez-vous toûjours, quand vous voyez une Traduction, que vous ne voyez qu'une foible

Eftampe

Estampe d'un beau Tableau. J'ai choisi le Monologue de la Tragédie de Hamlet, qui est sçu de tout le monde, & qui commence par ces Vers:

*To be, or not to be ! that is Question ! &c.*

C'est Hamlet Prince de Dannemark qui parle.

Demeure, il faut choisir & passer à l'instant
De la vie à la mort, ou de l'être au néant.
Dieux cruels, s'il en est, éclairez mon courage.
Faut-il vieillir courbé sous la main qui m'outrage,
Suporter, ou finir mon malheur & mon sort ?
Qui suis-je ? Qui m'arrête ? Et qu'est-ce que la mort ?
C'est la fin de nos maux, c'est mon unique azile,
Après de longs transports, c'est un sommeil tranquille.
On s'endort, & tout meurt; mais un affreux réveil
Doit succéder peut-être aux douceurs du sommeil.
On nous menace, on dit que cette courte Vie
De tourmens éternels est aussi-tôt suivie.
O Mort ! moment fatal ! affreuse Eternité !
Tout cœur à ton seul nom se glace épouvanté.
Eh ! qui pourroit sans toi suporter cette vie:
De nos Prêtres menteurs benir l'hypocrisie :
D'une indigne Maîtresse encenser les erreurs :
Ramper sous un Ministre, adorer ses hauteurs ;
Et montrer les langueurs de son ame abattuë
A des Amis ingrats qui détournent la vuë ?

La mort seroit trop douce en ces extrêmitez.
Mais le scrupule parle, & nous crie, arrêtez.
Il défend à nos mains cette heureux homicide,
Et d'un Héros guerrier, fait un Chrétien timide, &c.

Ne croyez pas que j'aye rendu ici l'Anglois mot pour mot; malheur aux Faiseurs de Traductions Littérales, qui traduisans chaque parole énervent le sens. C'est bien-là qu'on peut dire que la lettre tuë, & que l'esprit vivifie.

Voici encore un passage d'un fameux Tragique Anglois; c'est Dryden Poëte du tems de Charles II. Auteur plus fécond que judicieux, qui auroit une réputation sans mélange, s'il n'avoit fait que la dixiéme partie de ses Ouvrages.

Ce morceau commence ainsi:

*When I consider Life 'tis all a Cheat,*
*Yet fool'd by Hope Men favour the Deceit,* &c.

De desseins en regrets, & d'erreurs en désirs
Les mortels insensez promenent leur folie
Dans des malheurs présens, dans l'espoir des plaisirs.
Nous ne vivons jamais, nous attendons la vie.
Demain, demain, dit-on, va combler tous nos vœux.
Demain vient, & nous laisse encor plus malheureux.

Quelle est l'erreur, hélas! du soin qui nous devore,
Nul de nous ne voudroit recommencer son cours.
De nos premiers momens nous maudissons l'aurore,
Et de la nuit qui vient, nous attendons encore
Ce qu'ont envain promis les plus beaux de nos jours, &c.

C'est dans ces morceaux détachez que les Tragiques Anglois ont jusqu'ici excelé. Leurs Piéces presque toutes barbares, dépourvuës de bienséance, d'ordre & de vraisemblance, ont des lueurs étonnantes au milieu de cette nuit. Le stile est trop empoulé, trop hors de la nature, trop copié des Ecrivains Hébreux, si remplis de l'enflure Asiatique; mais aussi il faut avouer que les échasses du stile figuré, sur lesquelles la Langue Angloise est guindée, élevent l'esprit bien haut, quoique par une marche irréguliere. Le premier Anglois qui ait fait une Piéce raisonnable, & écrite d'un bout à l'autre avec élégance, c'est l'illustre Mr. Addison. Son Caton d'Utique est un Chef-d'œuvre pour la diction, & pour la beauté des Vers. Le rôle de Caton est à mon gré fort au-dessus de celui de Cornelie dans le Pompée de Corneille; car Caton est grand sans enflure, & Cornelie, qui d'ailleurs n'est pas un personnage nécessaire, vise quelquefois au galimathias. Le Caton de Mr. Addison me paroît le plus beau Personnage fonnage qui foit fur aucun Théâtre; mais les autres rôles de la Piéce n'y répondent pas; & cet Ouvrage fi bien écrit eft défiguré par une intrigue froide d'amour, qui répand fur la Piéce une langueur qui la tue.

La coutume d'introduire de l'amour, à tort & à travers, dans les Ouvrages Dramatiques, paffa de Paris à Londres vers l'an 1660. avec nos rubans, & nos perruques. Les femmes qui y parent les Spectacles, comme ici, ne veulent plus fouffrir qu'on leur parle d'autres chofes que d'amour. Le fage Addifon eut la molle complaifance de plier la févérité de fon caractére aux mœurs de fon tems, & gâta un Chef-d'œuvre pour avoir voulu plaire.

Depuis lui les Piéces font devenuës plus régulieres, le Peuple plus difficile, les Auteurs plus corrects & moins hardis. J'ai vu des Piéces nouvelles fort fages, mais froides. Il femble que les Anglois n'ayent été faits jufqu'ici que pour produire des beautez irrégulieres. Les monftres brillans de Shakefpear plaifent mille fois plus que la fageffe moderne. Le génie poëtique des Anglois reffemble jufqu'à prefent à un arbre touffu, planté par la Nature, jettant au hazard mille rameaux, & croiffant inégalement avec force. Il meurt, fi vous voulez forcer fa Nature, & le tailler en arbre des Jardins de Marly.

# SUR LA COMEDIE.

## CHAPITRE XXII.

JE ne sçai comment le sage & ingénieux Mr. de Muralt, dont nous avons les Lettres sur les Anglois & sur les François; s'est borné, en parlant de la Comédie, à critiquer un Comique nommé Shadwell. Cet Auteur étoit assez méprisé de son tems. Il n'étoit point le Poëte des honnêtes-gens. Ses Piéces, goutées pendant quelques Répréfentations par le peuple, étoient dédaignées par tous les gens de bon goût, & ressembloient à tant de Piéces que j'ai vu en France attirer la foule & révolter les Lecteurs, & dont on a pu dire, tout Paris les court. Mr. de Muralt auroit dû, ce semble, nous parler d'un Auteur excellent qui vivoit alors, c'étoit Mr. Wicherley, qui fut long-tems l'Amant déclaré de la Maîtresse la plus illustre de Charles II. Cet homme qui passoit sa vie dans le plus grand monde, en connoissoit parfaitement les vices & les ridicules, & les peignoit du pinceau le plus ferme,

& des

& des couleurs les plus vrayes. Il a fait un Misantrope qu'il a imité de Moliere. Tous les traits de Wicherley sont plus forts & plus hardis que ceux de notre Misantrope; mais aussi ils ont moins de finesse & de bienséance. L'Auteur Anglois a corrigé le seul défaut qui soit dans la Piéce de Moliere; ce défaut est le manque d'intrique & d'intérêt. La Piéce Angloise est intéressante, & l'intrigue en est ingénieuse; elle est trop hardie, sans doute, pour nos mœurs; c'est un Capitaine de Vaisseau, plein de valeur, de franchise & de mépris pour le Genre Humain. Il a un ami sage & sincere dont il se défie, & une Maîtresse dont il est tendrement aimé, sur laquelle il ne daigne pas jetter les yeux; au contraire, il a mis toute sa confiance dans un faux ami, qui est le plus indigne homme qui respire, & il a donné son cœur à la plus coquette & à la plus perfide de toutes les femmes. Il est bien assuré que cette femme est une Pénelope, & ce faux ami un Caton. Il part pour s'aller battre contre les Hollandois, & laisse tout son argent, ses pierreries, & tout ce qu'il a au monde à cette femme de bien, & recommande cette femme ellemême à cet ami fidéle sur lequel il compte si fort. Cependant le véritable honnêtehomme, dont il se défie tant, s'embarque avec lui, & la Maîtresse qu'il n'a pas

seulement

seulement daigné regarder, se déguise en Page, & fait le voyage, sans que le Capitaine s'aperçoive de son sexe, de toute la Campagne.

Le Capitaine ayant fait sauter son Vaisseau dans un combat, revient à Londres sans secours, sans Vaisseau & sans argent, avec son Page & son Ami, ne connoissant ni l'amitié de l'un ni l'amour de l'autre. Il va droit chez la perle des femmes, qu'il compte retrouver avec sa Cassette & sa fidélité. Il la retrouve, mariée avec l'honnête fripon à qui il s'étoit confié, & on ne lui a pas plus gardé son dépôt que le reste. Mon homme a toutes les peines du monde à croire qu'une femme de bien puisse faire de pareils tours; mais pour l'en convaincre mieux, cette honnête Dame devint amoureuse du petit Page, & veut le prendre à force; mais comme il faut que justice se fasse, & que dans une Piéce de Théâtre le vice soit puni, & la vertu récompensée, il se trouve à la fin du compte que le Capitaine se met à la place du Page, couche avec son Infidéle, fait cocu son traître ami, lui donna un bon coup d'épée au-travers du corps, reprend sa Cassette, & épouse son Page. Vous remarquerez qu'on a encore lardé cette Piéce d'une Comtesse de Pimbesche, vieille plaideuse, parente du Capitaine; laquelle est bien la plus plaisante créature

ture & le meilleur caractére qui soit au Théâtre.

Wicherley a encore tiré de Moliere une Piéce non moins singuliere, & non moins hardie, c'est une espece d'Ecole des femmes.

Le principal Personnage de la Piéce est un drôle à bonnes fortunes, la terreur des maris de Londres, qui pour être plus sûr de son fait, s'avise de faire courir le bruit, que dans sa derniere maladie les Chirurgiens ont trouvé à propos de le faire Eunuque. Avec cette belle réputation tous les maris lui amenent leurs femmes, & le pauvre homme n'est plus embarrassé que du choix. Il donne surtout la préférence à une petite Campagnarde qui a beaucoup d'innocence & de tempérament, & qui fait son mari cocu avec une bonne foi, qui vaut mieux que la malice des Dames les plus expertes. Cette Piéce n'est pas, si vous voulez, l'Ecole des bonnes mœurs; mais en vérité c'est l'Ecole de l'esprit & du bon comique.

Un Chevalier Vanbrugh a fait des Comédies encore plus plaisantes, mais moins ingénieuses. Ce Chevalier étoit un homme de plaisir, & pardessus cela Poëte & Architecte. On prétend qu'il écrivoit avec autant de délicatesse & d'élégance, qu'il bâtissoit grossierement. C'est lui qui a bâti le fameux château de Blenheim, pesant &

durable

durable monument de notre malheureuse bataille d'Hochstet. Si les appartemens étoient seulement aussi larges que les murailles sont épaisses, ce Château seroit assez commode.

On a mis dans l'Epitaphe de Vanbrugh, qu'on souhaitoit que la Terre ne lui fût point légere, attendu que de son vivant il l'avoit si inhumainement chargée.

Ce Chevalier ayant fait un tour en France avant la belle Guerre de 1701. fut mis à la Bastille, & y resta quelque tems sans avoir jamais pû sçavoir ce qui lui avoit attiré cette distinction de la part de notre Ministére. Il fit une Comédie à la Bastille, & ce qui est à mon sens fort étrange, c'est qu'il n'y a dans cette Piéce aucun trait contre le Païs dans lequel il essuya cette violence.

Celui de tous les Anglois qui a porté le plus loin la gloire du Théâtre Comique, est feu Mr. Congréve. Il n'a fait que peu de Piéces; mais toutes sont excellentes dans leur genre. Les régles du Théâtre y sont rigoureusement observées. Elles sont pleines de caractéres nuancez avec une extrême finesse: on n'y essuye pas la moindre mauvaise plaisanterie; vous y voyez partout le langage des honnêtes-gens avec des actions de fripon, ce qui prouve qu'il connoissoit bien son monde, & qu'il vivoit dans ce qu'on appelle la bonne compagnie.

Ses Piéces sont les plus spirituelles & les plus exactes, celles de Vanbrugh les plus gayes, & celles de Wicherley les plus fortes. Il est à remarquer, qu'aucun de ces Beaux-Esprits n'a mal parlé de Moliere; il n'y a que les mauvais Auteurs Anglois qui ayent dit du mal de ce grand Homme. Ce sont les mauvais Musiciens d'Italie qui méprisent Lully; mais un Buononcini l'estime & lui rend justice.

L'Angleterre a encore de bons Poëtes Comiques, tels que le Chevalier Steele, & Mr. Cibber excellent Comédien, & d'ailleurs Poëte du Roi; titre qui paroît ridicule, mais qui ne laisse pas de donner mille écus de rente & de beaux Priviléges. Notre grand Corneille n'en a pas eu tant.

Au reste, ne me demandez pas que j'entre ici dans le moindre détail de ces Piéces Angloises dont je suis si grand Partisan, ni que je vous rapporte un bon mot ou une plaisanterie des Wicherleys & des Congréves: on ne rit point dans une Traduction. Si vous voulez connoître la Comédie Angloise, il n'y a d'autre moyen pour cela que d'aller à Londres, d'y rester trois ans, d'apprendre bien l'Anglois, & de voir la Comédie tous les jours. Je n'ai pas grand plaisir en lisant Plaute & Aristophane,

tophane, pourquoi ? C'est que je ne suis ni Grec, ni Romain. La finesse des bons mots, l'allusion, l'à-propos, tout cela est perdu pour un Etranger.

Il n'en est pas de même dans la Tragédie. Il n'est question chez elle que de grandes passions, & de sottises héroïques, consacrées par de vieilles erreurs de Fables ou d'Histoire. Oedipe, Electre appartiennent aux Espagnols, aux Anglois, & à nous comme aux Grecs. Mais la bonne Comédie est la peinture parlante des ridicules d'une Nation, & si vous ne connoissez pas la Nation à fond, vous ne pouvez guéres juger de la peinture.

SUR LES
SEIGNEURS
QUI CULTIVENT
LES LETTRES.

CHAPITRE. XXIII.

IL a été un tems en France où les Beaux-Arts étoient cultivez par les premiers de l'Etat. Les Courtisans surtout s'en mêloient malgré la dissipation, le goût des riens, la passion pour l'intrigue, toutes Divinitez du Païs. Il me paroît qu'on est actuellement à la Cour dans tout un autre goût que celui des Lettres ; peut-être dans peu de tems la mode de penser reviendra-t-elle. Un Roi n'a qu'à vouloir; on fait de cette Nation-ci tout ce qu'on veut. En Angleterre communément on pense, & les Lettres y sont plus en honneur qu'ici. Cet avantage est une suite
nécessaire

nécessaire de la forme de leur Gouvernement. Il y a à Londres environ huit cens personnes qui ont le droit de parler en Public, & de soutenir les intérêts de la Nation. Environ cinq ou six mille prétendent au même bonheur à leur tour. Tout le reste s'érige en Juge de tous ceuxci, & chacun peut faire imprimer ce qu'il pense sur les affaires publiques; ainsi toute la Nation est dans la nécessité de s'instruire. On n'entend parler que des Gouvernemens d'Athénes & de Rome. Il faut bien, malgré qu'on en ait, lire les Auteurs qui en ont traité. Cette étude conduit naturellement aux Belles-Lettres. En général les hommes ont l'esprit de leur état. Pourquoi d'ordinaire nos Magistrats, nos Avocats, nos Médecins, & beaucoup d'Ecclésiastiques, ont-ils plus de Lettres, de goût & d'esprit que l'on n'en trouve dans toutes les autres Professions ? C'est que réellement leur état est d'avoir l'esprit cultivé, comme celui d'un Marchand est de connoître son négoce. Il n'y a pas longtems qu'un Seigneur Anglois fort jeune, me vint voir à Paris, en revenant d'Italie. Il avoit fait en Vers une description de ce Païs-là, aussi poliment écrite que tout ce qu'ont fait le Comte de Rochester & nos Chaulieux, nos Sarasins & nos Chapelles. La Traduction que j'en ai faite est si loin d'atteindre à la force & à la bonne plaisanterie de l'Original, que je suis obligé d'en demander sérieusement pardon à l'Auteur, & à ceux qui entendent l'Anglois. Cependant comme je n'ai pas d'autres moyen de faire connoître les Vers de Mylord Harvey, les voici dans ma Langue.

 Qu'ai-je donc vû dans l'Italie ?
 Orgueil, Astuce, & Pauvreté,
 Grands Complimens, peu de Bonté,
 Et beaucoup de Cerémonie.

 L'extravagante Comédie,
 Que souvent l'Inquisition (*)
 Veut qu'on nomme Religion ;
 Mais qu'ici nous nommons folie.

 La Nature en vain bienfaisante
 Veut enrichir ces Lieux charmans,
 Des Prêtres la main désolante
 Etouffe ses plus beaux présens.

 Les Monsignors, soi-disans Grands,
 Seuls dans leurs Palais magnifiques,
 Y sont d'illustres fainéans,
 Sans argent & sans domestiques.

Pour

(*) Il entend sans doute les Farces que certains Prédicateurs joüent dans les Places publiques.

Pour les Petits, sans liberté,
Martyrs du joug qui les domine,
Ils ont fait vœu de pauvreté,
Priant Dieu par oisiveté,
Et toujours jeûnans par famine.

Ces beaux lieux du Pape benis
Semblent habitez par les Diables;
Et les Habitans miserables
Sont damnez dans le Paradis.

## SUR LE COMTE DE ROCHESTER ET MR. VVALLER.

### CHAPITRE XXIV.

Tout le monde connoît la réputation du Comte de Rochester. Mr. de St. Evremond en a beaucoup parlé; mais il ne nous a fait connoître du fameux Rochester, que l'homme de plaisir, l'homme à bonnes fortunes. Je voudrois faire connoître en lui l'homme de génie, & le grand Poëte. Entre autres Ouvrages qui brilloient de cette imagination ardente qui n'appartenoit qu'à lui, il a fait quelques Satires sur les mêmes sujets que notre célébre Despréaux avoit choisis. Je ne sçai rien de plus utile pour se perfectionner le goût, que la comparaison des grands Génies qui se sont exercez sur les mêmes matieres. Voici comme Mr. Despréaux parle contre la raison humaine dans sa Satire sur l'homme. Cepen-

Cependant à le voir plein de vapeurs légeres,
Soi-même se bercer de ses propres chimeres,
Lui seul de la Nature est la base & l'appui,
Et le dixiéme Ciel ne tourne que pour lui.
De tous les animaux il est ici le Maître ;
Qui pourroit le nier, poursuis-tu ? Moi peut-être.
Ce Maître prétendu qui leur donne des loix,
Ce Roi des animaux, combien a-t'il de Rois !

Voici à-peu-près comme s'exprime le Comte de Rochester dans sa Satire sur l'Homme. Mais il faut que le Lecteur se ressouvienne toujours que ce sont ici des Traductions libres des Poëtes Anglois, & que la gêne de notre Versification, & les bienséances délicates de notre Langue, ne peuvent donner l'équivalent de la licence impétueuse de stile Anglois.

Cet esprit que je hais, cet esprit plein d'erreur,
Ce n'est pas ma Raison, c'est la tienne, Docteur;
C'est la Raison frivole, inquiete, orgueilleuse,
Des sages animaux rivale dédaigneuse,
Qui croit entr'eux & l'Ange occuper le milieu,
Et pense être ici-bas l'image de son Dieu.
Vil atôme imparfait, qui croit, doute, dispute,
Rampe, s'éleve, tombe, & nie encore sa chute.
Qui nous dit je suis libre, en nous montrant ses fers,
Et dont l'œil trouble & faux croit percer l'Univers.
Allez, révérends Fous, bienheureux Fanatiques,
Compilez bien l'Amas de vos Riens Scholastiques,

Peres de Visions, & d'Enigmes sacrez,
Auteurs du Labyrinthe où vous vous égarez;
Allez obscurement éclaircir vos mysteres,
Et courez dans l'Ecole adorer vos chimeres.
Il est d'autres erreurs, il est de ces Dévots
Condamnez par eux-mêmes à l'ennui du repos.
Ce Mystique encloîtré, fier de son indolence,
Tranquille au sein de Dieu; qu'y peut-il faire? Il pense.
Non, tu ne penses point, miserable, tu dors:
Inutile à la Terre, & mis au rang des morts,
Ton esprit énervé croupit dans la molesse.
Réveille-toi, sois homme, & sors de ton yvresse.
L'homme est né pour agir, & tu prétens penser!

 Que ces idées soient vrayes ou fausses, il est toujours certain qu'elles sont exprimées avec une énergie qui fait le Poëte. Je me garderai bien d'examiner la chose en Philosophe, & de quitter ici le pinceau pour le compas: mon unique but dans cette Lettre est de faire connoître le génie des Poëtes Anglois, & je vais continuer sur ce ton.

 On a beaucoup entendu parler du célebre Waller en France. La Fontaine, St. Evremond & Bayle ont fait son éloge; mais on ne connoît de lui que son nom. Il eut à-peu-près à Londres la même réputation que Voiture eut à Paris, & je croi qu'il la méritoit mieux. Voiture vint dans un tems où où l'on fortoit de la barbarie, & où l'on étoit encore dans l'ignorance. On vouloit avoir de l'efprit, & on n'en avoit point encore. On cherchoit des tours au-lieu de penfées. Les faux-brillans fe trouvent plus aifément que les pierres précieufes. Voiture, né avec un génie frivole & facile, fut le premier qui brilla dans cette aurore de la Littérature Françoife. S'il étoit venu après les Grands-Hommes qui ont illuftré le fiécle de Louis XIV. ou il auroit été inconnu, ou l'on n'auroit parlé de lui que pour le méprifer, ou il auroit corrigé fon ftile. Mr. Defpréaux le loüe; mais c'eft dans fes premieres Satires, c'eft dans le tems que le goût de Defpréaux n'étoit pas encore formé: il étoit jeune, & dans l'âge où l'on juge des hommes par la réputation & non pas par eux-mêmes. D'ailleurs, Defpréaux étoit fouvent bien injufte dans fes loüanges & dans fes cenfures. Il loüoit Ségrais que perfonne ne lit; il infultoit Quinault que tout le monde fçait par cœur, & il ne dit rien de la Fontaine. Waller, meilleur que Voiture, n'étoit pas encore parfait. Ses Ouvrages galans refpirent la grace; mais la négligence les fait languir, & fouvent les penfées fauffes les défigurent. Les Anglois n'étoient pas encore parvenus de fon tems à écrire avec correction. Ses Ouvrages férieux font pleins d'une vigueur qu'on n'attendroit pas de la molesse de ses autres Piéces. Il a fait un éloge funébre de Cromwel, qui avec ses défauts passe pour un Chef-d'œuvre. Pour entendre cet Ouvrage, il faut sçavoir que Cromwel mourut le jour d'une tempête extraordinaire. La Piéce commence ainsi :

Il n'est plus, s'en est fait, soumettons-nous au sort,
Le Ciel a signalé ce jour par des tempêtes,
Et la voix du tonnerre éclatant sur nos têtes
  Vient d'annoncer sa mort.

Par ses derniers soupirs il ébranle cette Isle,
Cette Isle que son bras fit trembler tant de fois,
  Quand dans le cours de ses Exploits
  Il brisoit la tête des Rois,
Et soumettoit un Peuple, à son joug seul docile.

Mer, tu t'en es troublée ; ô Mer ! tes flots émus
Semblent dire en grondant aux plus lointains rivages
Que l'effroi de la Terre & ton Maître n'est plus.
Tel au Ciel autrefois s'envola Romulus,
Tel il quitta la Terre au milieu des orages,
Tel d'un Peuple guerrier il reçut les hommages ;
Obéï dans sa vie, à sa mort adoré,
Son Palais fut un Temple, &c.

 C'est à propos de cet éloge de Comwel que Waller fit au Roi Charles II. cette réponse qu'on trouve dans le Dictionnaire de Bayle. Le Roi, à qui Waller venoit,
       selon

selon l'usage des Rois & des Poëtes, de présenter une Piéce farcie de loüanges, lui reprocha qu'il avoit fait mieux que Cromwel. Waller répondit, *Sire, nous autres Poëtes, nous réüssissons mieux dans les fictions que dans les véritez.* Cette réponse n'étoit pas si sincere que celle de l'Ambassadeur Hollandois, qui lorsque le même Roi se plaignoit que l'on avoit moins d'égards pour lui que pour Cromwel, répondit : *A! Sire, ce Cromvvel étoit tout autre chose.* Mon but n'est pas de faire un Commentaire sur le caractére de Waller, ni de personne. Je ne considere les gens après leur mort que par leurs Ouvrages ; tout le reste est pour moi anéanti. Je remarque seulement, que Waller, né à la Cour avec soixante mille Livres de rente, n'eut jamais ni le sot orgueil, ni la nonchalance d'abandonner son talent. Les Comtes de Dorset & de Roscommon, les deux Ducs de Buckingham, Milord Halifax, & tant d'autres, n'ont pas cru déroger en devenans de très-grands Poëtes & d'illustres Ecrivains. Leurs Ouvrages leur font plus d'honneur que leurs noms. Ils ont cultivé les Lettres comme s'ils en eussent attendu leurs fortunes. Ils ont de plus rendu les Arts respectables aux yeux du Peuple, qui en tout a besoin d'être mené par les Grands, & qui pourtant se régle moins sur eux en Angleterre qu'en aucun lieu du monde.

SUR

# SUR Mr. POPE.
## ET QUELQUES AUTRES POËTES FAMEUX.

### CHAPITRE XXV.

JE voulois vous parler de Mr. Prior un des plus aimables Poëtes d'Angleterre, que vous avez vû ici Plénipotentiaire & Envoyé Extraordinaire en 1712. Je comptois vous donner aussi quelques idées des Poësies de Mylord Roscommon, de Mylord Dorset; mais je sens qu'il me faudroit faire un gros Livre, & qu'après bien de la peine je ne vous donnerois qu'une idée fort imparfaite de tous ces Ouvrages. La Poësie est une espece de Musique, il faut l'entendre pour en juger. Quand je vous traduis quelques morceaux de ces Poësies Etrangeres, je vous notte imparfaitement leur Musique; mais je ne puis exprimer le le goût de leur chant.

Il y a surtout un Poëme Anglois que je desespererois de vous faire connoître, il s'apelle *Hudibras*. Le sujet de la Guerre Civile, & la Secte des Puritains tournée en ridicule. C'est Don Quichotte, c'est notre Satire Ménippée fondus ensemble. C'est de tous les Livres que j'ai jamais lûs, celui où j'ai trouvé le plus d'esprit ; mais c'est aussi le plus intraduisible. Qui croiroit qu'un Livre qui saisit tous les ridicules du Genre-Humain, & qui a plus de pensées que de mots, ne pût souffrir la Traduction ? C'est que presque tout y fait allusion à des avantures particulieres. Le plus grand ridicule tombe surtout sur les Théologiens que peu de gens du monde entendent. Il faudroit à tout moment un Commentaire, & la plaisanterie expliquée cesse d'être plaisanterie. Tout Commentateur de bons mots est un sot. Voilà pourquoi on n'entendra jamais bien en France les Livres de l'ingénieux Docteur Swift, qu'on appelle le Rabelais d'Angleterre. Il a l'honneur d'être Prêtre comme Rabelais, & de se moquer de tout comme lui. Mais on lui fait grand tort, selon mon petit sens, de l'appeller de ce nom. Rabelais dans son extravaguant & inintelligible Livre, a répandu une extrême gayeté & une plus grande impertinence. Il a prodigué l'érudition, les ordures, & l'ennui. Un bon Conte de deux pages est

est acheté par des Volumes de sottises. Il n'y a que quelques personnes d'un goût bizarre qui se piquent d'entendre & d'estimer tout cet Ouvrage. Le reste de la Nation rit des plaisanteries de Rabelais & méprise le Livre ; on le regarde comme le premier des Boufons. On est fâché qu'un homme qui avoit tant d'esprit en ait fait un si miserable usage. C'est un Philosophie yvre, qui n'a écrit que dans le tems de son yvresse.

Mr. Swift est Rabelais dans son bon sens, & vivant en bonne compagnie. Il n'a pas à la vérité la gayeté du premier ; mais il a toute la finesse, la raison, le choix, le bon goût qui manque à notre Curé de Meudon. Ses Vers sont d'un goût singulier & presque inimitable. La bonne plaisanterie est son partage en Vers & en Prose ; mais pour le bien entendre, il faut faire un petit voyage dans son pays.

Vous pouvez plus aisément vous former quelque idée de Mr. Pope. C'est, je croi, le Poëte le plus élégant, le plus correct, & ce qui est encore beaucoup, le plus harmonieux qu'ait eut l'Angleterre. Il a réduit les sifflemens aigres de la Trompette Angloise aux sons doux de la Flute. On peut le traduire, parcequ'il est extrêmement clair, & que ses Sujets pour la plûpart sont généraux & du ressort de toutes les Nations.

On connoîtra bien-tôt en France son Essai sur la Critique, par la Traduction en Vers qu'en fait Mr. l'Abbé du Renel.

Voici un morceau de son Poëme de la Boucle de cheveux, que je viens de traduire avec ma liberté ordinaire; car encore une fois, je ne sçai rien de pis que de traduire un Poëme mot pour mot.

Umbriel à l'inſtant, vieil Gnome rechigné,
Va d'une aîle peſante & d'un air refrogné
Chercher en murmurant la Caverne profonde,
Où loin des doux rayons que répand l'œil du monde,
La Déeſſe aux vapeurs a choiſi ſon ſéjour :
Les triſtes Aquilons y ſiflent à l'entour,
Et le ſoufle mal ſain de leur aride halaine
Y porte aux environs la fiévre & la migraine.
Sur un riche Sofa, derriere un Paravent
Loin des flambeaux, du bruit, des Parleurs & du vent,
La quinteuſe Déeſſe inceſſamment repoſe,
Le cœur gros de chagrin ſans en ſçavoir la cauſe,
N'ayant penſé jamais, l'eſprit toujours troublé,
L'œil chargé, le teint pâle, & l'hypocondre enflé.
La médiſante Envie eſt aſſiſe auprès d'elle,
Vieil Spectre féminin, décrépite pucelle,
Avec un air dévot déchirant ſon prochain,
Et chanſonnant les gens, l'Evangile à la main.
Sur un lit plein de fleurs négligemment panchée,
Une jeune Beauté non loin d'elle eſt couchée;
C'eſt l'Affectation qui graſſaye en parlant,

*Ecoute*

Ecoute sans entendre, & lorgne en regardant :
Qui rougit sans pudeur, & rit de tout sans joye,
De cent maux différens prétend qu'elle est la proye,
Et pleine de santé sous le rouge & le fard,
Se plaint avec molesse, & se pâme avec art.

Si vous lisez ce morceau dans l'Original, au-lieu de le lire dans cette foible Traduction, vous le compareriez à la description de la Molesse dans le Lutrin. En voilà bien honnêtement pour les Poëtes Anglois. Je vous ai touché un petit mot de leurs Philosophes. Pour de bons Historiens je ne leur en connois pas encore. Il a fallu qu'un François ait écrit leur Histoire. Peut-être le génie Anglois, qui est ou froid ou ingénieux, n'a pas encore saisi cette éloquence naïve, & cet air noble & simple de l'Histoire. Peut-être aussi l'Esprit de Parti qui fait voir trouble, a décrédité tous leurs Historiens. La moitié de la Nation est toujours l'ennemie de l'autre. J'ai trouvé des gens qui m'ont assuré que Mylord Marlborough étoit un poltron, & que Mr. Pope étoit un sot ; comme en France quelques Jesuites trouvent Pascal un petit esprit, & quelques Jansenistes disent que le Pere Bourdaloüe n'étoit qu'un bavard.

Marie Stuart est une sainte Héroine pour les Jacobites ; pour les autres c'est une débauchée, adultére, homicide. Ainsi en Angleterre on a des Factums & point d'Histoire. Il est vrai qu'il y a à présent un Mr. Gordon, excellent Traducteur de Tacite, très-capable d'écrire l'Histoire de son Pays. Mais Mr. Rapin de Thoyras l'a prévenu. Enfin, il me paroît que les Anglois n'ont point de si bons Historiens que nous ; qu'ils n'ont point de véritables Tragédies ; qu'ils ont des Comédies charmantes, & des morceaux de Poësie admirables, & des Philosophes qui devroient être les Précepteurs du Genre Humain.

Les Anglois ont beaucoup profité des Ouvrages de notre Langue. Nous devrions à notre tour emprunter d'eux après leur avoir prêté. Nous ne sommes venus, les Anglois & nous, qu'après les Italiens, qui en tout ont été nos Maîtres, & que nous avons surpassez en quelques choses. Je ne sçai à laquelle des trois Nations il faudra donner la préférence ; mais heureux celui qui sçait sentir leurs différens mérites, & qui n'a point la sottise de n'aimer que ce qui vient de son Pays.

# SUR LA SOCIETÉ ROYALE
## ET SUR LES ACADEMIES.

## CHAPITRE XXVI.

Les Anglois ont eu quelque tems avant nous une Académie des Sciences; mais elle n'est pas si bien réglée que la nôtre, & cela par la seule raison peut-être qu'elle est ancienne; car si elle avoit été formée après l'Académie de Paris, elle en auroit adopté quelques sages Loix, & eût perfectionné les autres.

La Société Royale de Londres manque de deux choses les plus nécessaires aux hommes; des récompenses & des régles. C'est une petite fortune sûre à Paris pour un Géométre, pour un Chimiste, qu'une place à l'Académie. Au contraire, il en coute à Londres pour être de la Société Royale. Quiconque dit en Angleterre, j'aime les Arts, & veux être de la Société, en est dans l'instant. Mais en France, pour être Membre & Pensionnaire de l'Académie, ce n'est pas assez d'être amateur, il faut être sçavant, & disputer la place contre des Concurrens, d'autant plus redoutables, qu'ils font animez par la gloire, par l'intérêt, par la difficulté même, & par cette inflexibilité d'esprit que nonne d'ordinaire l'étude opiniâtre des Sciences de calcul.

L'Académie des Sciences est sagement bornée à l'étude de la Nature, & en vérité c'est un champ assez vaste pour occuper cinquante ou soixante personnes. Celle de Londres à mêlé long-tems indifféremment la Littérature à la Phisique. Il me semble qu'il est mieux d'avoir une Académie particuliere pour les Belles-Lettres; afin que rien ne soit confondu, & qu'on ne voye point une Dissertation sur les coëffures des Romains à côté d'une centaine de courbes nouvelles.

Puisque la Société de Londres a peu d'ordre & nul encouragement, & que celle de Paris est sur un pied tout opposé, il n'est pas étonnant que les Mémoires de notre Académie soient supérieurs aux leurs. Des Soldats bien disciplinez & bien payez, doivent à la longue l'emporter sur des Volontaires. Il est vrai que la Société Royale a eu un Newton; mais elle ne l'a pas produit. Il y avoit même peu de ses Confreres qui l'entendissent. Un génie comme Mr. Newton appartenoit à toutes les Académies de l'Europe, parceque toutes avoient beaucoup à apprendre de lui.

Le

Le fameux Docteur Swift forma le deſſein, dans les dernieres années du Régne de la Reine Anne, d'établir une Académie pour la Langue, à l'exemple de l'Académie Françoiſe. Ce projet étoit appuyé par le Comte d'Oxford, Grand Tréſorier, & encore plus par le Vicomte Bolingbroke Secrétaire d'Etat, qui avoit le don de parler ſur le champ dans le Parlement avec autant de pureté, que Swift écrivoit dans ſon Cabinet, & qui auroit été le protecteur & l'ornement de cette Académie. Les Membres qui la devoient compoſer étoient des hommes dont les Ouvrages dureront autant que la Langue Angloiſe. C'étoient ce Docteur Swift, Mr. Prior, que nous avons vu ici Miniſtre public, & qui en Angleterre a la même réputation que la Fontaine a parmi nous : c'étoient Mr. Pope, le Boileau d'Angleterre, Mr. Congreve qu'on peut en appeller le Moliére ; pluſieurs autres dont les noms m'échapent ici, auroient tous fait fleurir cette Compagnie dans ſa naiſſance. Mais la Reine mourut ſubitement, les Whigs ſe mirent dans la tête de faire pendre les Protecteurs de l'Académie ; ce qui, comme vous voyez bien, fut mortel aux Belles-Lettres. Les Membres de ce Corps auroient eu un grand avantage ſur les premiers qui compoſerent l'Académie Françoiſe. Swift, Prior, Congreve,

greve, Dryden, Pope, Addifon, &c. avoient fixé la Langue Angloife par leurs Ecrits, au-lieu que Chapelain, Colletet, Caffaigne, Faret, Cotin, nos premiers Académiciens, étoient l'opprobre de notre Nation, & que leurs noms font devenus fi ridicules, que fi quelque Auteur paffable avoit le malheur de s'appeller aujourd'hui Chapelain ou Cotin, il feroit obligé de changer de nom.

Il auroit falu furtout que l'Académie Angloife fe fût propofé des occupations toutes différentes de la nôtre. Un jour un Bel-Efprit de ce Pays-là me demanda les Mémoires de l'Académie Françoife. Elle n'écrit point de Mémoires, lui répondis-je ; mais elle a fait imprimer foixante ou quatrevingt Volumes de complimens. Il en parcourut un ou deux. Il ne put jamais entendre ce ftile, quoiqu'il entendît fort bien tous nos bons Auteurs. Tout ce que j'entrevois, me dit-il, dans ces beaux Difcours, c'eft que le Récipiendaire ayant affuré que fon Prédéceffeur étoit un grand homme, que le Cardinal de Richelieu étoit un très-grand homme, le Chancelier Seguier un affez grand homme; le Directeur lui répond la même chofe, & ajoute que le Récipiendaire pourroit bien auffi être une efpece de grand-homme, & que pour lui Directeur il n'en quitte pas fa part.

Il est aisé de voir par quelle fatalité presque tous ces Discours Académiques ont fait si peu d'honneur à ce Corps. *Vitium est temporis potiùs quàm hominis.* L'usage est insensiblement établi, que tout Académicien répéteroit ces Eloges à sa réception : ç'a été une espece de loi d'ennuyer le Public. Si l'on cherche ensuite pourquoi les plus grands Génies qui sont entrez dans ce Corps ont fait quelquefois les plus mauvaises Harangues, la raison en est encore bien aisée ; c'est qu'ils ont voulu briller, c'est qu'ils ont voulu traiter nouvellement une matiere toute usée. La nécessité de parler, l'embarras de n'avoir rien à dire, & l'envie d'avoir de l'esprit, sont trois choses capables de rendre ridicule même le plus grand homme. Ne pouvant trouver des pensées nouvelles, ils ont cherché des tours nouveaux, & ont parlé sans penser, comme des gens qui mâcheroient à vuide, & feroient semblant de manger en périssant d'inanition.

Au-lieu que c'est une loi dans l'Académie Françoise, de faire imprimer tous ces Discours par lesquels seuls elle est connuë, ce devroit être une loi de ne les imprimer pas.

L'Académie des Belles-Lettres s'est proposé un but plus sage & plus utile, c'est de présenter au Public un Recueil de Mémoires remplis de recherches & de critiques

ques curieuses. Ces Mémoires sont déja estimez chez les Etrangers. On souhaiteroit seulement que quelques matieres y fussent plus aprofondies, & qu'on n'en eût point traité d'autres. On se seroit, par exemple fort bien passé de je ne sçai quelle Dissertation sur les Prérogatives de la main droite sur la main gauche, & de quelques autres recherches, qui, sous un titre moins ridicule, n'en sont guéres moins frivoles.

L'Académie des Sciences dans ses recherches plus difficiles & d'une utilité plus sensible, embrasse la connoissance de la Nature & la perfection des Arts. Il est à croire que des Etudes si profondes & si suivies, des calculs si exacts, des découvertes si fines, des vuës si grandes, produiront enfin quelque chose qui serviva au bien de l'Univers.

C'est dans les siécles les plus barbares que se sont faites les plus utiles découvertes. Il semble que le partage des tems les plus éclairez, & des Compagnies les plus sçavantes, soit de raisonner sur ce que des ignorans ont inventé. On sçait aujourd'hui après les longues disputes de Mr. Huygens & Mr. Renauld la termination de de l'angle le plus avantageux d'un gouvernail de vaisseau avec la quille; mais Christophe Colomb avoit découvert l'Amérique sans rien soupçonner de cet angle.

Je suis bien loin d'inférer de-là qu'il faille s'en tenir seulement à une pratique aveugle; mais il seroit heureux que les Physiciens & les Géométres joignissent autant qu'il est possible la pratique à la spéculation.

Faut-il que ce qui fait plus d'honneur à l'Esprit humain, soit souvent ce qui est le moins utile! Un homme avec les quatre Régles d'Arithmétique & du bon sens, devient un grand Négociant, un Jacques Cœur, un Delmet, un Bernard, tandis qu'un pauvre Algébriste passa sa vie à chercher dans les nombres des raports & des proprietez étonnantes; mais sans usage, & qui ne lui apprendront pas ce que c'est que le Change. Tous les Arts sont à-peu-près dans ce cas. Il y a un point, passé lequel les recherches ne sont plus que pour la curiosité. Ces véritez ingénieuses inutiles ressemblent à des Etoiles, qui placées trop loin de nous, ne nous donnent point de clarté.

Pour l'Académie Françoise, quel service ne rendroit-elle pas aux Lettres, à la Langue, & à la Nation, si au-lieu de faire imprimer tous les ans des complimens, elle faisoit imprimer les bons Ouvrages du siécle de Louis XIV. épurez de toutes les fautes de langage qui s'y sont glissées? Corneille & Moliére en sont pleins. La Fontaine en fourmille. Celles qu'on ne pourroit

pourroit pas corriger, feroient aumoins marquées. L'Europe qui lit ces Auteurs, apprendroit par eux notre Langue avec fureté. Sa pureté feroit à jamais fixée. Les bons Livres François imprimez avec foin aux dépens du Roi, feroient un des plus glorieux Monumens de la Nation. J'ai ouï dire que Mr. Defpréaux avoit fait autrefois cette propofition, & qu'elle a été renouvellée par un homme dont l'efprit, la fageffe, & la faine critique font connus ; mais cette idée a eu le fort de beaucoup d'autres projets utiles, d'être approuvée & d'être négligée.

# REMARQUES SUR LES PENSE'ES DE Mr. PASCAL.

## CHAPITRE XVII.

Voici des Remarques critiques que j'ai faites depuis long-tems sur les Pensées de Mr. Pascal. Ne me comparez point ici, je vous prie, à Ezechias, qui voulut faire brûler tous les Livres de Salomon. Je respecte le génie & l'éloquence de Pascal ; mais plus je les respecte, plus je suis persuadé qu'il auroit lui-même corrigé beaucoup de ces Pensées qu'il avoit jettées au hazard sur le papier, pour les examiner ensuite ; & c'est en admirant son génie que je combats quelques-unes de ses idées.

Il me paroît qu'en général l'esprit dans lequel Mr. Pascal écrivit ces Pensées, étoit de montrer l'homme dans un jour odieux. Il s'acharne à nous peindre tous méchans & malheureux. Il écrit contre la Nature Humaine, à-peu-près comme il écrivoit contre les Jesuites. Il impute à l'essence de notre Nature, ce qui n'appartient qu'à
certains

certains hommes : il dit éloquemment des injures au Genre Humain. J'ose prendre le parti de l'Humanité contre ce Misantrope sublime. J'ose assurer que nous ne sommes ni si méchans, ni si malheureux qu'il le dit : je suis de plus très-persuadé que s'il avoit suivi dans le Livre qu'il méditoit, le dessein qui paroît dans ses Pensées, il auroit fait un Livre plein de paralogismes éloquens & de faussetez admirablement déduites. Je croi même, que tous ces Livres qu'on a fait depuis peu pour prouver la Religion Chrétienne, sont plus capables de scandaliser que d'édifier. Ces Auteurs prétendent-ils en sçavoir plus que Jesus-Christ & ses Apôtres ? C'est vouloir soutenir un chêne en l'entourant de roseaux ; on peut écarter ces roseaux inutiles sans craindre de faire tort à l'arbre. J'ai choisi avec discrétion quelques Pensées de Pascal. J'ai mis les réponses au bas. Au reste, on ne peut trop répeter ici combien il seroit absurde & cruel de faire une affaire de Parti de cette critique des Pensées de Pascal. Je n'ai de parti que la vérité. Je pense qu'il est très-vrai que ce n'est pas à la Métaphysique de prouver la Religion Chrétienne, & que la raison est autant au-dessus de la Foi, que le fini est au-dessus de l'infini. Je suis Métaphysicien avec Locke ; mais Chrétien avec St. Paul.

## I. PENSÉE DE PASCAL.

*Les grandeurs & les miseres de l'homme font tellement visibles, qu'il faut nécessairement que la véritable Religion nous enseigne qu'il y a en lui quelque grand principe de grandeur, & en même-tems quelque grand principe de misere : Car il faut que la véritable Religion connoisse à fond notre nature; c'est-à-dire, qu'elle connoisse tout ce qu'elle a de grand & tout ce qu'elle a de miserable, & la raison de l'un & de l'autre : il faut encore qu'elle nous rende raison des étonnantes contrarietez qui s'y rencontrent.*

I. Cette maniere de raisonner paroît fausse & dangereuse; car la fable de Promethée & de Pandore, les Androgines de Platon, les Dogmes des anciens Egyptiens, & ceux de Zoroastre, rendroient aussi-bien raison de ces contrarietez aparentes. La Religion Chrétienne n'en demeurera pas moins vraye, quand même on n'en tireroit pas ces conclusions ingénieuses qui ne peuvent servir qu'à faire briller l'esprit. Il est nécessaire pour qu'une Religion soit vraye, qu'elle soit révelée, & point du tout qu'elle rende raison de ces contrarietez prétenduës; elle n'est pas plus faite pour vous enseigner la Métaphysique que l'Astronomie.

I I.

## I I.

*Qu'on examine sur cela toutes les Religions du monde, & qu'on voye s'il y en a une autre que la Chrétienne qui y satisfasse. Sera-ce celle qu'enseignoient les Philosophes qui nous proposent pour tout bien, un bien qui est en nous? Est-ce-là le vrai bien?*

II. Les Philosophes n'ont point enseigné de Religion: ce n'est pas leur Philosophie qu'il s'agit de combattre. Jamais Philosophe ne s'est dit inspiré de Dieu; car dès-lors il eût cessé d'être Philosophe, & il eût fait le Prophete. Il ne s'agit pas de sçavoir si Jesus-Christ doit l'emporter sur Aristote; il s'agit de prouver que la Religion de Jesus-Christ est la véritable, & que celles de Mahomet, des Payens, & toutes les autres sont fausses.

## I I I.

*Et cependant sans ce Mystere, le plus incompréhensible de tous, nous sommes incompréhensibles à nous-mêmes. Le nœud de notre condition prend ses retours & ses plis dans l'abîme du Peché originel; desorte que l'homme est plus inconcevable sans ce Mystere, que ce Mystere est inconcevable à l'homme.*

III. Est-ce raisonner que de dire: L'homme est inconcevable, sans ce Mystere inconcevable? Pourquoi vouloir aller plus loin que l'Ecriture? N'y a-t-il pas de la témérité à croire qu'elle a besoin d'appui, &

que ces idées Philosophiques peuvent lui en donner?

Qu'auroit répondu Mr. Pascal à un homme qui lui auroit dit: Je sçai que le Mystere du Peché originel est l'objet de ma foi & non de ma raison. Je conçois fort bien sans Mystere ce que c'est que l'homme; je vois qu'il vient au monde comme les autres animaux; que l'accouchement des meres est plus douloureux à mesure qu'elles sont plus délicates; que quelquefois des femmes & des animaux femelles meurent dans l'enfantement; qu'il y a quelquefois des enfans mal organisez qui vivent privez d'un ou deux sens, & de la faculté du raisonnement; que ceux qui sont le mieux organisez sont ceux qui ont les passions les plus vives; que l'amour de soi-même est égal chez tous les hommes, & qu'il leur est aussi nécessaire que les cinq sens; que cet amour-propre nous est donné de Dieu pour la conservation de notre Etre, & qu'il nous a donné la Religion pour régler cet amour-propre; que nos idées sont justes, ou inconséquentes, obscures, ou lumineuses, selon que nos organes sont plus ou moins solides, plus ou moins déliez, & selon que nous sommes plus ou moins passionnez; que nous dépendons en tout de l'air qui nous environne, des alimens que nous prenons, & que dans tout cela il n'y a rien de contradictoire. L'hom-

L'homme n'est point une énigme, comme vous me le figurez, pour avoir le plaisir de la deviner. L'homme paroît être à sa place dans la Nature, supérieurs aux animaux, ausquels il est semblable par les organes, inférieur à d'autres Etres ausquels il ressemble probablement par la pensée. Il est comme tout ce que nous voyons mêlé de mal & de bien, de plaisir & de peine. Il est pourvu de passions pour agir, & de raison pour gouverner ses actions. Si l'Homme étoit parfait, il seroit Dieu, & ces prétendus contrariétez que vous apellez contradictions, sont les ingrédiens nécessaires qui entrent dans le composé de l'homme, qui est comme le reste de la Nature ce qu'il doit être. Voilà ce que la raison peut dire; ce n'est donc point la raison qui aprend aux hommes la chûte de la Nature humaine, c'est la Foi seule à laquelle il faut avoir recours.

### IV.

*Suivons nos mouvemens, observons-nous nous-mêmes, & voyons si nous n'y trouverons pas les caractéres vivans de ces deux natures.*

*Tant de contradictions se trouveroient-elles dans un sujet simple?*

*Cette duplicité de l'homme est si visible, qu'il y en a qui ont pensé que nous avions deux ames, un sujet simple leur paroissant incapable de telles & si soudaines variétez, d'une* présomption démesurée à un terriblement abatte de cœur.

IV. Nos diverses volontez ne sont point des contradictions de la Nature, & l'Homme n'est point un sujet simple. Il est composé d'un nombre innombrable d'organes. Si un seul de ses organes est un peu altéré, il est nécessaire qu'il change toutes les impressions du cerveau, & que l'animal ait de nouvelles pensées & de nouvelles volontez. Il est très-vrai que nous sommes tantôt abattus de tristesse, tantôt enflez de présomption, & cela doit être quand nous nous trouvons dans des situations oposées. Un animal que son Maître caresse & nourrit, & un autre qu'on égorge lentement & avec adresse pour en faire une dissection, éprouvent des sentimens bien contraires; aussi faisons-nous, & les différences qui sont en nous sont si peu contradictoires, qu'il seroit contradictoire qu'elles n'existassent pas. Les foux qui ont dit que nous avions deux ames, pouvoient par la même raison nous en donner trente ou quarante; car un homme dans une grande passion a souvent trente ou quarante idées différentes de la même chose, & doit nécessairement les avoir selon que cet objet lui paroît sous différentes faces.

Cette prétenduë duplicité de l'Homme est une idée aussi absurde que métaphysique; j'aimerois autant dire que le chien
qui

qui mord & qui careſſe eſt double; que la poule qui a tant de ſoin de ſes petits, & qui enſuite les abandonne juſqu'à les méconnoître, eſt double; que la glace qui repréſente des objets différens eſt double; que l'arbre qui eſt tantôt chargé, tantôt dépoüillé de feuilles, eſt double. J'avoüe que l'Homme eſt inconcevable en un ſens; mais tout le reſte de la nature l'eſt auſſi, & il n'y a pas plus de contradictions aparentes dans l'Homme que dans tout le reſte.

### V.

*Ne point parier que Dieu eſt, c'eſt parier qu'il n'eſt pas. Lequel prendrez-vous donc? Peſons le gain & la perte en prenant le parti de croire que Dieu eſt. Si vous gagnez, vous gagnez tout; ſi vous perdez, vous ne perdez rien. Pariez donc qu'il eſt, ſans héſiter. Oüi, il faut gager; mais je gage peut-être trop. Voyons, puiſqu'il y a pareil hazard de gain & de perte, quand vous n'auriez que deux vies à gager pour une, vous pourriez encore gager.*

V. Il eſt évidemment faux de dire. Ne point parier que Dieu eſt, c'eſt parier qu'il n'eſt pas; car celui qui doute & demande à s'éclaircir, ne parie aſſurément ni pour ni contre.

D'ailleurs, cet Article paroît un peu indécent & puérile: cette idée de jeu, de perte & de gain, ne convient point à la gravité du ſujet.

De-plus, l'intérêt que j'ai à croire une chose, n'est pas une preuve de l'existence de cette chose. Je vous donnerai, me dites-vous, l'Empire du monde, si je croi que vous ayïez raison. Je souhaite alors de tout mon cœur que vous ayïez raison ; mais jusqu'à ce que vous me l'ayïez prouvé, je ne puis vous croire. Commencez, pourroit-on dire à Mr. Paschal, par convaincre ma raison : j'ai intérêt sans doute, qu'il y ait un Dieu ; mais si dans votre Système Dieu n'est venu que pour si peu de personnes, si le petit nombre des Elus est si effrayant, si je ne puis rien du tout par moi-même ; dites-moi, je vous prie, quel intérêt j'ay à vous croire ? N'ai-je pas un intérêt visible à être persuadé du contraire ? De quel front osez-vous me montrer un bonheur infini, auquel d'un million d'hommes un seul à peine a droit d'aspirer ? Si vous voulez me convaincre, prenez-vous-y d'une autre façon, & n'allez pas tantôt me parler de jeu de hazad, de pari, de croix & de pile, & tantôt m'effrayer par les épines que vous semez sur le chemin que je veux & que je dois suivre. Votre raisonnement ne serviroit qu'à faire des Athées, si la voix de toute la nature ne nous crioit qu'il y a un Dieu avec autant de force que ces subtilitez ont de foiblesse.

## VI.

*En voyant l'Aveuglement & les miseres de*

de l'Homme, & ces contrarietez étonnantes qui se découvrent dans sa nature, & regardant tout l'Univers muet, & l'homme sans lumiere, abandonné à lui-même, & comme égaré dans ce recoin de l'Univers, sans sçavoir qui l'y a mis, ce qu'il y est venu faire, ce qu'il deviendra en mourant; j'entre en effroy comme un homme qu'on auroit emporté endormis dans une Isle déserte & effroyable, & qui se réveilleroit sans connoître où il est, & sans avoir aucun moyen d'en sortir; & sur cela j'admire comment on n'entre pas en désespoir d'un si misérable état.

VI. En lisant cette réfléxion, je reçois une Lettre d'un de mes amis qui demeure dans un Pays fort éloigné (\*). Voici ses paroles.

„ Je suis ici comme vous m'y avez laisser, ni plus gai, ni plus triste, ni plus riche, ni plus pauvre, joüissant d'une santé parfaite, ayant tout ce qui rend la vie agréable; sans amour, sans avarice, sans ambition & sans envie, & tant que tout cela durera, je m'apellerai hardiment un homme très-heureux.

Il y a beaucoup d'hommes aussi heureux que lui : Il en est des hommes comme des animaux; tel Chien couche & mange

avec

---

(\*) Il a depuis été Ambassadeur, & est devenu un homme très-considérable. Sa Lettre est de 1728. elle existe en Original.

avec sa Maîtresse; tel autre tourne la broche, & est tout aussi content; tel autre devient enragé, & on le tuë. Pour moi, quand je regarde Paris ou Londres, je ne vois aucune raison pour entrer dans ce désespoir dont parle Mr. Pascal; je vois une Ville qui ne ressemble en rien à une Isle déserte; mais peuplée, opulente, policée, & où les hommes sont heureux autant que la Nature humaine le comporte. Quel est l'homme sage qui sera plein de désespoir, parcequ'il ne sçait pas la nature de sa pensée, parcequ'il ne connoît que quelques attributs de la matiere, parceque Dieu ne lui a pas révélé ses secrets? Il faudroit autant se désespérer de n'avoir pas quatre pieds & deux aîles.

Pourquoi nous faire horreur de notre être? Notre existence n'est point si malheureuse qu'on veut nous le faire accroire. Regarder l'Univers comme un cachot, & tous les hommes comme des Criminels qu'on va exécuter, est l'idée d'un Fanatique. Croire que le monde est un lieu de délices où l'on ne doit avoir que du plaisir, c'est la rêverie d'un Sibarite. Penser que la terre, les hommes & les animaux sont ce qu'ils doivent être dans l'ordre de la Providence, est je croi, d'un homme sage.

## VII.

*Les Juifs pensent que Dieu ne laissera pas éternel-*

éternellement les autres Peuples dans ces ténébres ; qu'il viendra un Libérateur pour tous ; qu'ils sont au monde pour l'annoncer; qu'ils sont formez exprès pour être les Hérauts de ce grand Avénement, & pour apeler tous les Peuples à s'unir à eux dans l'attente de ce Libérateur.

VII. Les Juifs ont toûjours attendu un Libérateur; mais leur Libérateur est pour eux & non pour nous; ils attendent un Messie qui rendra les Juifs Maîtres des Chrétiens, & nous espérons que le Messie réünira un jour les Juifs aux Chrétiens. Ils pensent précisément sur cela le contraire de tout ce que nous pensons.

VIII.

*La Loi par laquelle ce Peuple est gouverné, est tout ensemble la plus ancienne Loi du monde, la plus parfaite, & la seule qui ait été gardée sans interruption dans un Etat. C'est ce que Philon Juif montre en divers lieux, & Joseph admirablement contre l'Appien, où il fait voir qu'elle est si ancienne, que le nom même de Loi n'a été connu des plus anciens que plus de mille ans après ; ensorte qu'Homère qui a parlé de tant de Peuples ne s'en est jamais servi; & il est aisé de juger de la perfection de cette Loi par sa simple lecture, où l'on voit qu'on y a pourvu à toutes choses avec tant de sagesse, tant d'équité, tant de jugement, que les plus anciens Législateurs Grecs & Romains en ayant*

*quelque*

*quelque lumiere, en ont emprunté leurs principales Loix; ce qui paroît par celles qu'ils apellent des douze Tables, & par les autres preuves que Joseph en donne.*

VIII. Il est très-faux que la Loi des Juifs soit plus ancienne, puisqu'avant Moïse, leur Législateur, ils demeuroient en Egypte, le Pays de la terre la plus renommée par ses sages Loix, par lesquelles les Rois étoient jugez après la mort.

Il est très-faux que le nom de Loi n'ait été connu qu'après Homére : il parle des Loix de Minos dans l'Odissée. Le mot de Loi est dans Hésiode ; & quand le nom de Loi ne se trouveroit ni dans Hésiode, ni dans Homére, cela ne prouveroit rien. Il y avoit des Rois & des Juges ; donc il y avoit des Loix.

Il est encore très-faux que les Grecs & les Romains ayent pris des Loix des Juifs. Ce ne peut être dans les commencemens de leurs Républiques ; car alors ils ne pouvoient connoître les Juifs ? Ce ne peut être dans le tems de leur grandeur ; car alors ils avoient pour ces Barbares un mépris connu de toute la Terre. Voyez comme Cicéron les traite en parlant de la prise de Jérusalem par Pompée.

IX.

*Ce Peuple est encore admirable dans sa sincérité. Ils gardent avec amour & fidélité le Livre où Moïse déclare qu'ils ont toûjours été*

été ingrats envers Dieu, & qu'il sçait qu'ils le seront encore plus après sa mort ; mais qu'il apelle le Ciel & la terre à témoin contr'eux, qu'il le leur a assez dit ; qu'enfin Dieu s'irritant contr'eux, les dispersera par tous les Peuples de la Terre : que comme ils l'ont irrité en adorant des Dieux qui n'étoient point leurs Dieux ; il les irritera en apellant un Peuple qui n'étoit pas son Peuple. Cependant ce Livre qui les deshonore en tant de façon, ils le conservent aux dépens de leur vie ; c'est une sincérité qui n'a point d'exemple dans le monde, ni sa racine dans la Nature.

IX. Cette sincérité a partout des exemples, & n'a sa racine que dans la Nature. L'orgueil de chaque Juif est intéressé à croire que ce n'est point sa détestable politique, son ignorance des Arts, sa grossiereté qui l'a perdu ; mais que c'est la colere de Dieu qui le punit ; il pense avec satisfaction qu'il a fallu des Miracles pour l'abatre, & que sa Nation est toûjours la bien-aimée de Dieu qui la châtie.

Qu'un Prédicateur monte en Chaire, & dise aux François : *Vous êtes des misérables qui n'avez ni cœur ni conduite ; vous avez été battus à Hochstet & à Ramilly, parceque vous n'avez pas sçu vous défendre*, il se fera lapider. Mais s'il dit : " Vous êtes
" des Catholiques chéris de Dieu, vos pé-
" chez infâmes avoient irrité l'Eternel qui
" vous livra aux Hérétiques à Hochstet & à
" Ramilly

» Ramilly ; mais quand vous êtes revenus
» au Seigneur, alors il a beni votre cou-
» rage à Denain ; ces paroles le feront
» aimer de l'Auditoire.

### X.

*S'il y a un Dieu, il ne faut aimer que lui,
& non les Créatures.*

Il faut aimer & très-tendrement les créatures ; il faut aimer sa Patrie, sa femme, son pere, ses enfans ; il faut si bien les aimer, que Dieu nous les fait aimer malgré nous. Les principes contraires sont propres à faire des raisonneurs inhumains ; & cela est si vrai que Pascal abusant de ce principe, traitoit sa sœur avec dureté & rebutoit ses services, de-peur de paroître aimer une créature ; c'est ce qui est écrit dans sa vie. S'il falloit en user ainsi, quelle seroit la Société humaine ?

### XI.

*Nous naissons injustes ; car chacun tend à soi ; cela est contre tout ordre. Il faut tendre au général, & la pente vers soi est le commencement de tout désordre en guerre, en police, en œconomie, &c.*

XI. Cela est selon tout ordre ; il est aussi impossible qu'une Société puisse se former & subsister sans amour-propre, qu'il seroit impossible des faire des enfans sans concupiscence ; de songer à se nourrir sans apétit. C'est l'amour de nous-mêmes qui assiste l'amour des autres ; c'est par nos besoins

besoins mutuels que nous sommes utiles au genre humain ; c'est le fondement de tout commerce ; c'est l'éternel lien des hommes ; sans lui il n'y auroit pas eu un Art inventé, ni une Société de dix personnes formée. C'est cet amour-propre que chaque animal a reçu de la Nature, qui nous avertit de respecter celui des autres. La Loi dirige cet amour-propre, & la Religion le perfectionne. Il est bien vrai que Dieu auroit pû faire des créatures uniquement attentives au bien d'autrui. Dans ce cas les Marchands auroient été aux Indes par charité, & le Maçon eût scié de la pierre pour faire plaisir à son prochain. Mais Dieu a établi les choses autrement, n'accusons point l'instinct qu'il nous donne, & faisons-en l'usage qu'il commande.

### XII.

*Le sens caché des Prophéties ne pouvoit induire en erreur, & il n'y avoit qu'un Peuple aussi charnel que celui-là qui s'y pût méprendre.*

*Car quand les biens sont promis en abondance, qui les empêchoit d'attendre les véritables biens, sinon leur cupidité qui déterminoit ce sens aux biens de la Terre ?*

XII. En bonne foi le Peuple le plus spirituel de la terre l'auroit-il entendu autrement? Ils étoient esclaves des Romains ; ils attendoient un Libérateur qui les rendroit victorieux, & qui feroit respecter Jérusalem dans tout le monde ; comment avec les lumieres de leur Raison, pouvoient-ils voir ce Vainqueur, ce Monarque dans Jesus pauvre & mis en croix ? Comment pouvoient-ils entendre par le nom de leur Capitale une Jérusalem Céleste ; eux à qui le Décalogue n'avoit pas seulement parlé de de l'immortalité de l'Ame ? Comment un Peuple si attaché à la Loi pouvoit-il sans une lumiere supérieure reconnoître dans les Prophéties qui n'étoient pas leur Loi, un Dieu caché sous la figure d'un Juif circoncis, qui par sa Religion nouvelle a détruit & rendu abominables la Circoncision & le Sabbat, fondemens sacrez de la Loi Judaïque ? Adorons Dieu sans vouloir percer ses Mysteres.

### XIII.

*Le tems du premier Avénement de Jesus-Christ est prédit, le tems du second ne l'est point, parceque le premier devoit être caché ; au-lieu que le second doit être éclatant, & tellement manifeste, que ses ennemis même le reconnoîtront.*

XIII. Le tems du second avénement de Jesus-Christ a été prédit encore plus clairement que le premier ; Mr. Pascal avoit apparemment oublié que Jesus-Christ dans le Chapitre vingt-un de Saint Luc dit expressément :

„ Lorsque vous verrez une Armée envi-
„ ronner Jérusalem, sçachez que la déso-
„ lation

» lation est proche. Jérusalem sera foulée
» aux pieds, & il y aura des Signes dans le
» Soleil & dans la Lune & dans les Etoi-
» les ; les flots de la mer feront un très-
» grand bruit. Les vertus des Cieux seront
» ébranlées, & alors ils verront le Fils de
» l'Homme qui viendra sur une nuée avec
» une grande puissance & une grande Ma-
» jesté. Cette génération ne passera pas que
» ces choses ne soient accomplies.

Cependant la génération passa, & ces choses ne s'accomplirent point à la lettre. En quelque tems que St. Luc ait écrit, il est certain que Titus prit Jérusalem, & qu'on ne vit ni de Signes dans les Etoiles, ni le Fils de l'Homme dans les nuës. Mais enfin si ce second avénement n'est point encore arrivé, si cette prédiction ne s'est point accomplie dans le tems qui paroît marqué, c'est à nous de nous taire, de ne point interroger la Providence, & de croire tout ce que l'Eglise enseigne.

### XIV.

*Le Messie, selon les Juifs charnels, doit être un grand Prince temporel. Selon les Chrétiens charnels, il est venu nous dispenser d'aimer Dieu, & nous donner les Sacremens qui operent tout sans nous : ni l'un ni l'autre n'est la Religion Chrétienne, ni Juive.*

XIV. Cet Article est bien plûtôt un trait de satire qu'une réfléxion Chrétienne. On voit que c'est aux Jésuites qu'on en veut ici ;

ici; mais en vérité aucun Jésuite a-t-il jamais dit que Jesus-Christ est *venu nous dispenser d'aimer Dieu?* La dispute sur l'amour de Dieu est une pure dispute de mots, comme la plûpart des autres querelles scientifiques, qui ont causé des haines si vives & des malheurs si affreux. Il paroît encore un autre défaut dans cet Article. C'est qu'on y suppose que l'attente d'un Messie étoit un point de Religion chez les Juifs: c'étoit seulement une idée consolante répandue parmi cette Nation. Les Juifs espéroient un Libérateur; mais il ne leur étoit pas ordonné d'y croire comme un Article de Foi. Toute leur Religion étoit renfermée dans les Livres de la Loi. Les Prophétes n'ont jamais été regardez par les Juifs comme Législateurs.

### XV.

*Pour examiner les Prophéties il faut les entendre; car si l'on croit qu'elles n'ont qu'un sens, il est sûr que le Messie ne sera point venu; mais si elles ont deux sens, il est sûr qu'il sera venu en Jesus-Christ.*

XV. La Religion Chrétienne est si véritable, qu'elle n'a pas besoin de preuves douteuses. Or si quelque chose pouvoit ébranler les fondemens de cette sainte & raisonnable Religion, c'est ce sentiment de Mr. Pascal. Il veut que tout ait deux sens dans l'Ecriture; mais un homme qui auroit le malheur d'être incrédule, pourroit

roit lui dire : Celui qui donne deux sens à ses paroles, veut tromper les hommes, & cette duplicité est toûjours punie par les Loix : Comment donc pouvez-vous sans rougir admettre dans Dieu ce qu'on punit & ce qu'on déteste dans les hommes ? Que dis-je ! avec quel mépris & avec quelle indignation ne traitez-vous pas les Oracles des Payens, parcequ'ils avoient deux sens ? Qu'une Prophétie soit accomplie à la lettre, oserez-vous soutenir que cette Prophétie est fausse, parcequ'elle ne sera vraye qu'à la lettre, parcequ'elle ne répondra pas à un sens mystique qu'on lui donnera ? Non sans doute, cela seroit absurde. Comment donc une Prophétie qui n'aura pas été réellement accomplie, deviendra-t'elle vraye dans un sens mystique ? Quoi ! de vraye, vous ne pouvez pas la rendre fausse ; & de fausse, vous ne pourriez pas la rendre vraye ? Voilà une étrange difficulté. Il faut s'en tenir à la Foi seule dans ces matieres ; c'est le seul moyen de finir toute dispute.

### XVI.

*La distance infinie des Corps aux Esprits, figure la distance infiniment plus infinie des Esprits à la Charité ; car elle est surnaturelle.*

XVI. Il est à croire que Mr. Pascal n'auroit pas employé ce galimathias dans son Ouvrage, s'il avoit eu le tems de le faire.

### XVII.

*Les foiblesses les plus apparentes sons des forces*

*forces à ceux qui prennent bien les choses. Par exemple, les deux Généalogies de St. Matthieu & de St. Luc; il est visible que cela n'a pas été fait de concert.*

XVII. Les Editeurs des Pensées de Pascal auroient-ils dû imprimer cette Pensée, dont l'exposition seule est peut-être capable de faire tort à la Religion? A quoi bon dire que ces Généalogies, ces Points Fondamentaux de la Religion Chrétienne se contrarient, sans dire en quoi elles peuvent s'accorder? Il falloit présenter l'antidote avec le poison. Que penseroit-on d'un Avocat qui diroit: Ma Partie se contredit; mais cette foiblesse est une force pour ceux qui sçavent bien prendre les choses.

XVIII.

*Qu'on ne nous reproche donc plus le manque de charité, puisque nous en faisons profession; mais que l'on reconnoisse la vérité de la Religion, dans le peu de lumiere que nous en avons, & dans l'indifférence que nous avons de la connoître.*

XVIII. Voilà d'étranges marques de vérité qu'apporte Pascal. Quelles autres marques a donc le mensonge? Quoi! il suffiroit pour être cru de dire, *je suis obscur, je suis inintelligible*? Il seroit bien plus sensé de ne présenter aux yeux que les lumieres de la Foi, au-lieu de ces ténébres d'érudition.

XIX.

XIX.

*S'il n'y avoit qu'une Religion, Dieu seroit trop manifeste.*

XIX. Quoi ! vous dites que s'il n'y avoit qu'une Religion, Dieu seroit trop manifeste ? Eh oubliez-vous que vous dites à chaque page, qu'un jour il n'y aura qu'une Religion ; selon vous, Dieu sera donc trop manifeste.

XX.

*Je dis que la Religion Juïve ne consistoit en aucune de ces choses, mais seulement en l'amour de Dieu ; & que Dieu réprouvoit toutes les autres choses.*

XX. Quoi ! Dieu réprouvoit tout ce qu'il ordonnoit lui-même avec tant de soin aux Juifs, & dans un détail si prodigieux ? N'est-il pas plus vrai de dire, que la Loi de Moyse consistoit & dans l'amour & dans le culte ? Ramener tout à l'amour de Dieu, sent bien moins l'amour de Dieu, que la haine que tout Janséniste a pour son prochain Moliniste.

XXI.

*La chose la plus importante à la vie, c'est le choix d'un Métier ; le hazard en dispose, la coutume fait les Maçons, les Soldats, les Couvreurs.*

XXI. Qui peut donc déterminer les Soldats, les Maçons & tous Ouvriers Méchaniques, sinon ce qu'on appelle hazard & la coutume ? Il n'y a que les Arts de génie ausquels

quels on se détermine de soi même; mais pour les Métiers que tout le monde peut faire, il est très-naturel & très-raisonnable que la coutume en dispose.

### XXII.

*Que chacun examine sa pensée, il la trouvera toujours occupée au passé & à l'avenir. Nous ne pensons presque point au présent, & si nous y pensons, ce n'est que pour en prendre la lumiere pour disposer l'avenir. Le présent n'est jamais notre but; le passé & le présent sont nos moyens, le seul avenir est notre objet.*

XXII. Il est faux que nous ne pensions point au présent nous y pensons en étudiant la Nature, & en faisant toutes les fonctions de la vie nous pensons aussi beaucoup au futur. Remercions l'Auteur de la Nature de ce qu'il nous donne cet instinct qui nous emporte sans cesse vers l'avenir : le trésor le plus précieux de l'homme est cette espérance qui nous adoucit nos chagrins, & qui nous peint des plaisirs futurs dans la possession des plaisirs présens. Si les hommes étoient assez malheureux pour ne s'occuper jamais que du présent, on ne semeroit point, on ne bâtiroit point, on ne planteroit point, on ne pourvoyeroit à rien, on manqueroit de tout au milieu de cette fausse joüissance. Un esprit comme Mr. Pascal pouvoit-il donner un lieu commun aussi faux que celui-là ? La Nature a établi que chaque homme joüiroit du présent en se nourrissant, en
faisant

faisant des enfans, en écoutant des sons agréables, en occupant sa faculté de penser & de sentir, & qu'en sortant de ces états, souvent au milieu de ces états même il penseroit au lendemain, sans quoi il périroit de misere aujourd'hui. Il n'y a que les enfans & les imbéciles qui ne pensent qu'au présent; faudra-t-il leur ressembler?

### XXIII.

*Mais quand j'y ai regardé de plus près, j'ai trouvé que cet éloignement que les hommes ont du repos, & demeurer avec eux-mêmes, vient d'une cause bien effective; c'est-à-dire, du malheur naturel de notre condition foible & mortelle, & si miserable que rien ne nous peut consoler, lorsque rien ne nous empêche d'y penser, & que nous ne voyons que nous.*

XXIII. Ce mot *ne voir que nous*, ne forme aucun sens. Qu'est-ce qu'un homme qui n'agiroit point, & qui est supposé se contempler? Non-seulement je dis que cet homme seroit un imbécile, inutile à la Société; mais je dis que cet homme ne peut exister. Car que cet homme contempleroit-il? son corps, ses pieds, ses mains, ses cinq sens? Ou il seroit un idiot, ou bien il feroit usage de tout cela. Resteroit-il à contempler sa faculté de penser? Mais il ne peut contempler cette faculté qu'en l'exerçant, ou il ne pensera à rien, ou bien il pensera aux idées qui lui sont déja venues, ou il en composera de nouvelles ; or il ne peut avoir d'idées que du dehors. Le voilà donc nécessairement occupé, ou de ses sens, ou de ses idées ; le voilà donc hors de soi, ou imbécile.

Encore une fois, il est impossible à la Nature humaine de rester dans cet engourdissement imaginaire ; il est absurde de le penser, il est insensé d'y prétendre. L'homme est né pour l'action, comme le feu tend en haut & la pierre en bas. N'être point occupé, & n'exister pas, est la même chose pour l'homme, toute la différence consiste dans les occupations douces ou tumultueuses, dangereuses ou utiles.

### XXIV.

*Les hommes ont un instinct secret qui les porte à chercher le divertissement & l'occupation au-dehors, qui vient du ressentiment de leur misere continuelle ; & ils ont un autre instinct qui reste de la grandeur de leur premiere nature, qui leur fait connoître que le bonheur n'est en effet que dans le repos.*

XXIV. Cet instinct secret étant le premier principe & le fondement nécessaire de la Société, il vient plûtôt de la bonté de Dieu, & il est plûtôt l'instrument de notre bonheur, qu'il n'est le ressentiment de notre misere. Je ne sçai pas ce que nos premiers Peres faisoient dans le Paradis terrestre ; mais si chacun d'eux n'avoit pensé qu'à soi, l'existence du Genre Humain étoit bien hazardée.

zardée. N'est-il pas absurde de penser qu'ils avoient des sens parfaits; c'est-à-dire, des instrumens d'actions parfaits, uniquement pour la contemplation? Et n'est-il pas plaisant que des têtes pensantes, puissent imaginer que la paresse est un titre de grandeur, & l'action un rabaissement de notre nature?

### XXV.

C'est pourquoi lorsque Cinéas disoit à Pyrrus, qui se proposoit de joüir du repos avec ses amis après avoir conquis une grande partie du monde, qu'il feroit mieux d'avancer lui-même son bonheur, en joüissant dès-lors de ce repos, sans l'aller chercher par tant de fatigues. Il lui donnoit un conseil qui recevoit de grandes difficultez, & qui n'étoit guéres plus raisonnable que le dessein de ce jeune ambitieux. L'un & l'autre supposoit que l'homme se pût contenter soi-même & de ses biens présens, sans remplir le vuide de son cœur d'espérances imaginaires; ce qui est faux. Pyrrus ne pouvoit être heureux, ni devant, ni après avoir conquis le monde.

XXV. L'exemple de Cinéas est bon dans les Satyres de Despréaux; mais non dans un Livre Philosophique. Un Roi sage peut être heureux chez lui, & de ce qu'on nous donne Pyrrus pour un fou, cela ne conclut rien pour le reste des hommes.

### XXVI.

On doit donc reconnoître que l'homme est si

malheureux qu'il s'ennuyeroit même, sans aucune cause étrangere d'ennui, par le propre état de sa condition.

XXVI. Au contraire, l'homme est si heureux en ce point, & nous avons tant d'obligation à l'Auteur de la Nature, qu'il a attaché l'ennui à l'inaction, afin de nous forcer par-là à être utiles au prochain & à nous-mêmes.

### XXVII.

*D'où vient que cet homme qui a perdu depuis peu son fils unique, & qui accablé de procez & de querelles, étoit ce matin si troublé, n'y pense plus maintenant ? Ne vous en étonnez pas : il est tout occupé à voir par où passera un cerf que ses chiens poursuivent avec ardeur depuis six heures. Il n'en faut pas davantage pour l'homme ; quelque plein de tristesse qu'il soit, si l'on peut gagner sur lui de le faire entrer en quelque divertissement, le voilà heureux pendant ce tems-là.*

XXVII. Cet homme fait à merveille, la dissipation est un remede plus sûr contre la douleur, que le Quinquina contre la fiévre ; ne blâmons point en cela la Nature, qui est toûjours prête à nous secourir. Louis XIV. alloit à la chasse le jour qu'il avoit perdu quelqu'un de ses enfans, & il faisoit fort sagement.

### XXVIII.

*Qu'on s'imagine un nombre d'hommes dans les chaînes, & tous condamnez à la mort,* dont les uns étant chaque jour égorgez à la vuë des autres, ceux qui restent voyent leur propre condition dans celle de leurs semblables, & se regardant les uns les autres avec douleur & sans espérance, attendent leur tour. C'est l'image de la condition des hommes.

XXVIII. Cette comparaison assurément n'est pas juste; des malheureux enchaînez qu'on égorge l'un après l'autre sont malheureux, non-seulement parcequ'ils souffrent; mais encore parcequ'ils éprouvent ce que les autres hommes ne souffrent pas. Le sort naturel d'un homme n'est ni d'être enchaîné, ni d'être égorgé; mais tous les hommes sont faits comme les animaux, les plantes pour croître, pour vivre un certain tems, pour produire leur semblable, & pour mourir. On peut dans une Satyre montrer l'homme tant qu'on voudra du mauvais côté; mais pour peu qu'on se serve de sa raison, on avouera que de tous les animaux l'homme est le plus parfait, le plus heureux, & celui qui vit le plus long-tems. Au-lieu donc de nous étonner & de nous plaindre du malheur & de la briéveté de la vie, nous devons nous étonner & nous féliciter de notre bonheur & de sa durée. A ne raisonner qu'en Philosophe, j'ose dire qu'il y a bien de l'orgueil & de la témérité à prétendre, que par notre nature nous devons être mieux que nous ne sommes.

### XXIX.

*Car enfin si l'homme n'avoit pas été corrompu, il joüiroit de la vérité & de la félicité avec assurance, &c. tant il est manifeste que nous avons été dans un dégré de perfection dont nous sommes tombez.*

XXIX. Il est sûr par la Foi & par notre Révélation, si au-dessus des lumieres des hommes, que nous sommes tombez; mais rien n'est moins manifeste par la raison. Car je voudrois bien sçavoir si Dieu ne pouvoit pas sans déroger à sa justice créer l'homme tel qu'il est aujourd'hui, & ne l'a-t-il pas même créé pour devenir ce qu'il est ? L'état présent de l'homme n'est-il pas un bienfait du Créateur ? Qui vous a dit que Dieu vous en devoit davantage ? Qui vous a dit que votre Etre exigeoit plus de connoissances & plus de bonheur ? Qui vous a dit qu'il en comporte davantage ? Vous vous étonnez que Dieu a fait l'homme si borné, si ignorant, si peu heureux ; que ne vous étonnez-vous qu'il ne l'ait pas fait plus borné, plus ignorant, plus malheureux ? Vous vous plaignez d'une vie si courte & si infortunée ? Remerciez Dieu de ce qu'elle n'est pas plus courte & plus malheureuse. Quoi donc ! selon vous, pour raisonner conséquemment, il faudroit que tous les hommes accusassent la Providence, hors les Métaphysiciens qui raisonnent sur le Péché originel !

XXX.

## XXX.

*Le Péché originel est une folie devant les hommes ; mais on le donne pour tel.*

XXX. Par quelle contradiction trop palpable dites-vous donc que ce Péché originel est manifeste ? Pourquoi dites-vous que tout nous en avertit ? Comment peut-il en même tems être une folie, & être démontré par la raison ?

## XXXI.

*Les Sages parmi les Payens qui ont dit qu'il n'y a qu'un Dieu, ont été persécutez, les Juifs haïs, les Chrétiens encore plus.*

XXXI. Ils ont été quelquefois persécutez, de même que le seroit aujourd'hui un homme qui viendroit enseigner l'adoration d'un Dieu indépendante du Culte reçu. Socrate n'a pas été condamné pour avoir dit, *il n'y a qu'un Dieu* ; mais pour s'être élevé contre le Culte extérieur du Pays, & pour s'être fait des ennemis puissans fort mal-à-propos. A l'égard des Juifs, ils étoient haïs, non parcequ'ils ne croyoient qu'un Dieu ; mais parcequ'ils haïssoient ridiculement les autres Nations ; parceque c'étoient des Barbares qui massacroient sans pitié leurs ennemis vaincus ; parceque ce vil Peuple superstitieux, ignorant, privé des Arts, privé du Commerce, méprisoit les Peuples les plus policez. Quant aux Chrétiens, ils étoient haïs des Payens, parcequ'ils tendoient à abattre la Religion de l'Empire, dont ils vinrent enfin à bout; comme les Proteſtans ſe ſont rendus les maîtres dans les mêmes Pays où ils furent long-tems haïs, perſécutez & maſſacrez.

## XXXII.

*Combien les Lunettes nous ont-elles découvert d'Aſtres qui n'étoient point pour nos Philoſophes d'auparavant! On attaquoit hardiment l'Ecriture, ſur ce qu'on y trouve, en tant d'endroits, du grand nombre des Etoiles : il n'y en a que 1022. diſoit-on, nous le ſçavons.*

XXXII. Il eſt certain que la Sainte Ecriture, en matiere de Phyſique, s'eſt toûjours proportionnée aux idées reçues; ainſi elle ſuppoſe que la Terre eſt immobile, que le Soleil marche, &c. Ce n'eſt point du tout par un rafinement d'Aſtronomie, qu'elle dit que les Etoiles ſont innombrables; mais pour s'accorder aux idées vulgaires. En effet, quoique nos yeux ne découvrent qu'environ 1022 Etoiles, & encore avec bien de la peine; cependant quand on regarde le Ciel fixement, la vuë éblouïe croit alors en voir une infinité. L'Ecriture parle donc ſelon ce préjugé vulgaire; car elle ne nous a pas été donnée pour faire de nous des Phyſiciens, & il y a grande apparennce que Dieu ne révéla ni à Abacuc, ni à Baruc, ni à Michée, qu'un jour un Anglois nommé Famſtead, mettroit dans ſon Cathologue près de 3000 Etoiles apperçues avec le Téleſcope.

Voyez

Voyez, je vous prie, quelle conséquence on tireroit du sentiment de Pascal. Si les Auteurs de la Bible ont parlé du grand nombre des Etoiles en connoissance de cause, ils étoient donc inspirez sur la Physique. Et comment de si grands Physiciens ont-ils pu dire que la Lune s'est arrêtée, à midi sur Aïalon, & le Soleil sur Gabaon dans la Palestine ? Qu'il faut que le bled pourrisse pour germer & produire, & cent autres choses semblables ?

Concluons donc que ce n'est pas la Physique, mais la Morale qu'il faut chercher dans la Bible ; qu'elle doit faire des Chrétiens & non les Philosophes.

### XXXIII.

*Est-ce courage à un homme mourant d'aller dans la foiblesse & dans l'agonie affronter un Dieu tout-puissant & éternel ?*

XXXIII. Cela n'est jamais arrivé, & ce ne peut être que dans un violent transport au cerveau qu'un homme dise, je croi un Dieu, & je le brave.

### XXXIV.

*Je croi volontiers les Histoires dont les témoins se font égorger.*

XXXIV. La difficulté n'est pas seulement de sçavoir si on croira des témoins qui meurent pour soutenir leur déposition, comme ont fait tant de Fanatiques ; mais

encore

encore si ces témoins sont effectivement morts pour cela, si on a conservé leurs dépositions, s'ils ont habité les Pays où on dit qu'ils sont morts. Pourquoi Joseph, né dans le tems de la mort du Christ, Joseph ennemi d'Hérode, Joseph peu attaché au Judaïsme, n'a-t-il pas dit un mot de tout cela? Voilà ce que Mr. Pascal eût débrouillé avec succès, comme ont fait depuis tant d'Ecrivains éloquens.

### XXXV.

*Les Sciences ont deux extrêmitez qui se touchent. La première est la pure ignorance naturelle où se donnent tous les hommes en naissant. L'autre extrêmité est celle où arrivent les grandes ames, qui ayant parcouru tout ce que les hommes peuvent sçavoir, trouvent qu'ils ne sçavent rien, & se rencontrent dans cette même ignorance d'où ils étoient partis.*

XXXV. Cette pensée est un pur sophisme, & la fausseté consiste dans ce mot d'*ignorance* qu'on prend en deux sens différens. Celui qui ne sçait ni lire ni écrire est un ignorant; mais un Mathématicien, pour ignorer les principes cachez de la Nature, n'est pas au point d'ignorance dont il étoit parti quand il commença à apprendre à lire. Mr. Newton ne sçavoit pas pourquoi l'homme remue son bras quand il le veut; mais il n'en étoit pas

pas moins sçavant sur le reste. Celui qui ne sçait point l'Hebreux, & qui sçait le Latin, est sçavant par comparaison avec celui qui ne sçait que le François.

### XXXVI.

*Ce n'est pas être heureux que de pouvoir être réjoui par le divertissement ; car il vient d'ailleurs & de dehors : Ainsi il est dépendant, & par conséquent sujet à être troublé par mille accidens qui sont les afflictions inévitables.*

XXXVI. Celui-là est actuellement heureux qui a du plaisir, & ce plaisir ne peut venir que de dehors ; nous ne pouvons avoir de sensations ni d'idées que par les objets extérieurs ; comme nous ne pouvons nourrir notre corps qu'en y faisant entrer des subsistances étrangeres qui se changent en la nôtre.

### XXXVII.

*L'extrême esprit est accusé de folie, comme l'extrême défaut ; rien ne passe pour bon que la médiocrité.*

XXXVII. Ce n'est point l'extrême esprit, c'est l'extrême vivacité & volubilité de l'esprit qu'on accuse de folie ; l'extrême esprit est l'extrême justesse, l'extrême finesse, l'extrême étendue opposée diamétralement à la folie.

L'extrême *défaut d'esprit* est une manque de conception, un vuide d'idées ; ce n'est point la folie, c'est la stupidité. La folie est

est un dérangement dans les organes qui fait voir plusieurs objets trop vîte, ou qui arrête l'imagination sur un seul avec trop d'application & de violence. Ce n'est point non-plus la médiocrité qui passe pour bonne, c'est l'éloignement des deux vices opposez, c'est ce qu'on appelle juste milieu & non médiocrité. On ne fait cette remarque & quelques autres dans ce goût que pour donner des idées précises. C'est plutôt pour éclaircir que pour contredire.

### XXXVIII.

*Si notre condition étoit véritablement heureuse, il ne faudroit pas nous divertir d'y penser.*

XXXVIII. Notre condition est précisément de penser aux objets extérieurs avec lesquels nous avons un raport nécessaire. Il est faux qu'on puisse divertir un homme de penser à la condition humaine; car à quelque chose qu'il applique son esprit, il l'applique à quelque chose de lié nécessairement à la condition humaine; & encore une fois penser à soi avec abstraction des choses naturelles, c'est ne penser à rien, je dis à rien du tout; qu'on y prenne bien garde.

Loin d'empêcher un homme de penser à sa condition, on ne l'entretient jamais que des agrémens de sa condition; on parle à un Sçavant de réputation & de

Science,

Science; à un Prince de ce qui à raport à sa grandeur; à tout homme on parle de plaisir.

### XXXIX.

*Les grands & les petits ont mêmes accidens, mêmes fâcheries & mêmes passions. Mais les uns sont au haut de la rouë & les autres près du centre, & ainsi moins agitez par les mêmes mouvemens.*

XXXIX. Il est faux que les petits soient moins agitez que les grands, au contraire leurs desespoirs sont plus vifs, parcequ'ils ont moins de ressource. De cent personnes qui se tuent à Londres & ailleurs, il y en a quatre-vingt-dix-neuf du bas peuple, & à peine une d'une condition relevée. La comparaison de la rouë est ingénieuse & fausse.

### XL.

*On n'apprend pas aux hommes à être honnêtes-gens, & on leur apprend tout le reste; & cependant ils ne se piquent de sçavoir que la seule chose qu'ils n'apprennent point.*

XL. On apprend aux hommes à être honnêtes-gens, & sans cela peu parviendroient à l'être. Laissez votre fils dans son enfance prendre tout ce qu'il trouvera sous sa main, à quinze ans il volera sur le grand chemin. Louez-le d'avoir dit un mensonge, il deviendra faux témoin. Flatez sa concupiscence, il sera sûrement débauché.

bauché. On apprend tout aux hommes, la vertu, la Religion.

### XLI.

*Le sot projet qu'a eu Montagne de se peindre, & cela non pas en passant & contre ses Maximes, comme il arrive à tout le monde de faillir ; mais par ses propres maximes, & par un dessein premier & principal ! Car de dire des sottises par hazard & par foiblesse, c'est un mal ordinaire ; mais d'en dire à dessein, c'est ce qui n'est pas suportable, & d'en dire de telles que celle-là.*

XLI. Le charmant projet que Montagne a eu de se peindre naïvement, comme il a fait ! Car il a peint la Nature Humaine ; & le pauvre projet de Nicole, de Mallebranche, de Pascal, de décrier Montagne !

### XLII.

*Lorsque j'ai consideré d'où vient qu'on ajoûte tant de foi à tant d'Imposteurs, qui disent qu'ils ont des remédes, jusqu'à mettre souvent sa vie entre leurs mains, il m'a paru que la véritable cause est qu'il y a de vrais remedes : car il ne seroit pas possible qu'il y en eût tant de faux, & qu'on y donnât tant de créance, s'il n'y en avoit de véritables. Si jamais il n'y en avoit eu, & que tous les maux eussent été incurables, il est impossible que les hommes se fussent imaginé qu'ils en pourroient donner, & encore plus, que tant d'autres eussent donné créance à ceux qui se fussent vantez*

vantez d'en avoir ; de même que si un homme se vantoit d'empêcher de mourir, personne ne le croiroit, parcequ'il n'y a aucun exemple de cela. Mais comme il y a eu quantité de remedes qui se sont trouvez véritables par la connoissance même des plus Grands-Hommes, la créance des hommes s'est pliée par-là ; parceque la chose ne pouvant être niée en général ( puisqu'il y a des effets particuliers qui sont véritables ) le peuple, qui ne peut pas discerner lesquels d'entre ces effets particuliers sont les véritables, les croit tous. De même ce qui fait qu'on croit tant de faux effets de la Lune, c'est qu'il y en a de vrais, comme le flux de la Mer.

Ainsi il me paroît aussi évidemment, qu'il n'y a tant de faux miracles, de fausses révélations, de sortiléges, que parcequ'il y en a de vrais.

XLII. Il me semble que la Nature Humaine n'a pas besoin du vrai pour tomber dans le faux. On a imputé mille fausses influences à la Lune, avant qu'on imaginât le moindre raport véritable avec le flux de la mer. Le premier homme qui a été malade, a cru sans peine le premier Charlatan ; personne n'a vu de Loupsgaroux, ni de Sorciers, & beaucoup y ont cru ; personne n'a vu de transmutation de Métaux, & plusieurs ont été ruinez par la créance de la Pierre Philosophale. Les Romains, les Grecs, le Payens, ne croyoient-ils

ils donc aux faux Miracles, dont ils étoient inondez, que parcequ'ils en avoient vu de véritables ?

### XLIII.

*Le Port régle ceux qui sont dans un Vaisseau ; mais où trouverons-nous ce point dans la Morale ?*

XLIII. Dans cette seule maxime reçue de toutes les Nations: » Ne faites pas à » autrui ce que vous ne voudriez pas » qu'on vous fît.

### XLIV.

Ferox gens nullam esse vitam sine armis putat. *Ils aiment mieux la mort que la paix: les autres aiment mieux la mort que la guerre. Toute opinion peut être préférée à la vie dont l'amour paroît si fort & si naturel.*

XLIV. C'est des Catalans que Tacite a dit cela ; mais il n'y en a point dont on ait dit & dont on puisse dire, *elle aime mieux la mort que la guerre.*

### XLV.

*A mesure qu'on a plus d'esprit, on trouve qu'il y a plus d'hommes originaux. Les gens du commun ne trouvent pas de différence entre les hommes.*

XLV. Il y a très-peu d'hommes vraiment originaux : presque tous se gouvernent, pensent & sentent par l'influence de la coutume & de l'éducation. Rien n'est si rare qu'un esprit qui marche dans une
route

# SUR LES PENSÉES DE PASC. 211

route nouvelle; mais parmi cette foule d'hommes qui vont de compagnie, chacun a de petites différences dans la démarche, que les vues fines apperçoivent.

## XLVI.

*Il y a donc de deux sortes d'esprits: l'un de pénétrer vivement & profondement les conséquences des principes, & c'est-là l'esprit de justesse; l'autre de comprendre un grand nombre de principes sans les confondre, & c'est-là l'esprit de Géométrie.*

XLVI. L'Usage veut, je croi aujourd'hui, qu'on appelle *esprit géométrique*, l'esprit méthodique & conséquent.

## XLVII.

*La mort est plus aisée à supporter sans y penser, que la pensée de la mort sans péril.*

XLVII. On ne peut pas dire qu'un homme supporte la mort aisément ou malaisément quand il n'y pense point du tout. Qui ne sent rien, ne supporte rien.

## XLVIII.

*Tout notre raisonnement se réduit à céder au sentiment.*

XLVIII. Notre raisonnement se réduit à céder au sentiment, en fait de goût, non en fait de science.

## XLIX.

*Ceux qui jugent d'un Ouvrage par régle, sont à l'égard des autres, comme ceux qui ont une Montre à l'égard de ceux qui n'en ont point. L'un dit, il y a deux heures que nous*
*sommes*

sommes ici : l'autre dit, il n'y a que trois quarts-d'heure ; je regarde ma Montre, je dis à l'un, vous vous ennuyez, & à l'autre le tems ne vous dure guéres.

XLIX. En Ouvrage de goût, en Musique, en Poesie, en Peinture, c'est le goût qui tient lieu de Montre ; & celui qui n'en juge que par régles en juge mal.

L.

*Cesar étoit trop vieux, ce me semble, pour s'aller amuser à conquérir le Monde : cet amusement étoit bon à Alexandre : c'étoit un jeune-homme qu'il étoit difficile d'arrêter ; mais César devoit être plus mûr.*

L. L'on s'imagine d'ordinaire qu'Alexandre & Cesar sont sortis de chez eux dans le dessein de conquérir la Terre ; ce n'est point cela. Alexandre succéda à Philippe dans le Généralat de la Grece, & fut chargé de la juste entreprise de venger les Grecs des injures du Roi de Perse ; il battit l'ennemi commun, & continua ses conquêtes jusqu'à l'Inde ; parceque le Royaume de Darius s'étendoit jusqu'à l'Inde ; de même que le Duc de Marlboroug seroit venu jusqu'à Lyon sans le Maréchal de Villars.

A l'égard de César, il étoit un des premiers de la République : il se brouilla avec Pompée, comme les Jansenistes avec les Molinistes, & alors ce fut à qui s'extermineroit ; une seule bataille, où il n'y eut pas dix mille hommes de tuez, décida de tout.

Au reste, la pensée de Mr. Pascal est peut-être fausse en un sens. Il falloit la maturité de César pour se démêler de tant d'intrigues, & il est étonnant qu'Alexandre, à son âge, ait renoncé au plaisir pour faire une guerre si pénible.

### LI.

*C'est une plaisante chose à considérer, de ce qu'il y a des gens dans le monde qui ayant renoncé à toutes les Loix de Dieu & de la Nature, s'en sont fait eux-mêmes auxquelles ils obéissent exactement, comme par exemple, les Voleurs, &c.*

LI. Cela est encore plus utile que plaisant à considérer; car cela prouve que nulle Société d'hommes ne peut subsister un seul jour sans loix. Il en est de toute Société comme du Jeu, il n'y en a point sans régle.

### LII.

*L'Homme n'est ni Ange, ni Bête: & le malheur veut que, qui veut faire l'Ange, fait la Bête.*

LII. Qui veut détruire les passions au lieu de les régler, veut faire l'Ange.

### LIII.

*Un Cheval ne cherche point à se faire admirer de son compagnon: on voit bien entr'eux quelque sorte d'émulation à la course; mais c'est sans conséquence; car étant à l'étable*

ble, le plus pesant & le plus maltraité ne céde pas pour cela son avoine à l'autre. Il n'en est pas de même parmi les hommes, leur vertu ne se satisfait pas d'elle-même, & ils ne sont point contens s'ils n'en tirent avantage contre les autres.

LIII. L'Homme le plus mal-taillé ne céde pas non-plus son pain à l'autre; mais le plus fort l'enleve au plus foible, & chez les animaux & chez les hommes, les gros mangent les petits.

### LIV.

Si l'homme commençoit par s'étudier lui-même, il verroit combien il est incapable de passer outre. Comment se pourroit-il faire qu'une partie conûut le tout ? Il aspirera peut-être à connoître aumoins les parties avec lesquelles il a de la proportion ; mais les parties du monde ont toutes un tel rapport & un tel enchainement l'une avec l'autre, que je croi impossible de connoître l'une sans l'autre & sans le tout.

LIV. Il ne faudroit point détourner l'homme de chercher ce qui lui est utile par cette considération qu'il ne peut tout connoître.

*Non possis oculos quantùm contendere Lynceus;*
*Non tamen idcircò contemnas lippus inungi.*

Nous connoissons beaucoup de véritez: nous

nous avons trouvé beaucoup d'inventions utiles : confolons-nous de ne pas fçavoir les rapports qui peuvent être entre une Araignée & l'Anneau de Saturne, & continuons à examiner ce qui eft à notre portée.

### LV.

*Si la foudre tomboit fur les lieux bas, les Poetes & ceux qui ne fçavent raifonner que fur les chofes de cette nature, manqueroient de preuves.*

LV. Une comparaifon n'eft preuve ni en Poëfie, ni en Profe : elle fert en Poëfie d'embelliffement, & en Profe elle fert à éclaircir & à rendre les chofes plus fenfibles. Les Poëtes qui ont comparé les malheurs des Grands à la foudre qui frappe les montagnes, feroient des comparaifons contraires, fi le contraire arrivoit.

### LVI.

*C'eft cette compofition d'efprit & de corps qui a fait que prefque tous les Philofophes ont confondu les idées des chofes, & attribué aux corps ce qui n'appartient qu'aux efprits, & aux efprits ce qui ne peut convenir qu'aux corps.*

LVI. Si nous fçavions ce que c'eft qu'efprit, nous pourrions nous plaindre de ce que les Philofophes lui ont attribué ce qui ne lui appartient pas; mais nous ne connoiffons ni l'efprit, ni le corps; nous n'avons aucune idée de l'un, & nous n'avons que des idées très-imparfaites de l'autre;

tre; donc nous ne pouvons sçavoir quelles sont leurs limites.

### LVII.

*Comme on dit beauté poëtique, on devroit dire beauté géométrique & beauté médicinale; cependant on ne le dit point, & la raison en est, qu'on sçait bien quel est l'objet de la Géométrie & quel est l'objet de la Médecine; mais on ne sçait pas en quoi consiste l'agrément qui est l'objet de la Poësie. On ne sçait ce que c'est que ce modéle naturel qu'il faut imiter, & à faute de cette connoissance on a inventé de certains termes bizarres:* Siécle d'Or, merveille de nos jours, fatal Laurier, bel Astre, &c. *& on appelle ce jargon beauté poëtique. Mais qui s'imaginera une femme vêtuë sur ce modéle, verra une jolie Demoiselle toute couverte de miroirs & de chaînes des laiton.*

LVII. Cela est très-faux: on ne doit point dire beauté géométrique, ni beauté médicinale; parcequ'un Théorême & une purgation n'affectent point les sens agréablement, & qu'on ne donne le nom de beauté qu'aux choses qui charment les sens, comme la Musique, la Peinture, l'Eloquence, la Poësie, l'Architecture réguliere, &c.

La raison qu'aporte Mr. Pascal est toute aussi fausse: on sçait très-bien en quoi consiste l'objet de la Poësie: Il consiste à peindre avec force, netteté, délicatesse & harmonie, la Poësie est l'éloquence harmonieuse. Il falloit que Mr. Pascal eût bien peu de goût pour dire que *fatal Laurier, bel Astre*, & autres sottises, sont des beautés poëtiques; & il falloit que les Editeurs de ces Pensées fussent des personnes bien peu versées dans les Belles Lettres, pour imprimer une réfléxion si indigne de son illustre Auteur.

### LVIII.

*On ne pense point dans le monde pour se connoître en Vers, si l'on n'a mis l'Enseigne de Poëte; ni pour être habile en Mathématiques, si l'on n'a mis celle de Mathématicien: mais les vrais Honnêtes-gens ne veulent point d'Enseigne.*

LVIII. A ce compte il seroit donc mal d'avoir une Profession, un Talent marqué, & d'y exceller ? Virgile, Homere, Corneille, Newton, le Marquis de l'Hôpital, mettoient un Enseigne. Heureux celui qui réussit dans un Art, & qui se connaît aux autres.

### LIX.

*Le Peuple a les opinions très-saines, par exemple, d'avoir choisi le divertissement & la chasse plûtôt que la Poësie, &c.*

LIX. Il semble que l'on ait proposé au Peuple de jouer à la Boule, ou de faire des Vers. Non; mais ceux qui ont des organes grossiers cherchent des plaisirs où l'ame n'entre pour rien; & ceux qui ont un sentiment plus délicat, veulent des

*Tome IV.* K plaisirs

plaisirs plus fins; il faut que tout le monde vive.

## LX.

*Quand l'Univers écraseroit l'homme, il seroit encore plus noble que ce qui le tuë, parcequ'il sait qu'il meurt, & l'avantage que l'Univers a sur lui, l'Univers n'en sait rien.*

LX. Que veut dire ce mot noble? Il est bien vrai que ma pensée est autre chose, par exemple, que le Globe du Soleil; mais est-il bien prouvé qu'un animal, parcequ'il a quelques pensées, est plus *noble* que le Soleil qui anime tout ce que nous connoissons de la Nature? Est-ce à l'homme à en décider? Il est Juge & Partie. On dit qu'un Ouvrage est superieur à un autre, quand il a coûté plus de peine à l'Ouvrier, & qu'il est d'un usage plus utile; mais en a-t-il moins coûté au Créateur de faire le Soleil, que de pétrir un petit animal haut d'environ cinq piés, qui raisonne bien ou mal? Qui est le plus utile au monde, ou de cet Animal, ou de l'Astre qui éclaire tant de Globes? Et en quoi quelques idées reçues dans un cerveau sont-elles préférables à l'Univers matériel?

## LXI.

*Qu'on choisisse telle condition qu'on voudra, & qu'on y assemble tous les biens & les satisfactions qui semblent pouvoir contenter un homme; si celui qu'on aura mis en cet état est*

est sans occupation & sans divertissement, & qu'on le laisse faire réfléxion sur ce qu'il est, cette félicité languissante ne le soutiendra pas.

LXI. Comment peut-on assembler tous les biens & toutes les satisfactions autour d'un homme, & le laisser en même-tems sans occupation & sans divertissement ? N'est-ce pas là une contradiction bien sensible ?

## LXII.

*Qu'on laisse un Roi tout seul, sans aucune satisfaction des sens, sans aucun soin dans l'esprit, sans compagnie, penser à soi tout à loisir, & l'on verra qu'un Roi qui se voit, est un homme plein de miseres, & qui les ressent comme les autres.*

LXII. Toujours le même sophisme. Un Roi qui se recueille pour penser est alors très-occupé; mais s'il n'arrêtoit sa pensée que sur soi, en disant à soi-même je régne, & rien de plus, ce seroit un idiot.

## LXIII.

*Toute Religion qui ne reconnoît point Jesus-Christ, est notoirement fausse, & les Miracles ne lui peuvent de rien servir.*

LXIII. Qu'est-ce qu'un Miracle ? Quelque idée qu'on s'en puisse former, c'est une chose que Dieu seul peut faire. Or, on suppose ici que Dieu peut faire des Miracles pour le soutien d'une fausse Religion : ceci mérite bien d'être approfondi ;

chacune de ces questions peut fournir un Volume.

### LXIV.

*Il est dit, croyez à l'Eglise; mais il n'est pas dit, croyez aux Miracles, à cause que le dernier est naturel, & non pas le premier. L'un avoit besoin de précepte, & non pas l'autre.*

LXIV. Voici, je pense, une contradiction. D'un côté les Miracles en certaines occasions ne doivent servir de rien; & de l'autre on doit croire si nécessairement aux Miracles, c'est une preuve si convaincante, qu'il n'a pas même fallu recommander cette preuve. C'est assurément dire le pour & le contre.

### LXV.

*Je ne vois pas qu'il y ait plus de difficulté de croire à la Résurrection des corps & à l'Enfantement de la Vierge, qu'à la Création. Est-il plus difficile de reproduire un homme que de le produire?*

LXV. On peut trouver par le seul raisonnement, des preuves de la Création; car en voyant que la matiere n'existe pas par elle-même, & n'a pas le mouvement par elle-même, &c. on parvient à connoître qu'elle doit être nécessairement créée; mais on ne parvient point par le raisonnement, à voir qu'un corps toûjours changeant doit être ressuscité un jour, tel qu'il étoit dans le tems même qu'il changeoit. Le raisonnement

nement ne conduit point non-plus à voir qu'un homme doit naître sans germe. La création est donc un objet de la raison; mais les deux autres Miracles sont un objet de la foi.

*Ce 10. Mai 1743.*

J'Ai lû depuis peu les Pensées de Pascal, qui n'avoient point encore paru. Le Pere des Mollets les a euës écrites de la main de cet illustre Auteur, & on les fait imprimer: elles me paroissent confirmer ce que j'ai dit; que ce grand Génie avoit jetté au hazard toutes ces idées, pour en réformer une partie, & employer l'autre, &c.

Parmi ces dernieres pensées que les Editeurs des Œuvres de Pascal avoient rejettées du Recueil, il me paroît qu'il y en a beaucoup qui méritent d'être conservées. En voici quelques-unes que ce Grand-Homme eût dû, ce semble, corriger.

### I.

*Toutes les fois qu'une Proposition est inconcevable, il ne la faut pas nier à cette marque; mais examiner le contraire: & si on le trouve manifestement faux, on peut affirmer le contraire, tout incompréhensible qu'il est.*

I. Il me semble qu'il est évident que les deux contraires peuvent être faux. Un bœuf vole au Sud avec des aîles, un bœuf vole au Nord sans aîles; vingt mille Anges ont tué hier vingt mille hommes, vingt mille hommes ont tué hier vingt mille Anges.

Anges. Ces Propositions sont évidemment fausses.

## I I.

Quelle vanité que la Peinture qui attire l'admiration par la ressemblance des choses dont on n'admire pas les Originaux.

II. Ce n'est pas dans la bonté du caractere d'un homme que consiste assurément le mérite de son portrait, c'est dans la ressemblance. On admire Cesar en un sens, & sa statuë ou image sur toile, en un autre sens.

## I I I.

Si les Médecins n'avoient des soutanes & des mules, si les Docteurs n'avoient des bonnets quarés & des robes très-amples, ils n'auroient jamais eu la considération qu'ils ont dans le monde.

III. Au-contraire les Médecins n'ont cessé d'être ridicules, n'ont aquis une vraye considération, que depuis qu'ils ont quitté ces Livrées de la Pédanterie : les Docteurs ne sont reçus dans le monde parmi les Honnêtes-gens que quand ils sont sans bonnet quarré & sans argumens.

Il y a même des Pays où la Magistrature se fait respecter sans pompe. Il y a des Rois Chrétiens très-bien obéïs, qui négligent la Cérémonie du Sacre & du Couronnement. A mesure que les hommes aquérent plus de lumiere, l'appareil devient plus inutile; ce n'est guéres que pour le bas peuple qu'il est encore quelquefois nécessaire, *ad populum phaleras.*

IV.

## IV.

*Selon ces lumieres naturelles, s'il y a un Dieu, il est infiniment incompréhensible, puisque n'ayant ni parties ni bornes, il n'a aucun rapport à nous : nous sommes donc incapables de connoître, ni ce qu'il est, ni s'il est.*

IV. Il est étrange que Mr. Pascal ait cru qu'on pouvoit deviner le péché originel par la raison, & qu'il dise qu'on ne peut connoître par la raison si Dieu est. C'est apparemment la lecture de cette Pensée qui engagea le Pere Hardouin à mettre Pascal dans sa Liste ridicule des Athées. Pascal eût manifestement rejetté cette idée, puisqu'il la combat en d'autres endroits. En effet, nous sommes obligés d'admettre des choses que nous ne concevons pas : *j'existe, donc quelque chose existe de toute éternité*; est une Proposition évidente : cependant comprenons-nous l'Eternité?

## V.

*Croyez-vous qu'il soit impossible que Dieu soit infini sans parties? Oui : je veux donc vous faire voir une chose infinie & indivisible, c'est un point se mouvant partout d'une vitesse infinie; car il est en tous lieux, & tout entier dans chaque endroit.*

V. Il y a là quatre faussetés palpables, 1°. Qu'un point Mathématique existe seul. 2°. Qu'il se meuve à droite & à gauche en même-tems. 3°. Qu'il se meuve d'une vîtesse infinie; car il n'y a vîtesse si grande qui ne puisse être augmentée. 4°. Qu'il soit tout entier partout.

### VI.

*Homere a fait un Roman qu'il donne pour tel. Personne ne doutoit que Troye & Agamemnon n'avoient non-plus été que la pomme d'or.*

VI. Jamais aucun Ecrivain n'a révoqué en doute la guerre de Troye. La fiction de la pomme d'or ne détruit pas la vérité du fonds du sujet. L'Ampoule apportée par une Colombe, & l'Oriflamme par un Ange, n'empêchent pas que Clovis n'ait en effet régné en France.

### VII.

*Je n'entreprendrai pas de prouver ici par des raisons naturelles, ou l'existence de Dieu, ou la Trinité, ou l'immortalité de l'ame; parce que je ne me sentirois pas assez fort pour trouver dans la Nature de quoi convaincre des Athées endurcis.*

VII. Encore une fois est-il possible que ce soit Pascal qui ne se sente pas assez fort pour prouver l'existence de Dieu?

### VIII.

*Les opinions relâchées plaisent tant aux hommes naturellement, qu'il est étrange qu'elles leur déplaisent.*

VIII. L'expérience ne prouve-t'elle pas au-contraire, qu'on n'a de crédit sur l'esprit des Peuples qu'en leur proposant le difficile, l'impossible même à faire & à croire. Les

Stoïciens

Stoïciens furent respectés, parce qu'ils écrasoient la Nature humaine. Ne proposez que des choses raisonnables, tout le monde répond, nous en savions autant. Ce n'est pas la peine d'être inspiré pour être commun. Mais commandez des choses dures, impraticables ; peignez la Divinité toujours armée de foudres, faites couler le sang devant ses Autels ; vous serez écouté de la multitude, & chacun dira de vous : Il faut qu'il ait bien raison, puisqu'il débite si hardiment des choses si étranges.

Je ne vous envoye point mes autres Remarques sur les Pensées de Mr. Pascal, qui entraîneroient des discussions trop longues. C'est assez d'avoir cru appercevoir quelques erreurs d'inattention dans ce grand Génie ; c'est une consolation pour un esprit aussi borné que le mien, d'être bien persuadé que les plus Grands-Hommes se trompent comme le Vulgaire.

# FRAGMENT D'UNE LETTRE

*Sur un Usage très-utile, établi en Hollande.*

IL seroit à souhaiter que ceux qui sont à la tête des Nations imitassent les Artisans. Dès qu'on sait à Londres qu'on fait une étoffe nouvelle en France, on la contrefait; pourquoi un Homme d'Etat ne s'empressera-t'il pas d'établir dans son Pays une Loi utile qui viendra d'ailleurs ? Nous sommes parvenus à faire la même porcelaine qu'à la Chine. Parvenons à faire le bien qu'on fait chez nos Voisins, & que nos Voisins profitent de ce que nous avons d'excellent.

Il y a tel Particulier qui fait croître dans son jardin des fruits que la Nature n'avoit destinés à meurir que sous la Ligne. Nous avons à nos portes mille Loix, mille Coutumes sages; voilà les fruits qu'il faut faire naître chez soi; voilà les arbres qu'il faut y transplanter; ceux-là viennent en tous climats, & se plaisent dans tous les terrains. La meilleure Loi, le plus excellent Usage, le plus utile que j'aye jamais vû, c'est en Hollande. Quand deux hommes veulent plaider l'un contre l'autre, ils sont obligés d'aller d'abord au Tribunal des Juges Conciliateurs, apellés *Faiseurs de paix*. Si les Parties arrivent avec un Avocat & un Procureur, on fait d'abord retirer ces derniers,

niers, comme on ôte le bois d'un feu qu'on veut éteindre. Les Faiseurs de Paix disent aux Parties : Vous êtes de grands fous de vouloir manger votre argent à vous rendre naturellement malheureux ; nous allons vous accommoder sans qu'il vous en coûte rien. Si la rage de la chicane est trop forte dans ces Plaideurs, on les remet à un autre jour, afin que le tems adoucisse les symptômes de leur maladie ; ensuite les Juges les envoyent chercher une seconde, une troisiéme fois. Si leur folie est incurable, on leur permet de plaider, comme on abandonne à l'amputation des Chirurgiens des membres gangrénés ; alors la Justice fait sa main.

Il n'est pas nécessaire de faire ici de longues déclamations, ni de calculer ce qui en reviendroit au Genre Humain si cette Loi étoit adoptée. D'ailleurs je ne veux point aller sur les brisées de Mr. l'Abbé de Saint P... dont un Ministre plein d'esprit appelloit les projets, *les Rêves d'un homme de bien*. Je sai que souvent un Particulier, qui s'avise de proposer quelque chose pour le bonheur public, se fait berner. On dit : De quoi se mêle-t'il ? Voilà un plaisant homme de vouloir que nous soyïons plus heureux que nous ne sommes ? Ne sait-il pas qu'un abus est toujours le patrimoine d'une bonne partie de la Nation ? Pourquoi nous ôter un mal où tant de gens trouvent leur bien ? A cela je n'ai rien a répondre.

# LETTRE
## DE
## L'AUTEUR
### A
### Mr. DE SGRAVESENDE,
### Professeur de Mathématique.

JE vous remercie, Monsieur, de la figure que vous avez bien voulu m'envoyer de la Machine dont vous vous servez pour fixer l'image du Soleil. J'en ferai faire une sur votre Dessein, & je serai délivré d'un grand embarras; car moi qui suis fort maladroit, j'ai toutes les peines du monde dans ma Chambre obscure avec mes Miroirs. A mesure que le Soleil avance, les couleurs s'en vont, & ressemblent aux affaires de ce Monde, qui ne sont pas un moment de suite dans la même situation. J'appelle votre Machine un *Sta Sol*. Depuis Josué, personne avant vous n'avoit arrêté le Soleil.

J'ai reçu dans le même paquet l'Ouvrage que je vous avois demandé, dans lequel mon Adversaire, & celui de tous le Philosolosophes, employe environ trois cens pages au sujet de quelques Pensées de *Pascal* que j'avois examinées dans moins d'une feuille.

Je suis toujours pour ce que j'ai dit. Le défaut de la plûpart des Livres est d'être trop longs. Si on avoit la raison pour soi, on seroit court ; mais peu de raison & beaucoup d'injures ont fait les trois cens pages.

J'ai toujours cru que *Pascal* n'avoit jetté ses idées sur le papier que pour les revoir & en rejetter une partie. Le Critique n'en veut rien croire. Il soutient que *Pascal* aimoit toutes ses idées, & qu'il n'en eût retranché aucune ; mais s'il savoit que les Editeurs eux-mêmes en supprimerent la moitié, il seroit bien surpris.

Il n'a qu'à voir celles que le Pere des Mollosts a recouvrées depuis quelques années, écrites de la main de *Pascal* même ; il sera bien plus surpris encore. Elles sont imprimées dans le *Recueil de Tellorature*. En voici quelques-unes.

*Selon les lumiéres naturelles, s'il y a un Dieu, il n'a ni parties ni bornes, il n'a aucun rapport à nous. Nous sommes donc incapables de connoître ni ce qu'il est, ni s'il est.* Croyez-vous en bonne foi, Monsieur, que *Pascal* eût conservé ce *s'il est ?* Apparemment que le Pere Hardouin avoit eu cette pensée, quand il mit *Pascal* dans sa ridicule Liste des Athées modernes.

Je

*Je ne me sentirois pas assez de force pour trouver dans la Nature de quoi convaincre des Athées.*

Mais Clarck, Locke, Wolff, & tant d'autres ont eu cette force ; & assûrément *Pascal* l'auroit eue.

*Toutes les fois qu'une Proposition est inconcevable, il ne faut pas la nier, mais examiner le contraire ; & s'il est manifestement faux, on peut affirmer le contraire tout incompréhensible qu'il est.*

*Pascal* avoit oublié sa Géométrie quand il faisoit cet étrange raisonnement. Deux quarrés font un cube, deux cubes font un quarré. Voilà deux Propositions contraires, toutes deux également absurdes, &c.

*Je veux vous faire voir une chose infinie & indivisible ; c'est un point se mouvant partout d'une vitesse infinie ; car il est en tous lieux & tout entier.*

Voilà qui est encore bien antimathématique. Il y a autant de fautes que de mots. Assûrément de telles idées n'étoient pas faites pour être employées. Mon Critique changera un peu d'avis s'il va à votre école. Il verra qu'il s'en faut bien qu'on doive croire aveuglément tout ce que *Pascal* a dit.

Il croyoit toujours pendant la derniere année de sa vie voir un abîme à côté de sa chaise. Faudroit-il pour cela que nous en imaginassions autant ? Pour moi, je vois

aussi

aussi un abîme ; mais c'est dans les choses qu'il a cru expliquer.

Vous trouverez dans les Mélanges de Leibnitz, que la mélancolie égara sur la fin la Raison de *Pascal* ; il le dit même un peu durement. Il n'est pas étonnant, après tout, qu'un homme d'un tempérament délicat, d'une imagination triste, comme *Pascal*, soit, à force de mauvais régime, parvenu à déranger les organes de son cerveau. Cette maladie n'est ni plus surprenante, ni plus humiliante que la fiévre & la migraine. Si le grand *Pascal* en a été attaqué, c'est *Samson* qui perd sa force.

Je ne sçai de quelle maladie étoit affligé le Docteur qui argumente si amérement contre moi ; mais il prend le change en tout, & principalement sur l'état de la question.

Le fonds de mes petites Remarques sur les *Pensées de Pascal*, c'est qu'il faut croire sans doute au Péché originel, puisque la Foi l'ordonne, & qu'il faut y croire d'autant plus que la Raison est absolument impuissante à nous montrer que la Nature Humaine est déchuë. La Révélation seule peut nous l'apprendre ; *Platon* s'y étoit jadis cassé le nez. Comment pouvoit-il savoir que les hommes avoient été autrefois plus beaux, plus grands, plus forts, plus heureux ? Qu'ils avoient eu de belles aîles, & qu'ils avoient fait des enfans sans femmes ?

Tous

Tous ceux qui se sont servis de la Physique pour prouver la décadence de ce petit Globe de notre Monde, n'ont pas eu meilleure fortune que Platon. Voyez-vous ces vilaines Montagnes, *disoient-ils*, ces Mers qui entrent dans les terres, ces Lacs sans issuë? Ce sont des débris d'un Globe maudit. Mais quand on y a regardé de plus près, on a vu que ces Montagnes étoient nécessaires pour nous donner des Rivieres & des Mines, & que ce sont les perfections d'un Monde béni.

De même mon Censeur assûre que notre vie est fort raccourcie en comparaison de celle des Corbeaux & des Cerfs; il a entendu dire à sa Nourrice que les Cerfs vivent trois cens ans, & les Corbeaux neuf cens. La Nourrice d'Hesiode lui avoit fait aussi apparemment le même conte. Mais mon Docteur n'a qu'à interroger quelque Chasseur; il saura que les Cerfs ne vont jamais à vingt ans. Il a beau faire, l'Homme est de tous les Animaux celui à qui Dieu accorde la plus longue vie; & quand mon Critique me montrera un Corbeau qui aura cent deux ans comme Mr. de *St. Aulaire* & Madame de *Chanclos*, il me fera plaisir.

C'est une étrange rage que celle de quelques Messieurs, qui veulent absolument que nous soyïons misérables. Je n'aime point un Charlatan qui veut me faire accroire que je suis malade, pour me vendre ses Pillules. Garde ta drogue, mon ami, & laisse-moi ma santé. Mais pourquoi me dis-tu des injures parceque je me porte bien, & que je ne veux point de ton orviétan?

Cet homme m'en dit de très-grossiéres, selon la louable coûtume des gens pour qui les rieurs ne sont pas. Il a été déterrer dans je ne sçai quel Journal, je ne sçai quelles Lettres sur la nature de l'Ame, que je n'ai jamais écrites, & qu'un Libraire a toujours mises sous mon nom à bon compte, aussi-bien que beaucoup d'autres choses que je ne lis point.

Mais puisque cet homme les lit, il devoit voir qu'il est évident que ces Lettres sur la nature de l'Ame ne sont point de moi, & qu'il y a des pages entieres copiées mot à mot de ce que j'ai autrefois écrit sur Locke. Il est clair qu'elles sont de quelqu'un qui m'a volé; mais je ne vole point ainsi, quelque pauvre que je puisse être.

Mon Docteur se tue à prouver que l'Ame est spirituelle. Je veux croire que la sienne l'est; mais en vérité ses raisonnemens le sont fort peu.

Il veut donner des soufflets à Locke sur ma joue, parceque Locke a dit que Dieu étoit assez puissant pour faire penser un élément de la Matiére. Plus je relis ce Locke, & plus je voudrois que tous ces

Messieurs

Messieurs l'étudiassent. Il me semble qu'il a fait comme Auguste, qui donna un Edit *de coercendo intra fines Imperio*. Locke a resserré l'Empire de la Science pour l'affermir. Qu'est-ce que l'Ame ? Je n'en sçai rien. Qu'est-ce que la Matiére ? Je n'en sçai rien. Voilà Joseph Leibnitz, qui a découvert que la Matiére est un assemblage de Monades. Soit. Je ne le comprends pas, ni lui non-plus. Eh bien, mon Ame sera une Monade ; ne me voilà-t-il pas bien instruit ? Je vais vous prouver que vous êtes immortels, me dit mon Docteur. Mais vraiment il me fera plaisir ; j'ai tout aussi grande envie que lui d'être immortel. Je n'ai fait la HENRIADE que pour cela. Mais mon homme se croit bien plus sûr de l'immortalité par ses Argumens, que moi par ma *Henriade*.

*Vanitas vanitatum, & Metaphysica vanitas!*

Nous sommes faits pour compter, mesurer, peser ; voilà ce qu'à fait *Nevvton* ; voilà ce que vous faites, avec *Monsieur Mushembroëk*. Mais pour les premiers Principes des choses, nous n'en sçavons pas plus qu'*Epistémon* & Maître *Editue*.

Les Philosophes qui font des Systêmes sur la secrette construction de l'Univers, font comme nos Voyageurs qui vont à *Constantinople*, & qui parlent du Serrail ;
ils

A Mr. DE SGRAVESENDE.

ils n'en ont vu que les dehors, & ils prétendent ſçavoir ce que fait le Sultan avec ſes Favorites. Adieu, Monſieur, ſi quelqu'un voit un peu, c'eſt vous; mais je tiens mon Cenſeur aveugle. J'ai l'honneur de l'être auſſi; mais je ſuis un *Quinze-vingt* de Paris, & lui un aveugle de Province. Je ne ſuis pas aſſez aveugle pourtant pour ne pas voir tout votre mérite, & vous ſçavez combien mon cœur eſt ſenſible à votre amitié. Je ſuis, &c.

*A Ciray le 1. de Juin 1741.*

# LETTRE
## SUR LES INCONVENIENS
### attachés à la Littérature. *

VOtre vocation, mon cher le Févre, eſt trop bien marquée pour y réſiſter. Il faut que l'abeille faſſe de la cire, que le ver à ſoye file, que Mr. de Reaumur les diſſéque, & que vous les chantiez; vous ſerez

* Cette Lettre paroît écrite en 1732. car en ce tems l'Auteur avoit pris chez lui ce jeune-homme nommé Mr. le Févre, à qui elle eſt adreſſée. On dit qu'il promettoit beaucoup, qu'il étoit très-ſçavant, & faiſoit bien des Vers : il mourut la même année.

serez Poëte & Homme de Lettres, moins parceque vous le voulez, que parceque la Nature l'a voulu.

Mais vous vous trompez beaucoup en imaginant que la tranquillité fera votre partage. La carriere des Lettres, & surtout celle du génie, est plus épineuse que celle de la fortune. Si vous avez le malheur d'être médiocre, (ce que je ne crois pas) voilà des remords pour la vie. Si vous réüssissez, voilà des ennemis; vous marchez sur le bord d'un abîme, entre le mépris & la haine.

Mais quoi, me direz-vous, me haïr, me persécuter, parceque j'aurai fait un bon Poëme, une Piéce de Théâtre applaudie, ou écrit une Histoire avec succès, ou cherché à m'éclairer & à instruire les autres?

Oui, mon ami, voilà dequoi vous rendre malheureux à jamais. Je suppose que vous ayïez fait un bon Ouvrage, imaginez-vous qu'il vous faudra quitter le repos de votre cabinet pour solliciter l'Examinateur. Si votre maniere de penser n'est pas la sienne; s'il n'est pas l'ami de vos amis; s'il est celui de votre rival; s'il est votre rival lui-même, il vous est plus difficile d'obtenir un Privilége qu'à un homme qui n'a point la protection des femmes d'avoir un employ dans les Finances.

Enfin, après un an de refus & de négociations votre Ouvrage s'imprime; c'est alors

alors qu'il faut ou assoupir les Cerberes de Littératures, ou les faire aboyer en votre faveur. Il y a toujours trois ou quatre Gazettes Littéraires en France, & autant en Hollande ; ce sont des Factions différentes. Les Libraires qui débitent les Journaux véritables, & les Libelles qui en usurpent le nom, ont intérêt qu'ils soient satyriques ; ceux qui y travaillent servent aisément l'avarice du Libraire & la malignité du Public. Vous cherchez à faire sonner ces trompettes de la Renommée ; vous courtisez les Ecrivains, les Protecteurs, les Abbés, les Docteurs, les Colporteurs ; tous vos soins n'empêchent pas que quelque Journaliste ne vous déchire. Vous lui répondez, il réplique, vous avez un procès par écrit devant le Public qui condamne les deux Parties au ridicule.

C'est bien pis, si vous composez pour le Théâtre, vous commencez par comparoître devant l'Aréopage de vingt Comédiens, gens dont la profession, quoiqu'utile & agréable, est cependant flétrie par l'injuste, mais irrévocable cruauté du Public. Ce malheureux avilissement où ils sont les irrite ; ils trouvent en vous un client, & il vous prodiguent tout le mépris dont ils sont couverts. Vous attendez d'eux votre premiere sentence ; ils vous jugent, ils se chargent enfin de votre Piéce. Il ne faut plus qu'un mauvais plaisant dans le Parterre re pour la faire tomber. Réuſſit-elle ? La Farce qu'on appelle Italienne, celle de la Foire, vous parodient; vingt Libelles vous prouvent que vous n'avez pas dû réuſſir. Des Sçavans qui entendent mal le Grec, & qui ne liſent point ce qu'on fait en Français, vous dédaignent, ou affectent de vous dédaigner. Trouvez-moi un Bel-Eſprit, un Auteur qui ait dit du bien de l'Electre & du Radamiſte de Mr. Crébillon ? Il y a trente ans que ces deux Piéces nous arrachent des larmes, & trente ans que nos Critiques s'obſtinent à imprimer que nous n'avons plus rien de ſuportable au Théâtre.

Enfin je veux que la réputation de vos Ouvrages ait forcé l'envie à dire quelquefois que vous n'êtes pas ſans mérite. Voilà tout ce que vous pouvez attendre de votre vivant; mais qu'elle s'en vange bien en vous perſécutant ! On vous impute des Libelles que vous n'avez pas même lus, des Vers que vous mépriſez, des ſentimens que vous n'avez point; il faut être d'un parti, ou bien tous les partis ſe réüniſſent contre vous.

Il y a dans Paris un grand nombre de petites Sociétés où préſide toujours quelque femme, qui dans le déclin de ſa beauté fait briller l'aurore de ſon eſprit. Un ou deux Hommes de Lettres ſont les premiers Miniſtres de ce petit Royaume. Si vous négligez d'être au rang des Courtiſans,
vous

vous êtes dans celui des ennemis, & on vous écrase. Cependant malgré votre mérite vous vieillissez dans l'opprobre & dans la misere; les places destinées aux Gens de Lettres sont données à l'intrigue, non au talent; ce sera un Précepteur, qui par le moyen de la mere de son Eleve emportera un poste que vous n'oserez pas seulement regarder; le parasite d'un Courtisan vous enlevera l'emploi auquel vous êtes propre.

Que le hazard vous amene dans une compagnie où il se trouvera quelqu'un de ces Auteurs réprouvés du Public, ou de ces demi-Sçavans, qui n'ont pas même assez de mérite pour être de médiocres Auteurs; mais qui aura quelque place, ou qui sera intrus dans quelque Corps, vous sentirez par la supériorité qu'il affectera sur vous, que vous êtes justement dans le dernier dégré du Genre-Humain.

Au bout de quarante ans de travail vous vous résolvez à chercher par les cabales ce qu'on ne donne jamais au mérite seul; vous intriguez comme les autres pour entrer dans l'Académie Françaie, & pour aller prononcer d'une voix cassée à votre réception un compliment qui le lendemain sera oublié pour jamais.

Cette Académie Françaie est l'objet secret des vœux de tous les Gens de Lettres; c'est une maîtresse contre laquelle ils font des Chansons & des Epigrammes, jusqu'à

ce

ce qu'ils ayent obtenu ses faveurs, & qu'ils négligent dès qu'ils en ont la possession.

Il n'est pas étonnant qu'ils désirent d'entrer dans un Corps où il y a toujours du mérite, & dont ils espérent, quoiqu'assez vainement, d'être protégés. Mais vous me demanderez pourquoi ils en disent tout tant de mal jusqu'à ce qu'ils y soient admis, & pourquoi le Public qui respecte assez l'Académie des Sciences, ménage si peu l'Académie Française ? C'est que les travaux de l'Académie Française sont exposés aux yeux du grand nombre, & les autres sont voilés; chaque Français croit sçavoir la Langue, & se pique d'avoir du goût; mais il ne se pique pas d'être Physicien. Les Mathématiques seront toujours pour la Nation en général une espéce de mystere, & par conséquent quelque chose de respectable. Des équations Algébriques ne donnent de prise ni à l'Epigramme, ni à la Chanson, ni à l'envie; mais on juge durement ces énormes Recueils de Vers médiocres, de complimens, de Harangues, & ces Eloges qui sont quelquefois aussi faux que l'éloquence avec laquelle on les débite. On est fâché de voir la Devise de *l'immortalité* à la tête de tant de déclamations, qui n'annoncent rien d'éternel que l'oubli auquel elles sont condamnées.

Il est très-certain que l'Académie Française pourroit servir à fixer le goût de la Nation.

Nation. Il n'y a qu'à lire ses Remarques sur le Cid; la jalousie du Cardinal de Richelieu a produit au moins ce bon effet; quelques Ouvrages dans ce genre seroient d'une utilité sensible. On les demande depuis cent années au seul Corps dont ils puissent émaner avec fruit & bienséance.

On se plaint que la moitié des Académiciens soit composée de Seigneurs qui n'assistent jamais aux Assemblées, & que dans l'autre moitié il se trouve à peine huit ou neuf Gens de Lettres qui soient assidus. L'Académie est souvent négligée par ses propres Membres. Cependant à peine un des Quarante a-t'il rendu les derniers soupirs, que dix Concurrens se présentent; un Evêché n'est pas plus brigué; on court en poste à Versailles; on fait parler toutes les femmes; on fait agir tous les intriguans; on fait mouvoir tous les ressorts; des haines violentes sont souvent le fruit de ces démarches; la principale origine de ces horribles Couplets qui ont perdu à jamais le célébre & malheureux Rousseau, vient de ce qu'il manqua la place qu'il briguoit à l'Académie. Obtenez-vous cette préférence sur vos rivaux, votre bonheur n'est bien-tôt qu'un phantôme; essuyez-vous un refus, votre affliction est réelle. On pourroit mettre sur la tombe de presque tous les Gens de Lettres:

Cy gist au bord de l'Hipocréne,
Un mortel long-tems abusé.
Pour vivre pauvre & méprisé,
Il se donna bien de la peine.

Quel est le but de ce long Sermon que je vous fais, est-ce de vous détourner de la route de Littérature ? Non. Je ne m'opose point ainsi à la destinée, je vous exhorte seulement à la patience.

# FRAGMENT D'UNE LETTRE

AU MESME.

*Sur la corruption du Stile.*

ON se plaint généralement que l'éloquence est corrompue, quoique nous ayions des modéles presqu'en tous les genres. Un des grands défauts de ce siécle qui contribue le plus à cette décadence, c'est le mélange des stiles. Il me semble que nous autres Auteurs nous n'imitons pas assez les Peintres, qui ne joignent jamais des attitudes de Calot à des figures de Raphael. Je vois qu'on affecte quelquefois dans des Histoires, d'ailleurs bien écrites, dans de bons Ouvrages dogmatiques, le ton le plus familier de la conversation. Quelqu'un a dit autrefois qu'il faut écrire comme on parle;

parle; le sens de cette loi est qu'on écrive naturellement: on tolére dans une Lettre l'irrégularité, la licence du stile, l'incorrection, les plaisanteries hazardées; parceque des Lettres écrites sans dessein & sans art, sont des entretiens négligés: mais quand on parle, ou qu'on écrit avec respect, on s'astraint alors à la bienséance. Or, je demande à qui on doit plus de respect qu'au Public? Est-il permis de dire dans des Ouvrages de Mathématique, qu'*un Géometre qui veut faire son salut doit monter au Ciel en ligne perpendiculaire; que les quantités qui s'évanouissent donnent du nez en terre pour avoir voulu trop s'élever; qu'une semence qu'on a mise le germe en-bas s'apperçoit du tour qu'on lui joue, & se releve; que si Saturne périssoit ce seroit son cinquiéme Satellite, & non le premier, qui prendroit sa place, parceque les Rois éloignent toujours d'eux leurs héritiers; qu'il n'y a de vuide que dans la bourse d'un homme ruiné; qu'Hercule étoit un Physicien, & qu'on ne pouvoit résister à un Philosophe de cette force.*

Des Livres très-estimables sont infectés de cette tache; la source d'un défaut si commun vient, me semble, du reproche de pédantisme qu'on a fait long-tems & justement aux Auteurs: *In vitium ducit culpæ fuga.*

On a tant répété qu'on doit écrire du ton de la bonne compagnie, que les Auteurs

teurs les plus sérieux sont devenus plaisans; & pour être de *bonne compagnie* avec leurs Lecteurs, ont dit des choses de très-mauvaise compagnie.

On a voulu parler de science, comme Voiture parloit à Mademoiselle Paulet de galanterie, sans songer que Voiture même n'avoit pas saisi le véritable goût de ce petit genre, dans lequel il passa pour exceller; car souvent il prenoit le faux pour le délicat, & la précieux pour le naturel.

La plaisanterie n'est jamais bonne dans le genre sérieux, parcequ'elle ne porte jamais que sur un côté des objets qui n'est pas celui que l'on considére; elle roule presque toûjours sur des raports faux, sur des équivoques; delà vient que les Plaisans de profession ont presque tous l'esprit faux & superficiel.

Il me semble qu'en Poësie on ne doit pas plus mélanger les stiles qu'en Prose. Le stile Marotique a depuis quelque tems gâté un peu la Poësie par cette bigarure de termes bas & nobles, surannés & Modernes; on entend dans quelques Piéces de Morale les sons du sifflet de Rabelais parmi ceux de la flute d'Horace. C'est ce qu'a très-bien remarqué Mr. de Genonville dans une Lettre à Mr. de la Faye, qu'on a imprimée souvent sous mon nom. Je fais gloire de penser comme lui.

Il

# SUR LA CORRUPT. DU STILE.

Il faut parler Français, Boileau n'eut qu'un langage ;
Son esprit étoit juste, & son stile étoit sage.
Sers-toi de ses leçons ; laisse aux esprits mal-faits
L'art de moraliser du ton de Rabelais.

*\* Des Rimeurs disloqués, à qui le cerveau tinte,
Plus amers qu'Aloës, & jus de Coloquinte,
Vices portant méchef. Gens de tel acabit,
Chifoniers ; Ostrogots, maroufles que Dieu fit.*

De tous ces termes bas l'entassement facile,
Deshonore à la fois le génie & le stile.

---

# COPIE
### D'une Lettre à un premier Commis.
#### 20. Juin 1733.

PUISQUE vous êtes, Monsieur, à portée de rendre service aux Belles-Lettres, ne rognez pas de si près les aîles à nos Ecrivains, & ne faites pas des Volailles de basse-cour de ceux qui en prenant l'essor pourroient devenir des aigles ; une liberté honnête éleve l'esprit, & l'esclavage le fait ramper.

*\* Expressions d'un Epitre Marotique.*

ramper. S'il y avoit eu une Inquisition Littéraire à Rome, nous n'aurions aujourd'hui ni Horace, ni Juvenal, ni les Oeuvres Philosophiques de Ciceron. Si Milton, Driden, Pope, & Locke n'avoient pas été libres, l'Angleterre n'auroit eu ni de Poëtes, ni de Philosophes; il y a je ne sai quoi de Turc à proscrire l'Imprimerie; & c'est-là proscrire, que la trop gêner. Contentés-vous de réprimer sévérement les Libelles diffamatoires; parceque ce sont des crimes: mais tandis qu'on débite hardiment des Recueils de ces infâmes Calottes, & tant d'autres productions qui méritent l'horreur & le mépris; souffrés au-moins que Bayle entre en France, & que celui qui fait tant d'honneur à sa Patrie n'y soit pas de contrebande.

Vous me dîtes que les Magistrats qui régissent la Doüane de la Littérature se plaignent qu'il y a trop de Livres; c'est comme si le Prévôt des Marchands se plaignoit qu'il y eût à Paris trop de Denrées. En achete qui veut. Une immense Bibliotheque ressemble à la Ville de Paris, dans laquelle il y a près de huit cent mille hommes: Vous ne vivez pas avec tout ce cahos: vous y choisissez quelque societé, & vous en changez. On traite les Livres de même. On prend quelques amis dans la foule. Il y aura sept ou huit cent mille Controversistes, quinze ou seize mille Romans

mans que vous ne lirez point, une foule de feuilles Périodiques que vous jetterez au feu après les avoir lûës; l'homme de goût ne lit que le bon : mais l'homme d'Etat permet le bon & le mauvais, les pensées des hommes sont devenues un objet important du Commerce. Les Libraires Hollandois gagnent un million par an, parceque les Français ont eu de l'esprit.

Un Roman médiocre est, je le sai bien, parmi les Livres, ce qu'est dans le monde un sot qui veut avoir de l'imagination. On s'en moque, mais on le souffre. Ce Roman fait vivre, & l'Auteur qui l'a composé & le Libraire qui l'a débité, & le Fondeur & l'Imprimeur, & le Papetier, & le Relieur, & le Colporteur, & le Marchand de mauvais vin à qui tous ceux-là portent leur argent. L'Ouvrage amuse encore deux ou trois heures quelques femmes avec lesquelles il faut de la nouveauté en Livres, comme en tout le reste. Ainsi tout méprisable qu'il est, il a produit deux choses importantes, du profit & du plaisir.

Les Spectacles méritent encore plus d'attention, je ne les considére pas comme une occupation qui retire les jeunes-gens de la débauche, cette idée seroit celle d'un Curé ignorant; il y a assez de tems avant & après les Spectacles, pour faire

L 4 usage

usage de ce peu de momens qu'on donne à des plaisirs de passage, immédiatement suivis du dégoût : D'ailleurs on ne va pas aux Spectacles tous les jours ; & dans la multitude de nos Citoyens il n'y a pas quatre mille hommes qui les fréquentent avec quelque assiduité ; je regarde la Tragédie, & la Comédie comme des leçons de vertu, de raison & de bienséance. Corneille, ancien Romain parmi des Français, a établi une Ecole de grandeur d'ame ; & Moliere a fondé celle de la vie civile. Les Génies Français formés par eux appellent du fond de l'Europe les Etrangers qui viennent s'instruire chez nous, & qui contribuent à l'abondance de Paris. Nos pauvres sont nourris du produit de ces Ouvrages, qui nous soumettent jusqu'aux Nations qui nous haïssent. Tout bien pesé, il faut être ennemi de sa Patrie pour condamner nos Spectacles. Un Magistrat, qui parcequ'il a acheté cher un Office de Judicature, ose penser qu'il ne lui convient pas de voir Cinna, montre beaucoup de gravité & bien peu de goût.

Il y aura toûjours dans notre Nation polie de ces ames qui tiendront du Got & du Vandale ; je ne connois pour vrais Français que ceux qui aiment les Arts, & les encouragent.

Ce goût commence, il est vrai, à languir parmi nous ; nous sommes des Sibarites, tites lassés des faveurs de nos maîtresses. Nous jouïssons des veilles des Grands-Hommes qui ont travaillé pour nos plaisirs, & pour ceux des siécles à venir. Comme nous recevons les productions de la Nature, on diroit qu'elles nous sont dues; il n'y a que cent ans que nous mangions du gland, les Triptolemes qui nous ont donné le froment le plus pur, nous sont indifférens; rien ne réveille cet esprit de nonchalance pour les grandes choses, qui se mêle toûjours avec notre vivacité pour les petites.

Nous mettons tous les ans plus d'industrie & plus d'invention dans nos tabatieres, & dans nos autres colifichets, que les Anglais n'en ont mis à se rendre les Maîtres des Mers, à faire monter l'eau par le moyen du feu, & à calculer l'aberration de la lumiere. Les anciens Romains élevoient des prodiges d'Architecture pour faire combattre des bêtes; & nous n'avons pas sçu depuis un siécle bâtir seulement une Salle passable pour y faire représenter les Chef-d'œuvres de l'Esprit humain. Le centiéme de l'argent des Cartes suffiroit pour avoir des Salles de Spectacles plus belles que le Théâtre de Pompée: mais quel homme dans Paris est animé de l'amour du Public? On joue, on soupe, on médit, on fait des mauvaises Chansons, & on s'endort dans la stupidité pour recommencer le lendemain son cercle de légéreté, & d'indifférence. Vous, Monsieur, qui avez aumoins une petite place dans laquelle vous êtes à portée de donner de bons conseils, tâchez de réveiller cette létargie barbare, & faites, si vous pouvez, du bien aux Lettres, qui en ont tant fait à la France.

REMARQUES

# REMARQUES
## SUR
## L'HISTOIRE.

E cessera-t-on jamais de nous tromper sur l'avenir, le présent & le passé ? Il faut que l'homme soit bien né pour l'erreur, puisque dans ce siécle éclairé on prend tant de plaisir à nous débiter les Fables d'Hérodote, & des Fables encore qu'Hérodote n'auroit jamais osé conter même à des Grecs.

Que gagne-t-on à nous redire que Ménès étoit petit-fils de Noé ? Et par quel excès d'injustice peut-on se moquer des Généalogies de Moreri, quand on en fabrique de pareilles ? Certes Noé envoya sa famille voyager loin ; son petit-fils Ménès en Egypte, son autre petit-fils à la Chine, je ne sai quel autre petit-fils en Suede, & un cadet en Espagne. Les voyages alors formoient les jeunes-gens bien mieux qu'aujourd'hui : il a fallu chez nos Nations Modernes des dix ou douze siècles pour s'instruire un peu de la Géométrie ; mais ces Voyageurs dont on parle, étoient à peine arrivez dans des Pays incultes, qu'on y prédisoit les Eclipses. On ne peut douter aumoins que l'Histoire autentique de la Chine ne rapporte des Eclipses calculées il y a environ quatre mille ans. Confucius en cite trente-six dont les Missionnaires Mathématiciens ont vérifié trente-deux. Mais ces faits n'embarrassent point ceux qui ont fait Noé grand-pere de Fohy, car rien ne les embarrasse.

D'autres Adorateurs de l'Antiquité nous font regarder les Egyptiens comme le Peuple le plus sage de la Terre ; parceque, dit-on, les Prêtres avoient chez eux beaucoup d'autorité ; & il se trouve que ces Prêtres si sages, ces Législateurs d'un Peuple sage, adoroient des Singes, des Chats & des Ognons.

On a beau se recrier sur la beauté des anciens Ouvrages Egyptiens. Ceux qui nous sont restés sont des masses informes ; la plus belle Statuë de l'ancienne Egypte n'approche pas de celle du plus médiocre de nos Ouvriers. Il a fallu que les Grecs enseignassent aux Egyptiens la Sculpture, il n'y a jamais eu en Egypte aucun bon Ouvrage que de la main des Grecs. Quelle

# SUR L'HISTOIRE.

Quelle prodigieuse connaissance, nous dit-on, les Egyptiens avoient de l'Astronomie ! les quatre côtez d'une grande Pyramide sont exposés aux quatre régions du Monde ; ne voilà-t-il pas un grand effort d'Astronomie ? Ces Egyptiens étoient-ils autant de Cassini, de Halley, de Keplers, de Tichobrahé ? Ces bonnes-gens racontoient froidement à Herodote, que le Soleil en onze mille ans s'étoit couché deux fois où il se leve : c'étoit-là leur Astronomie.

Il en coûtoit, répéte Mr. Rollin, cinquante mille écus pour ouvrir & fermer les écluses du Lac Mœris. Mr. Rollin est cher en écluses, & se mécompte en Arithmétique. Il n'y a point d'écluse qui ne doive s'ouvrir & se fermer pour un écu, à moins qu'elles ne soient très-mal faites : il en coûtoit, dit-il, cinquante talens pour ouvrir & fermer ces écluses. Il faut savoir qu'on évalua le talent du tems de Colbert à trois mille livres de France. Rollin ne songe pas que depuis ce tems la valeur numéraire de nos Especes est augmentée presque du double, & qu'ainsi la peine d'ouvrir les écluses du Lac Mœris auroit dû coûter, selon lui, environ trois cent mille francs : ce qui est à-peu-près deux cent quatrevingt dix-sept mille livres plus qu'il ne faut. Tous les calculs de ses treize Tomes se ressentent de cette inattention.

Il répéte encore après Hérodote, qu'on entretenoit d'ordinaire en Egypte, c'est-à-dire, dans un Pays beaucoup moins grand que la France, quatre cent mille soldats ; qu'on donnoit à chacun cinq livres de pain par jour, & deux livres de viande. C'est donc huit cent mille livres de viande par jour pour les seuls soldats, dans un Pays où l'on n'en mangeoit presque point. D'ailleurs, à qui appartenoient ces quatre cent mille soldats, quand l'Egypte étoit divisée en plusieurs petites Principautés ? On ajoute que chaque soldat avoit six arpens francs de contribution ; voilà donc deux millions quatre cent mille arpens qui ne payent rien à l'Etat. C'est cependant ce petit Etat qui entretenoit plus de soldats que n'en a aujourd'hui le Grand-Seigneur, Maître de l'Egypte & de dix fois plus de pays que l'Egypte n'en contient. Louis XIV. a eu quatre cent mille hommes sous les armes pendant quelques années ; mais c'étoit un effort, & cet effort a ruiné la France.

Si on vouloit faire usage de sa raison au-lieu de sa mémoire, & examiner plus que transcrire, on ne multiplieroit pas à l'infini les Livres & les erreurs, il faudroit n'écrire que des choses neuves & vrayes : ce qui manque d'ordinaire à ceux qui compilent l'Histoire, c'est l'esprit philosophique : la plûpart, au lieu de discuter des faits avec des hommes, font des Contes à des enfans. Faut-il

## SUR L'HISTOIRE.

Faut-il qu'au siécle où nous vivons on imprime encore le Conte des oreilles de Smerdis, & de Darius qui fut déclaré Roi par son cheval, lequel hennit le premier; & de Sanacharib, ou Sennakérib, ou Sennacabon dont l'Armée fut détruite miraculeusement par des rats? Quand on veut répéter ces Contes, il faut du moins les donner pour ce qu'ils sont.

Est-il permis à un homme de bon sens, né dans le dix-huitiéme siécle, de nous parler sérieusement des Oracles de Delphes? Tantôt de nous répéter que cet Oracle devina que Crésus faisoit cuire une tortuë & du mouton dans une tourtiere; tantôt de nous dire que des batailles furent gagnées suivant la prédiction d'Apollon, & d'en donner pour raison le pouvoir du Diable? Mr. Rollin dans sa Compilation de l'Histoire ancienne, prend le parti des Oracles contre Mrs. Vandale, Fontenelle & Basnage: *Pour Mr. de Fontenelle*, dit-il, *il ne faut regarder que comme un Ouvrage de jeunesse son Livre contre les Oracles, tiré de Vandale.* J'ai bien peur que cet Arrêt de la vieillesse de Rollin contre la jeunesse de Fontenelle, ne soit cassé au Tribunal de la Raison; les Rhéteurs n'y gagnent guéres leurs Causes contre les Philosophes.

Il n'y a qu'à voir ce que dit Rollin dans son dixiéme Tome, où il veut parler de Physique: il prétend qu'Archimede voulant faire voir à son bon ami le Roi de Syracuse, la puissance des Mécaniques, fit mettre à terre une Galere, la fit charger doublement, & la remit doucement à flot en remuant un doigt, sans sortir de dessus sa chaise. On sent bien que c'est-là le Rhéteur qui parle: s'il avoit été un peu Philosophe, il auroit vu l'absurdité de ce qu'il avance.

Il me semble que si on vouloit mettre à profit le tems présent, on ne passeroit point sa vie à s'infatuer des Fables anciennes. Je conseillerois à un jeune-homme d'avoir une légère teinture de ces tems reculés; mais je voudrois qu'on commençât une Etude sérieuse de l'Histoire au tems où elle devient véritablement intéressante pour nous: il me semble que c'est vers la fin du quinziéme siécle. L'Imprimerie qu'on invente en ce tems-là, commence à la rendre moins incertaine. L'Europe change de face; les Turcs qui s'y répandent chassent les Belles-Lettres de Constantinople; elles fleurissent en Italie; elles s'établissent en France; elles vont polir l'Angleterre, l'Allemagne & le Septentrion. Une nouvelle Religion sépare la moitié de l'Europe de l'obéissance du Pape. Un nouveau systême de Politique s'établit; on fait avec le secours de la Boussole le tour de l'Afrique, & on commerce avec la Chine plus aisément que de Paris à Madrid. L'Amérique est découverte, on subjugue un nouveau Monde, & le nôtre est presque tout changé; l'Europe Chrétienne devient une espece de République immense, où la balance du pouvoir est établie mieux qu'elle ne le fut en Grece. Une correspondance perpétuelle en lie toutes les parties, malgré les guerres que l'ambition des Rois suscite, & même malgré les guerres de Religion encore plus destructives.

Les Arts qui sont la gloire des Etats, sont portés à un point que la Grece & Rome ne connurent jamais. Voilà l'Histoire qu'il faut que tout homme sçache; c'est-là qu'on ne trouve ni Prédictions chimériques, ni Oracles menteurs, ni faux Miracles, ni Fables insensées; tout y est vrai, aux petits détails près, dont il n'y a que les petits esprits qui se soucient beaucoup. Tout nous regarde, tout est fait pour nous; l'argent sur lequel nous prenons nos repas, nos meubles, nos besoins, nos plaisirs nouveaux, tout nous fait souvenir chaque jour que l'Amérique & les grandes Indes, & par conséquent toutes les Parties du Monde entier, sont réunies depuis environ deux siécles & demi par l'industrie de nos Peres. Nous ne pouvons faire un pas qui ne nous avertisse du changement qui s'est opéré depuis dans le Monde. Ici ce sont cent Villes qui obéissoient au Pape, & qui
sont

sont devenues libres. Là on a fixé pour un tems les Priviléges de toute l'Allemagne : Ici se forme la plus belle des Républiques dans un terrain que la Mer menace chaque jour d'engloutir : l'Angleterre a réuni la vraye liberté avec la Royauté : la Suede l'imite, & le Dannemarc n'imite point la Suede. Que je voyage en Allemagne, en France, en Espagne, partout je trouve les traces de cette longue querelle qui a subsisté entre les Maisons d'Autriche & de Bourbon, unies par tant de Traités qui ont tous produit des guerres funestes. Il n'y a point de Particulier en Europe sur la fortune duquel tous ces changemens n'ayent influé. Il sied bien après cela de s'occuper de Salmanazar & de Mardokempad, & de recherher les Anecdotes du Persan Cayamarrat, & de Sabaco Métophis : Un homme mûr, qui a des affaires sérieuses, ne répéte point les Contes de sa Nourrice.

# NOUVELLES CONSIDERATIONS SUR L'HISTOIRE.

Peut-être arrivera-t-il bien-tôt dans la maniére d'écrire l'Histoire, ce qui est arrivé dans la Physique. Les nouvelles découvertes ont fait proscrire les anciens Systêmes. On voudra connoître le Genre-Humain dans ce détail intéressant qui fait aujourd'hui la bâse de la Philosophie Naturelle.

On commence à respecter très-peu l'avanture de Curtius, qui referma un gouffre en se précipitant au fond lui & son cheval. On se moque des Boucliers descendus du Ciel, & de tous les beaux Talismans dont les Dieux faisoient présent si libéralement aux hommes; & des Vestales qui mettoient un vaisseau à flot avec leur ceinture; & de toute cette foule de sottises célébres dont les anciens Historiens regorgent. On n'est guéres plus content, que dans son Histoire Ancienne Mr. Rollin nous parle sérieusement du Roi Nabis, qui faisoit embrasser sa femme par ceux qui lui apportoient de l'argent, l'argent, & qui mettoit ceux qui lui en refuſoient dans les bras d'une belle poupée toute ſemblable à la Reine, & armée de pointes de fer ſous ſon corps de jupe. On rit quand on voit tant d'Auteurs répéter les uns après les autres, que le fameux Otton Archevêque de Mayence, fut aſſiégé & mangé par une Armée de Rats en 698. que des pluyes de ſang innonderent la Gaſcogne en 1017. que deux armées de ſerpens ſe battirent près de Tournay en 1059. Les prodiges, les prédictions, les épreuves par le feu, &c. ſont à préſent dans le même rang que les Contes d'Hérodote.

Je veux parler ici de l'Hiſtoire moderne, dans laquelle on ne trouve ni poupées qui embraſſent les Courtiſans, ni Evêques mangés par les rats.

On a grand ſoin de dire quel jour s'eſt donné une bataille, & on a raiſon. On imprime les Traités, on décrit la pompe d'un Couronnement, la cérémonie de la reception d'une Barette, & même l'entrée d'un Ambaſſadeur, dans laquelle on n'oublie ni ſon Suiſſe ni ſes Laquais. Il eſt bon qu'il y ait des Archives de tout, afin qu'on puiſſe les conſulter dans le beſoin; & je regarde à préſent tous les gros Livres comme des Dictionnaires. Mais après avoir lu trois ou quatre mille deſcriptions de Batailles, & la teneur de quelques centaines

de

de Traités, j'ai trouvé que je n'étois gueres plus inſtruit au fond. Je n'apprenois-là que des événemens. Je ne connois pas plus les Français & les Sarraſins par la bataille de Charles Martel, que je ne connois les Tartares & les Turcs par la victoire que Tamerlan remporta ſur Bazajet. J'avoue que quand j'ai lu les Mémoires du Cardinal de Retz & de Madame de Motteville, je ſçai ce que la Reine Mere a dit, mot pour mot, à Mr. de Jerſay; j'apprens comment le Coadjuteur a contribué aux Barricades; je peux me faire un précis des longs diſcours qu'il tenoit à Madame de Bouillon. C'eſt beaucoup pour ma curioſité: c'eſt pour mon inſtruction très-peu de choſe.

Il y a des Livres qui m'apprennent les Anecdotes vrayes ou fauſſes d'une Cour. Quiconque a vu les Cours, ou a eu envie de les voir, eſt auſſi avide de ces illuſtres bagatelles, qu'une femme de Province aime à ſçavoir les nouvelles de ſa petite Ville. C'eſt au fond la même choſe & le même mérite. On s'entretenoit ſous Henri IV. des Anecdotes de Charles IX. On parloit encore de Mr. le Duc de Bellegarde dans les premieres années de Louis XIV. Toutes ces petites mignatures ſe conſervent une génération ou deux, & périſſent enſuite pour jamais.

On néglige cependant pour elles des connoiſſances

noissances d'une utilité plus sensible & plus durable. Je voudrois apprendre qu'elles étoient les forces d'un Pays avant une guerre, & si cette guerre les a augmentées ou diminuées. L'Espagne a-t-elle été plus riche avant la conquête du nouveau Monde, qu'aujourd'hui? De combien étoit-elle plus peuplée du tems de Charles-Quint, que sous Philippe IV? Pourquoi Amsterdam contenoit-elle à peine vingt mille ames il y a deux cens ans? Pourquoi a-t-elle aujourd'hui deux cens quarante-mille Habitans? Et comment le sçait-on positivement? De combien l'Angleterre est-elle plus peuplée qu'elle ne l'étoit sous Henri VIII? Seroit-il vrai ce qu'on dit dans les *Lettres Persanes*, que les hommes manquent à la Terre, & qu'elle est dépeuplée en comparaison de ce qu'elle étoit il y a deux mille ans? Rome, il est vrai, avoit alors plus de Citoyens qu'aujourd'hui. J'avoue qu'Alexandrie & Carthage étoient de grandes Villes; mais Paris, Londres, Constantinople, le Grand Caire, Amsterdam, Hambourg, n'existoient pas. Il y avoit trois cens Nations dans les Gaules; mais ces trois cens Nations ne valoient la nôtre, ni en nombre d'hommes, ni en industrie. L'Allemagne étoit une Forêt; elle est couverte de cent Villes opulentes.

Il semble que l'esprit de critique, lassé de ne persécuter que des Particuliers, ait
pris

pris pour objet l'Univers. On crie toujours que ce Monde dégénère, & on veut encore qu'il se dépeuple. Quoi donc? nous faudra-t-il regretter les tems où il n'y avoit pas de grand-chemin de Bordeaux à Orléans, & où Paris étoit une petite Ville dans laquelle on s'égorgeoit? On a beau dire, l'Europe a plus d'hommes qu'alors, & les hommes valent mieux. On pourra savoir dans quelques années combien l'Europe est en effet peuplée; car dans presque toutes les grandes Villes on rend public le nombre des naissances, au bout de l'année; & sur la régle exacte & sure que vient de donner un Hollandais aussi habile qu'infatigable, on sait le nombre des habitans par celui des naissances. Voilà déjà un des objets de la curiosité de quiconque veut lire l'Histoire en Citoyen & en Philosophe. Il sera bien loin de s'en tenir à cette connoissance; il recherchera quel a été le vice radical & la vertu dominante d'une Nation; pourquoi elle a été puissante ou foible sur la Mer; comment & jusqu'à quel point elle s'est enrichie depuis un siécle; les Registres des exportations peuvent l'apprendre. Il voudra savoir comment les Arts, les Manufactures se sont établies, il suivra leur passage & leur retour d'un Pays dans un autre. Les changemens dans les Mœurs & dans les Loix, seront enfin son grand objet. On sauroit ainsi l'Histoire des Hommes, au-

lieu

lieu de savoir une foible partie de l'Histoire des Rois & des Cours.

Envain je lis les Annales de France; nos Historiens se taisent tous sur ces détails.

Aucun n'a eu pour devise : *Homo sum, humani nil à me alienum puto*. Il faudroit donc, me semble, incorporer avec art ces connoissances utiles dans le tissu des événemens.

Je croi que c'est la seule maniére d'écrire l'Histoire moderne en vrai Politique & en vrai Philosophe. Traiter l'Histoire ancienne, c'est compiler, me semble, quelques vérités avec mille mensonges. Cette Histoire n'est peut-être utile que de la même maniére dont l'est la Fable, par de grands événemens qui font le sujet perpétuel de nos Tableaux, de nos Poëmes, de nos conversations, & dont on tire des traits de Morale. Il faut savoir les exploits d'Alexander, comme on fait les travaux d'Hercule.

Enfin cette Histoire ancienne me semble, à l'égard de la moderne, ce que sont les vieilles Médailles en comparaison des Monnoyes courantes : les premieres restent dans les Cabinets, les secondes circulent dans l'Univers pour le commerce des hommes.

Mais pour entreprendre un tel Ouvrage, il faut des hommes qui connaissent autre chose que les Livres; il faut qu'ils soient encouragés par le Gouvernement, autant aumoins pour ce qu'ils feront, que le furent

rent les Boyleau, les Racine, les Valincourt, pour ce qu'ils ne firent point; & qu'on ne dife pas d'eux ce que difoit de ces Meſſieurs un Commis du Tréfor Royal, homme d'efprit: *Nous n'avons vu encore d'eux que leur ſignature.*

# DISCOURS SUR LA FABLE.

QUELQUES perſonnes plus triſtes que ſages, ont voulu proſcrire depuis peu l'ancienne Mithologie, comme un Recueil de Contes puériles, indignes de la gravité reconnuë de nos mœurs. Il feroit triſte pourtant de bruler Ovide, Homere, Héſiode, & toutes nos belles Tapiſſeries, & nos Tableaux, & nos Opéra : beaucoup de Fables après tout, font plus philoſophiques que ces Meſſieurs ne ſont Philoſophes. S'ils font grace aux Contes familiers d'Eſope, pourquoi faire main-baſſe ſur ces Fables ſublimes qui ont été reſpectées du Genre-Humain dont elles ont fait l'inſtruction ? Elles ſont mêlées de beaucoup d'inſipidités, car quelle choſe eſt ſans mêlange ? Mais tous les Siécles adopteront la Boëte de Pandore, au fond de laquelle ſe trouve la conſolation du Genre-Humain; les deux Tonneaux de Jupiter, qui versent sans cesse le bien & le mal; la Nuë embrassée par Ixion, emblême & châtiment d'un Ambitieux; & la mort de Narcisse, qui est la punition de l'amour-propre. Y a-t-il rien de plus sublime que Minerve, la Divinité de la Sagesse, formée dans la tête du Maître des Dieux? Y a-t-il rien de plus vrai & de plus agréable que la Déesse de la Beauté, obligée de n'être jamais sans les Graces? Les Déesses des Arts, toutes Filles de *Mémoire*, ne nous avertissent-elles pas aussi-bien que Locke, que nous ne pouvons sans mémoire avoir le moindre jugement, la moindre étincelle d'esprit? Les siécles de l'Amour, son bandeau, sa jeunesse, Flore caressée par Zéphire, &c. ne sont-ils pas les emblêmes sensibles de la Nature entiere? Ces Fables ont survécu aux Religions qui les consacraient; les Temples des Dieux d'Egypte, de la Grece, de Rome, ne sont plus, & Ovide subsiste. On peut détruire les objets de la crédulité, mais non ceux du plaisir; nous aimerons à jamais ces images vrayes & riantes. Lucrece ne croyait pas à ces Dieux de la Fable; mais il célébrait la Nature sous le nom de Venus.

*Alma Venus cœli subter labentia signa*
*Quæ mare navigerum, quæ terras frugiferentes,*
*Concelebras, per te quoniam genus omne animantum*
*Concipitur, visitque exortum lumina solis, &c.*

Si l'Antiquité dans ses ténébres s'étoit bornée à reconnaître la Divinité dans ces images, auroit-on beaucoup de reproches à lui faire? L'Ame productrice du Monde était adorée par les Sages; elle gouvernait les Mers sous le nom de Neptune, les Airs sous l'emblême de Junon, les Campagnes sous celui de Pan. Elle étoit la Divinité des Armées sous le nom de Mars; on animait tous ces attributs: Jupiter étoit le seul Dieu. La Chaîne d'or avec laquelle il enlevoit les Dieux inférieurs & les Hommes, étoit une image frapante de l'amitié d'un Etre Souverain. Le Peuple s'y trompait; mais que nous importe le Peuple?

On demande tous les jours pourquoi les Magistrats Grecs & Romains permettaient qu'on tournât en ridicule sur le Théâtre ces mêmes Divinités qu'on adorait dans le Temple? On fait là une supposition fausse: on ne se moquait point des Dieux sur le Théâtre; mais des sottises attribuées à ces Dieux par ceux qui avaient corrompu l'ancienne Mitologie. Les Consuls Romains trouvaient bon qu'on plaisantât sur la Scene sur l'avanture des 2 Sosies; mais ils n'auraient pas souffert qu'on eût attaqué devant le Peuple le culte de Jupiter & de Mercure. C'est ainsi que mille choses qui paraissent contradictoires, ne le sont point. J'ai vu sur le Théâtre d'une Nation très-savante & spirituelle, des avantures tirées de la *Légende Dorée*, dira-t-on pour cela que cette Nation permet qu'on insulte aux objets de la Religion?

Il n'est pas à craindre qu'on devienne Payen, pour avoir entendu à Paris l'Opera de Proserpine, ou pour avoir vu à Rome les noces de Psiché peintes dans le Vatican de Raphaël. La Fable forme le goût, & ne rend personne idolâtre.

Les belles Fables de l'Antiquité ont encore ce grand avantage sur l'Histoire, qu'elles présentent une Morale sensible : ce sont des leçons de Vertu, & presque toute l'Histoire est le succès des crimes. Jupiter, dans la Fable, descend sur la Terre pour punir Tantale & Licaon; mais dans l'Histoire, nos Tantales & nos Licaons sont les Dieux de la Terre. Baucis & Philémon obtiennent que leur cabane soit changée en un Temple : nos Baucis & nos Philémons voyent vendre par le Collecteur des Tailles les marmites que les Dieux changent en trépieds d'or dans Ovide.

Je sai combien l'Histoire peut nous instruire, je sai combien elle est nécessaire; mais en vérité il faut lui aider beaucoup pour en tirer des régles de conduite.

Que ceux qui ne connoissent la Politique que dans les Livres, se souviennent toujours de ces Vers de Corneille.

*Les exemples récens suffiroient pour m'instruire,*
*Si par*

Si par l'exemple seul on devoit se conduire.
Mais souvent l'un se perd où l'autre s'est sauvé,
Et par où l'un périt un autre est conservé.

Henri VIII. Tiran de ses Parlemens, de ses Ministres, de ses Femmes, des Consciences & des Bourses, vit & meurt paisible. Le bon, le brave Charles I. périt sur un échaffaut. Notre admirable Héroïne, Marguerite d'Anjou, donne envain douze batailles en personne contre les Anglais, sujets de son mari. Guillaume III. chasse Jaques I. d'Angleterre sans donner bataille. Nous avons vû de nos jours la Famille Impériale de Perse égorgée, & des Etrangers sur son Trône. Pour qui ne regarde qu'aux événemens, l'Histoire semble accuser la Providence, & les belles Fables morales la justifient.

Il est clair qu'on trouve dans elles l'utile & l'agréable. Ceux qui dans ce Monde ne sont ni l'un ni l'autre, crient contre elles. Laissons-les dire, & lisons Homere & Ovide aussi-bien que Tite Live & Rapin-Thoiras. Le Goût donne des préférences, le Fanatisme donne les exclusions.

Tous les Arts sont amis, ainsi qu'ils sont divins.
Qui veut les séparer est loin de les connaître.
L'Histoire nous apprend ce que font les humains,
   La Fable ce qu'ils doivent être.

# LETTRE
## A Mr. NORBERG,

*Chapelain du Roi de Suede* CHARLES XII. *& Auteur de l'Histoire de ce Monarque.*

SOUFFREZ, Monsieur, qu'ayant entrepris la tâche de lire ce qu'on a déja publié de votre Histoire de Charles XII. on vous adresse quelques justes plaintes, & sur la maniere dont vous traitez cette Histoire, & sur celle dont vous en usez dans votre Préface avec ceux qui l'ont traitée avant vous.

Nous aimons la vérité ; mais l'ancien Proverbe, *Toutes véritez ne sont pas bonnes à dire*, regarde surtout les véritez inutiles. Daignez vous souvenir de ce passage de la Préface de l'Histoire de Mr. de Voltaire. *L'Histoire d'un Prince*, dit-il, *n'est pas tout ce qu'il a fait, mais seulement ce qu'il a fait de digne d'être transmis à la Postérité.*

Il y a peut-être des Lecteurs qui aimeront à voir le Catéchisme qu'on enseignoit à Charles XII. & qui apprendront avec plaisir (*a*) qu'en 1693. le Docteur Pierre Rudbekius

---

(*a*) P. 9. de l'Histoire de Charles XII. par Norberg, Edition de Cusson.

Rudbekius donna le Bonnet de Docteur au Maître-ès-Arts Aquinus, à Samuel Virenius, à Ennegius, à Herlandus, à Stukius & autres Personnages, très-estimables sans doute; mais qui ont eu peu de part aux batailles de votre Héros, à ses triomphes & à ses défaites.

C'est peut-être une chose importante pour l'Europe, qu'on sache que la Chapelle du Château de Stokolm, qui fut brûlée il y a cinquante ans, (*idem*) étoit dans la nouvelle aîle du côté du Nord, & qu'il y avoit deux Tableaux de l'Intendant Kloker, qui sont à présent à l'Eglise St. Nicolas; que les siéges étoient couverts de bleu les jours de Sermons; qu'ils étoient, les uns de chêne, & les autres de noyer; (*a*) & qu'au-lieu de grands lustres il y avoit de petits chandeliers plats qui ne laissoient pas de faire un fort bel effet; qu'on y voyoit quatre Figures de plâtre, & que le carreau étoit blanc & noire.

Nous voulons croire encore (*b*) qu'il est d'une extrême conséquence d'être instruit à fond qu'il n'y avoit point d'or faux dans le Dais qui servit au Couronnement de Charles XII. de savoir quelle étoit la largeur du baldaquin; si c'étoit de drap rouge ou de drap bleu que l'Eglise étoit tenduë;

_____
(*a*) P. 24.   (*b*) P. 31, 32.

& de quelle hauteur étoit les bancs. Tout cela peut avoir son mérite pour ceux qui veulent s'instruire des intérêts des Princes.

Vous me dîtes, après le détail de toutes ces grandes choses, à quelle heure Charles XII. fut couronné; mais vous ne dîtes point pourquoi il le fut avant l'âge prescrit par la Loi; pourquoi on ôta la Régence à la Reine Mere; comment le fameux Piper eut la confiance du Roi; quelles étoient alors les forces de la Suede; quel nombre de citoyens elle avoit; quels étoient ses Alliés, son Gouvernement, ses défauts & ses ressources.

Vous nous avez donné une partie du Journal Militaire de Mr. Adlerfed; mais, Monsieur, un Journal n'est pas plus une Histoire que des matériaux ne sont une maison. Souffrez qu'on vous dise que l'Histoire ne consiste point à détailler de petits faits, à produire des Manifestes, des Dupliques, des Repliques. Ce n'est point ainsi que Quinte-Curce a composé l'Histoire d'Alexandre; ce n'est point ainsi que Tite-Live & Tacite ont écrit l'Histoire Romaine. Il y a mille Journalistes, à peine avons-nous deux ou trois Historiens modernes. Nous souhaiterions que tous ceux qui broyent les couleurs les donnassent à quelque Peintre pour en faire un Tableau.

Vous n'ignorez pas que Mr. de Voltaire avoit

avoit publié cette déclaration que votre Traducteur rapporte.

„ (*a*) J'aime la vérité, & je n'ai d'au-
„ tre but & d'autre intérêt que de la con-
„ noître. Les endroits de mon Histoire de
„ Charles XII. où je me serai trompé, se-
„ ront changés. Il est très-naturel que Mr.
„ Norberg Suédois, & témoin oculaire,
„ ait été mieux instruit que moi, Etran-
„ ger. Je me réformerai sur ses Memoires,
„ & j'aurai le plaisir de me corriger.

Voilà, Monsieur, avec quelle politesse Mr. de Voltaire parloit de vous, & avec quelle modestie il attendoit votre Ouvrage, quoiqu'il eût des Memoires sur le sien, des mains de beaucoup d'Ambassadeurs, & même de la part de plus d'une Tête Couronnée.

Vous avez répondu, Monsieur, à cette politesse Françaife d'une maniere qui paroît dans un goût un peu Gotique.

Vous dîtes dans votre Préface (*b*), que l'Histoire donnée par Mr. de Voltaire ne vaut pas la peine d'être traduite, quoiqu'elle l'ait été dans presque toutes les Langues de l'Europe, & qu'on ait fait huit Editions à Londres de la Traduction Anglaise. Vous ajoutez ensuite très-poliment, qu'un Puffendorf le traiteroit, comme Varillas, d'*archi-menteur*.

_____
(*a*) P. 12. de l'Edit. in 4. de Cusson. (*b*) P. 13.

Pour donner des preuves de cette supposition si flatteuse, vous ne manquez pas de mettre dans les marges de votre Livre toutes les fautes capitales où il est tombé.

Vous marquez expressément que le Major-Général Stuard ne reçut point une petite blessure à l'épaule, comme l'avance témérairement l'Auteur Français, d'après un Auteur Allemand ; mais, dites-vous, une contusion un peu forte. Vous ne pouvez nier que Mr. de Voltaire n'ait fidélement rapporté la Bataille de Nerva, laquelle produit chez lui au moins une description intéressante. Vous devez sçavoir qu'il a été le seul Ecrivain qui ait osé affirmer que Charles XII. donna cette Bataille de Nerva avec huit mille hommes seulement. Tous les autres Historiens lui en donnoient vingt mille : ils disoient ce qui étoit vraisemblable, & Mr. de Voltaire a dit le premier la vérité dans cet article important. Cependant vous l'appellez *archimenteur*, parcequ'il fait porter au Général Liewen un habit rouge galonné au Siége de Thorn ; & vous relevez cet erreur énorme, en assurant positivement que le galon n'étoit pas sur un fond rouge.

Mais, Monsieur, vous qui prodiguez sur des choses si graves le beau nom d'*archimenteur*, non-seulement à un homme très-amateur de la vérité, mais à tous les autres Historiens qui ont écrit l'Histoire de Charles

les XII. quel nom voudriez-vous qu'on vous donnât, après la Lettre que vous rapportez du Grand-Seigneur à ce Monarque. Voici le commencement de cette Lettre.

(*a*) Nous Sultan Baſſa, au Roi Charles XII. par la grace de Dieu, Roi de Suede & des Gots. SALUT, &c.

Vous qui avez été chez les Turcs, & qui ſemblez avoir appris d'eux à ne pas ménager les termes, comment pouvez-vous ignorer leur ſtile ? Quel Empereur Turc s'eſt jamais intitulé *Sultan Baſſa* ? Quelle Lettre du Divan a jamais ainſi commencé ? Quel Prince a jamais écrit qu'il enverra des Ambaſſadeurs Plénipotentiaires à la premiere occaſion, pour s'informer des circonſtances d'une Bataille ? Quelle Lettre du Grand-Seigneur a jamais fini par ces expreſſions, *à la garde de Dieu* ? Enfin où avez-vous jamais vu une Dépêche de Conſtantinople, datée de l'année de la Création, & non pas de l'année de l'Hégire ? L'Iman de l'Auguſte Sultan, qui écrira l'Hiſtoire de ce grand Empereur & de ſes ſublimes Vizirs, pourra bien vous dire de groſſes injures ſi la politeſſe Turque le permet.

Vous ſied-il bien, après la production d'une Piéce pareille, qui feroit tant de

(*a*) P. 137.

peine à ce Mr. le Baron de Puffendorf, de crier au mensonge sur un habit rouge?

Etes-vous bien d'ailleurs un zélé Partisan de la vérité, quand vous supprimez les duretés exercées par la Chambre des Liquidations sous Charles XI ? Quand vous feignez d'oublier, en parlant de Patkul, qu'il avoit défendu les droits des Livoniens qui l'en avoient chargé; de ces mêmes Livoniens qui respirent aujourd'hui sous la douce autorité de l'illustre Sémiramis du Nord? Ce n'est pas là seulement trahir la vérité, Monsieur, c'est trahir la cause du Genre-Humain; c'est manquer à votre illustre Patrie, ennemie de l'oppression.

Cessez donc de prodiguer dans votre Compilation des Epithétes Vandales & Hérules à ceux qui doivent écrire l'Histoire: cessez de vous autoriser du pédantisme barbare que vous imputez à ce Puffendorf.

Sçavez vous que ce Puffendorf est un Auteur quelquefois aussi incorrect qu'il est en vogue? Sçavez-vous qu'il est lu parcequ'il est le seul qui de son tems fut supportable? Sçavez-vous que ceux que vous appellez *archi-menteurs* auroient à rougir, s'ils n'étoient pas mieux instruits de l'Histoire du Monde que votre Puffendorf? Sçavez-vous que Mr. de la Martiniere a corrigé plus de mille fautes dans la derniere Edition de son Livre ?

Ouvrons au hazard ce Livre si connu. Je tombe

tombe sur l'article des Papes. Il dit, en parlant de Jules II. *qu'il avoit laissé, ainsi qu'Alexandre VI. une réputation honteuse.* Cependant les Italiens révérent la mémoire de Jules II. ils voyent en lui un Grand-Homme, qui après avoir été à la tête de quatre Conclaves, & avoir commandé des Armées, suivit jusqu'au tombeau le magnifique projet de chasser les Barbares d'Italie. Il aima tous les Arts; il jetta le fondement de cette Eglise qui est le plus beau monument de l'Univers; il encourageoit la Peinture, la Sculpture, l'Architecture, tandis qu'il ranimoit la valeur éteinte des Romains. Les Italiens méprisent avec raison la maniére ridicule dont la plûpart des Ultramontains écrivent l'Histoire des Papes. Il faut sçavoir distinguer le Pontife du Souverain: il faut sçavoir estimer beaucoup de Papes, quoiqu'on soit né à Stokholm: il faut se souvenir de ce que disoit le grand Côme de Médicis, *qu'on ne gouverne point des Etats avec des patenôtres.* Il faut enfin n'être d'aucun Pays, & dépouiller tout esprit de parti quand on écrit l'Histoire.

Je trouve en rouvrant le Livre de Puffendorf, à l'article de la Reine Marie d'Angleterre, Fille de Henri VIII. *qu'elle ne put être reconnue fille légitime sans l'autorité du Pape.* Que de bévues dans ces mots! Elle avoit été reconnue par le Parlement; &
comment

comment d'ailleurs auroit-elle eu besoin de Rome pour être légitimée, puisque jamais Rome n'avoit ni dû, ni voulu casser le mariage de sa Mere ?

Je lis l'article de Charles-Quint. J'y vois *que dès avant l'an* 1516. *Charles-Quint avoit toujours devant les yeux son NEC PLUS ULTRA* ; mais alors il avoit quinze ans, & cette Devise ne fut faite que long-tems après.

Dirons-nous pour cela que Puffendorf est un *archi-menteur* ? Non : nous dirons que dans un Ouvrage d'une si grande étendue, il lui est pardonnable d'avoir erré; & nous vous prierons d'être plus exact que lui, Monsieur, mieux instruit que vous n'êtes du stile des Turcs, plus poli avec les Français ; & enfin plus équitable & plus éclairé dans le choix des Piéces que vous rapportez.

C'est un malheur inséparable du bien qu'a produit l'Imprimerie, que cette foule de Piéces scandaleuses publiées à la honte de l'esprit & des mœurs. Partout où il y a une foule d'Ecrivains, il y a une foule de Libelles : ces misérables Ouvrages, nés souvent en France, passent dans le Nord, ainsi que nos mauvais vins y sont vendus pour du Bourgogne & du Champagne. On boit les uns, on lit les autres, souvent avec aussi peu de goût ; mais les hommes qui ont une vraye connaissance, sçavent rejetter ce que la France rebute. Vous

Vous citez, Monsieur, deux Piéces bien indignes d'être connues du Chapelain de Charles XII. l'une est la *Voltéromanie*, l'autre est je ne sçai quel *Factum* d'un Libraire contre Mr. de Voltaire.

Votre Traducteur, Mr. Walmoth, a eu l'équité d'avertir dans ses Notes, que cette *Voltéromanie* est une de ces mauvaises & ténébreuses Satyres qu'il n'est pas permis à un honnête-homme de citer. Il vous releve aumoins sur cette erreur. Sçachez donc, Monsieur, la vérité de ce fait, puisque vous en parlez.

Un Ecrivain Français qui avoit, comme tous les Gens de Lettres le sçavent, les plus grandes & les plus solemnelles obligations à Mr. de Voltaire, a eu le malheur d'être soupçonné ( & nous croyons que c'est témérairement ) d'avoir poussé la noirceur & l'ingratitude jusqu'à composer cette indigne Piéce ; mais il l'a désavouée publiquement à la Police de Paris, & ce désaveu signé de sa main est imprimé dans toutes les Gazettes. Voyez entre autres celle d'Amsterdam du Mardi 19. Mai 1741. *Je me croirois deshonoré*, dit-il, *si j'avois la moindre part à cet infâme Libelle* : ce sont ses propres expressions. Jugez donc quelle gloire on peut recueillir à citer cette Piéce qu'un tel Ecrivain désavoue.

Nous croyons aussi devoir vous instruire de l'autenticité de ce *Factum* du Libraire que vous citez encore à propos du Roi de Suede Charles XII.

Quelqu'étrange qu'il puisse être d'assembler ici de tels noms, on ne peut s'empêcher d'en parler après vous; & puisque dans l'Histoire d'un Roi de Suede vous vous servez d'une Piéce d'un Procès d'un Marchand de Rouen pour noircir la réputation d'un Homme de Lettres de Paris, souffrez que des Gens de Lettres mieux informés que vous, prennent la liberté de le défendre.

Vous sçavez qu'il y a souvent autant de jalousie entre les Ecrivains qu'entre les Princes; mais quel que soit l'Ecrivain qui ait induit ce Libraire à publier ce *Factum* dont vous parlez, il est à propos de vous dire qu'il fut condamné & supprimé juridiquement, & qu'ainsi ce n'étoit guéres un document à rapporter dans l'Histoire d'un Monarque.

Vous allez voir, Monsieur, que souvent il ne faut pas plus se fier aux Piéces imprimées, dans les affaires des Particuliers, que dans les Négociations entre les Souverains. Et de-même que tous les Universaux & tous les Manifestés qui grossissent un Ouvrage, ne font point connoître le fond des Affaires & les ressorts de la Politique, ainsi tous ces Libelles répandus, ou sous le nom de *Factum*, ou sous celui de *Remarques*, d'*Observations*, &c. & tous

ces

À Mr. NORBERG.

ces Extraits Satyriques dont on deshonore tant de Journaux, ne peuvent servir à donner une juste idée du caractére d'un homme. Pour vous en convaincre, ayez la bonté de jetter les yeux sur cette Lettre de ce même Libraire, écrite à Mr. de Voltaire quelque tems après le Procès dont vous parlez: elle est de Paris, datée du 30 Décembre 1738. On la publie pour servir d'exemple, & même pour faire honneur à celui qui a eu le courage de réparer par lui-même le mal que d'autres avoient fait, en se servant de son nom. La voici.

» Monsieur, je vous suplie d'excuser le
» mauvais état de ma fortune, & la sous-
» traction de tous mes papiers, qui m'a
» empêché jusqu'ici de reconnoître le mau-
» vais procédé de ceux qui ont abusé de
» mon malheur, pour me forcer, en me
» trompant, à vous faire un Procès injuste,
» & à laisser imprimer un Factum odieux.
» Je les desavouë tous deux entiérement.
» La malice de votre ennemi n'a servi qu'à
» me faire encore mieux reconnoître la
» bonté de votre caractére. Ayez celle de
» me pardonner d'avoir écouté de si mau-
» vais conseils. Je vous jure que je m'en
» suis repenti au moment même que j'a-
» vois le malheur de laisser agir si indigne-
» ment contre vous. J'ai bien reconnu com-
» bien on m'avoit trompé. Vous n'ignorez
» pas la méchanceté de celui qui m'a con-

seillé

» seillé ; voilà à quoi elle s'est portée, on
» s'est servi de moi pour vous nuire. J'en
» suis si fâché, que je vous promets de ne
» jamais voir ceux qui m'ont forcé à vous
» manquer à ce point ; & je réparerai le tort
» extrême que j'ai eu, par l'attachement
» constant que je veux vous vouer toute ma
» vie, comme à mon ancien bienfaiteur.
» Je vous prie, Monsieur, de me rendre
» votre bienveillance, & de croire que
» mon cœur n'a jamais eu de part à la ma-
» lice de vos ennemis. Oui, c'est mon cœur
» seul qui m'engage à vous le dire ; & j'ai
» l'honneur d'être avec un très profond
» respect, Monsieur, votre très-humble &
» très-obéissant serviteur. A Paris, ce 30.
» Décembre 1738.

Si cette Lettre ne vous suffit pas, Monsieur, pour décréditer les Ouvrages infâmes ausquels vous avez voulu donner du poids dans votre Préface, nous vous en fournirons d'autres beaucoup plus fortes. Vous voyez un homme qui demande pardon de cette même faute que vous citez comme une autorité, & qui n'en rougit point. Ne rougissez point, Monsieur, de vous repentir de vos petites inadvertances. Il est dur, mais il est beau d'avouer ses fautes.

# COURTE RÉPONSE
## AUX LONGS DISCOURS
### D'UN
## DOCTEUR ALLEMAND.

JE m'étois donné à la Philosophie, croyant y trouver le repos que Newton appelle *rem prorsus substantialem*; mais je vis que la racine quarrée du Cube, des révolutions des Planétes, & les quarrés de leurs distances, faisaient encore des ennemis. Il est vrai qu'en Angleterre on me sut quelque gré d'avoir été le premier Français qui eût rendu un compte détaillé des admirables découvertes de Newton sur la Lumiére & sur la Gravitation universelle. La Société Royale de Londres daigna m'admettre dans ce Corps illustre, qui a produit des vérités neuves & immortelles. Mais je m'apperçois que j'ai encouru l'indignation de quelques Docteurs Allemans. J'ai osé mesurer toujours la force des Corps en mouvement par $m . x . v$. J'ai eu l'insolence de douter des Monades de l'Harmonie préétablie, & même du grand principe des Indiscernables. Malgré le respect sincére que j'ai pour le beau génie de Leibnitz,

pouvais-

pouvais-je espérer du repos après avoir voulu ébranler ces fondemens de la Nature ? On a employé pour me convaincre, de longs sophismes & de grosses injures, selon la respectable coutume introduite depuis longtems dans cette Science qu'on apelle *Philosophie*, c'est-à-dire, *Amour de la Sagesse*.

Il est vrai qu'une personne infiniment respectable à tous égards, & qui a beaucoup de sortes d'esprits, a daigné en employer une à éclaircir & à orner le Système de Leibnitz ; elle s'est amusée à décorer d'un beau portique ce Bâtiment vaste & confus. J'ai été étonné de ne pouvoir la croire en l'admirant ; mais j'en ai vu enfin la raison : c'est qu'elle-même ne croyoit guéres ; & c'est ce qui arrive souvent entre ceux qui s'imaginent vouloir persuader, & ceux qui s'efforcent de se laisser persuader.

Plus je vais en avant, & plus je suis confirmé dans l'idée que les Systèmes de Métaphysique sont pour les Philosophes, ce que les Romans sont pour les Femmes. Ils ont tous la vogue les uns après les autres, & finissent tous par être oubliés. Une Vérité Mathématique reste pour l'éternité, & les Fantômes Métaphysiques passent comme des rêves de Malades.

Lorsque j'étois en Angleterre, je ne pus avoir la consolation de voir le grand Newton qui touchoit à sa fin. Le fameux Curé

Curé de St. James, Samuel Clarke, l'ami, le disciple & le Commentateur de Newton, daigna me donner quelques instructions sur cette partie de la Philosophie, qui veut s'élever au-dessus du Calcul & des Sens. Je ne trouvai pas à la vérité cette anatomie circonspecte de l'Entendement Humain ; ce bâton d'aveugle avec lequel marchoit le modeste Locke, cherchant son chemin & le trouvant ; enfin cette timidité savante qui arrêtoit Locke sur le bord des abîmes. Clarke sautoit dans l'abîme, & j'osai croire l'y suivre. Un jour, plein de ces grandes recherches qui charment l'esprit par leur immensité, je dis à un Membre très-éclairé de la Société Royale : *Monsieur Clarke est un bien plus grand Métaphysicien que Mr. Newton.* Cela peut être, me repondit-il froidement ; c'est comme si vous disiez que l'un joue mieux un balon que l'autre. Cette réponse me fit rentrer en moi-même. J'ai depuis osé percer quelques-uns de ces balons de la Métaphysique, & j'ai vu qu'il n'en est sorti que du vent. Aussi, quand je dis à Mr. de Gravesende, *vanitas vanitatum, & metaphysica vanitas* : il me répondit, *je suis bien fâché que vous ayez raison.*

Le Pere Mallebranche, dans sa *Recherche de la Vérité*, ne concevant rien de beau, rien d'utile que son Systême, s'exprime ainsi : „ Les hommes ne sont pas faits
„ pour

» pour considérer des Moucherons ; & on
» n'approuve pas la peine que quelques
» personnes se sont donnée de nous ap-
» prendre comment sont faits certains in-
» sectes, les transformations des Vers, &c.
» Il est permis de s'amuser à cela, quand
» on n'a rien à faire, & pour se divertir.

Cependant *cet amusement à cela pour se divertir*, nous a fait connaître les ressources inépuisables de la Nature, qui rendent à des Animaux les membres qu'ils ont perdus, qui reproduisent des têtes après qu'on les a coupées, qui donnent à tel insecte le pouvoir de s'acoupler l'instant d'après que sa tête est séparée de son corps, qui permettent à d'autres de multiplier leur espece sans le secours des deux sexes. Cet *amusement à cela* a développé un nouvel Univers en petit, & des varietés infinies de sagesse & de puissance ; tandis qu'en quarante ans d'étude le Pere Mallebranche a trouvé que la lumiere est une vibration de pression sur de petits tourbillons mous, & que nous voyons tout en Dieu. On a imprimé depuis peu sous le nom de Londres une Edition des *Elémens de Newton*, dans laquelle on trouve un court Exposé de peu d'Idées Métaphysiques dont Newton avoit jetté la semence dans ses Ouvrages. On s'est avisé d'imprimer en Hollande cette partie Métaphysique, aussi fautivement que mes

autres

autres Oeuvres; & on l'a imprimée sous le titre de *Parallele des Sentimens de Nevvton & de Leibnitz*; titre qui n'est nullement convenable; car je ne parle qu'en deux ou trois endroits des choses que Leibnitz a imaginées.

Je dis dans ce petit Ouvrage: *Si l'on veut savoir ce que Nevvton pensoit sur la formation des Idées, sur la maniere dont l'Ame opere & dont elle est unie au Corps, & lequel de tous ces Systêmes il embrassoit; je répondrai qu'il n'en suivoit aucun. Que savoit donc sur cette matiere celui qui avoit soumis l'Infini au Calcul, qui avoit découvert la Nature de la Lumiere & les Loix de la Pesanteur Universelle? Il savoit douter.*

Et là-dessus on s'écrie, oh! nous autres nous ne doutons pas, nous savons de science certaine que l'Ame & je ne sai quoi, destinée nécessairement à recevoir je ne sai quelles idées, dans le tems que le Corps fait nécessairement certains mouvemens, sans que l'un ait la moindre influence sur l'autre; comme lorsqu'un homme prêche, & que l'autre fait des gestes; & cela s'appelle l'harmonie préétablie. Nous savons que la matiere est composée d'Etres qui ne sont pas matiere, & que dans la patte d'un Ciron il y a une infinité de substances sans étendue, dont chacune a des idées confuses qui composent un miroir concentré de tout l'Univers;

vers; & cela s'appelle le Systême des Monades. Nous concevons aussi parfaitement l'accord de la Liberté & de la Nécessité; nous entendons très-bien *comment tout étant plein* tout a pu se mouvoir.

Heureux ceux qui peuvent comprendre des choses si peu compréhensibles, & qui voyent un autre Univers que celui où nous vivons!

J'aime à voir un Docteur qui vous dit d'un ton magistral & ironique : ″Vous ″ errez, vous ne savez pas qu'on a découvert depuis peu que *ce qui est, est possible, & que tout ce qui est possible n'est pas actuel; & que tout ce qui est actuel est possible; & que les essences des choses ne changent pas.*″ Ah! plût à Dieu que l'essence des Docteurs changeât! Eh bien, vous nous apprenez donc qu'il y a des Essences; & moi je vous apprends que ni vous ni moi n'avons l'honneur de les connaître; je vous apprends que jamais homme sur la Terre n'a sçu & ne saura ce que c'est que la Matiere; ce que c'est que le Principe de la Vie & du Sentiment; ce que c'est que l'Ame humaine; s'il y a des Ames dont la nature soit seulement de sentir sans raisonner, ou de raisonner en ne sentant point, ou de ne faire ni l'un ni l'autre. Si ce qu'on appelle Matiere a des sensations, comme elle à la gravitation; si, &c.

Quant

Quand à la dispute sur la mesure de la force des Corps en mouvement, il me paroît que ce n'est qu'une dispute de mots, & je suis fâché qu'il y en ait de telle en Mathématique. Que l'on compte comme l'on voudra m. x. v. ou bien m. x. v. 2. rien ne changera dans la Mécanique, il faudra toûjours la même quantité de chevaux pour tirer les fardaux, la même charge de poudre pour les canons, & cette querelle est le scandale de la Géométrie.

Plût au Ciel encore qu'il n'y eût point d'autre querelle entre les hommes, nous serions des Anges sur la Terre. Mais ne ressemble-t-on pas quelquefois à ces Diables que Milton nous représente dévorez d'ennuis, de rage, d'inquiétude, de douleurs, & raisonnans encore sur la Métaphysique au milieu de leurs tourmens?

» Tel dans l'amas brillant des rêves de Milton,
» On voit les Habitans du brûlant Flégéton,
» Entouré de torrens de bitume & de flâme,
» Raisonner sur l'essence, argumenter sur l'ame,
» Sonder les profondeurs de la Fatalité,
» Et de la Prévoyance & de la Liberté.
» Ils creusent vainement dans cet abîme immense.

. . . . . . . . . . *and reason'd high*
*Of providence fore knowledge will, and fate.*
*Fin't fate, free will, fore knowledge absolute*
*And found no end, &c.*

# RELATION
## TOUCHANT UN
## MAURE BLANC,
Amené d'Afrique à Paris en 1744.

J'AI vû, il n'y a pas long-tems à Paris, un petit Animal blanc comme du lait, avec un mufle taillé comme celui des Lapons, ayant comme les Négres de la laine frisée sur la tête; mais une laine beaucoup plus fine, & qui est de la blancheur la plus éclatante. Ses cils & ses sourcils sont de cette même laine; mais non frisée, ses paupieres d'une longueur qui ne leur permet pas en s'élevant de découvrir tout l'orbite de l'œil, lequel est un rond parfait. Les yeux de cet Animal sont ce qu'il a de plus singulier : l'iris est d'un rouge tirant sur la couleur de rose : la prunelle qui est noire chez nous, & chez tout le reste du monde, est chez eux d'une couleur aurore très-brillante. Ainsi, au-lieu d'avoir un trou percé dans l'iris, à la façon des Blancs & des Négres, ils ont une membrane jaune transparente à-travers laquelle ils reçoivent la lumiére.

Il suit de-là évidemment qu'ils voyent tous les objets tout autrement colorés que nous ne les voyons ; & s'il y a parmi eux quelque Newton, il établira des principes d'Optique différens des nôtres. Ils regardent ainsi que marchent les Crabes, toûjours de côté, & font tous louches de naissance : par-là ils ont l'avantage de voir à la fois à droite & à gauche, & ont deux axes de vision ; tandis que les plus beaux yeux de ce Pays-ci n'en ont qu'un. Mais ils ne peuvent soutenir la lumiere du Soleil, ils ne voyent bien que dans le crépuscule. La Nature les destinait probablement à habiter les cavernes. Ils ont d'ailleurs les oreilles plus longues & plus étroites que nous. Cet Animal s'appelle un Homme, parcequ'il a le don de la parole, de la mémoire, un peu de ce qu'on appelle raison, & une espece de visage.

La race de ces hommes habite le milieu de l'Afrique : elle est méprisée des Négres, plus que les Négres ne le sont de nous : on ne leur pardonne pas dans ce Pays d'avoir des yeux rouges, & une peau qui n'est point huileuse, & dont la membrane graisseuse n'est point noire. Ils paraissent aux Négres une espece inférieure faite pour les servir. Quand il arrive à un Négre d'avilir la dignité de sa Nature jusqu'à faire l'amour à une personne de cette espece blafarde, il est tourné en ridicule par tous les Négres.

Une Négraisse convaincue de cette mésalliance est l'opprobre de la Cour & de la Ville. J'ai appris depuis des Voyageurs les plus dignes de foi, & qui ont été chargés dans les grandes Indes des plus importans Emplois, qu'on a transporté de ces Animaux à Madagascar, à l'Ile de Bourbon, à Pondicheri. Il n'y a point d'exemple, m'a-t'il dit, qu'aucun d'eux ait vêcu plus de vingt-cinq ans. Je ne sai s'il faut les en féliciter ou les en plaindre.

Il y a quelques années que nous avons connu l'existence de cette Espece : on avoit transporté en Amérique un de ces petits Maures blancs. On trouve dans les Régistres de l'Académie des Sciences, qu'on en avait donné avis à Monsieur Helvetius; mais personne ne voulait le croire : car si on donne une créance aveugle à tout ce qui est absurde, on se défie toûjours en récompense de ce qui est naturel.

La premiere fois qu'on dit aux Européans qu'il y avait une autre espece d'hommes, noire comme des Taupes, il y a grande apparence qu'on se mit à rire, autant qu'on se moqua depuis de ceux qui imaginerent les Antipodes. Comment se peut-il faire, disoit-on, qu'il y ait des femmes qui n'ayent pas la peau blanche ? On s'est familiarisé depuis avec la varieté de la Nature.

On a sçu qu'il a plû à la Providence de
faire

faire des hommes à membrane noire, & des têtes à laine dans des Climats tempérés, d'en mettre de blancs sous la Ligne; de bronzer les hommes aux grandes Indes & au Brézil, de donner aux Chinois d'autres yeux & d'autres figures qu'à nous; de mettre des corps de Lapons tout auprès des Suedois.

Voici enfin une nouvelle richesse de la Nature, une Espece qui ne ressemble pas tant à la nôtre que les Barbets aux Levriers. Il y a encore probablement quelque autre Espece vers les Terres Australes. Voilà le Genre-Humain plus favorisé qu'on n'a cru d'abord. Il eût été bien triste qu'il y eût tant d'especes de Singes, & une seule d'Hommes. C'est seulement grand dommage qu'un Animal aussi parfait soit si peu diversifié, & que nous ne comptions encore que cinq ou six especes absolument différentes, tandis qu'il y a parmi les Chiens une diversité si belle.

Il est très-vraisemblable qu'il s'est détruit quelques-unes de ces especes d'Animaux à deux pieds sans plumes, comme il s'est perdu évidemment beaucoup d'autres especes d'Animaux. Celle-ci, que nous appellons les Maures blancs, est très-peu nombreuse, il ne faudrait presque rien pour l'anéantir; & pour peu que nous continuyons en Europe à peupler les Couvens, & à dépeupler la Terre pour savoir qui la gouvernera, je ne donne pas encore beaucoup de siécles à notre pauvre Espece.

On m'assure que la race de ces petits Maures blancs est fort fiere, qu'elle se croit privilégiée du Ciel, qu'elle a une sainte horreur pour les hommes qui sont assez malheureux pour avoir des cheveux ou de la laine noire, pour ne point loucher, & avoir les oreilles courtes. Ils disent que tout l'Univers a été créé pour les Maures blancs ? Que depuis il leur est arrivé quelques petits malheurs ; mais que tout doit être réparé, & qu'ils seront les Maîtres des Négres & des autres blancs, gens réprouvés du Ciel à jamais. Peut-être qu'ils se trompent ; mais si nous pensons valoir beaucoup mieux qu'eux, nous nous trompons assez lourdement.

# LETTRE SUR L'ESPRIT.

ON consultoit un jour un homme qui avoit quelque connoissance du cœur humain, sur une Tragédie qu'on devoit représenter. Il répondit qu'il y avoit tant d'esprit dans cette Piéce qu'il doutoit de
son

son succès. Quoi ! dira-t-on, est-ce là un défaut, dans un tems où tout le monde veut en avoir ; où l'on n'écrit que pour montrer qu'on en a ; où le Public applaudit même aux pensées les plus fausses, quand elles sont brillantes ? Oui, sans doute, on applaudira le premier jour, & on s'ennuyera le second.

Ce qu'on appelle esprit est tantôt une comparaison nouvelle, tantôt une allusion fine ; ici l'abus d'un mot qu'on présente dans un sens, & qu'on laisse entendre dans un autre ; là un rapport délicat entre deux idées peu communes : c'est une métaphore singuliére ; c'est une recherche de ce qu'un objet ne présente pas d'abord ; mais de ce qui est en effet dans lui, c'est l'art ou de réunir deux choses éloignées, ou de diviser deux choses qui paroissent se joindre, ou de les opposer l'une à l'autre ; c'est celui de ne dire qu'à moitié sa pensée pour la laisser deviner. Enfin je vous parlerois de toutes les différentes façons de montrer de l'esprit si j'en avois davantage ; mais tous ces brillans ( & je ne parle pas des faux-brillans ) ne conviennent point, ou conviennent fort rarement à un Ouvrage sérieux, & qui doit intéresser. La raison en est qu'alors c'est l'Auteur qui paroît, & que le Public ne veut voir que le Héros. Or ce Héros est toujours ou dans la passion ou en danger. Le danger & les passions ne cherchent point l'esprit. Priam & Hécube ne font point d'Epigrammes, quand leurs enfans sont égorgés dans Troye embrasée. Didon ne soupire point en Madrigaux, en volant au bucher sur lequel elle va s'immoler. Démosthene n'a point de jolies pensées quand il anime les Athéniens à la guerre: s'il en avoit il seroit un Rhéteur, & il est un homme d'Etat.

L'art de l'admirable Racine est bien au-dessus de ce qu'on appelle esprit; mais si Pyrrhus s'exprimoit toujours dans ce stile;

Vaincu, chargé de fers, de regrets consumé;
Brûlé de plus de feux que je n'en allumai,
Hélas! fus-je jamais si cruel que vous l'êtes?

si Oreste continuoit toujours à dire, *que les Scythes sont moins cruels qu'Hermione*, ces deux Personnages ne toucheroient point-du-tout: on s'appercevroit que la vraye passion s'occupe rarement de pareilles comparaisons, & qu'il y a peu de proportion entre les feux réels dont Troye fut consumée, & les feux de l'amour de Pyrrhus; entre les Scythes qui immolent des Hommes, & Hermione qui n'aime point Oreste. Cinna dit en parlant de Pompée:

Le Ciel choisit sa mort, pour servir dignement
D'une marque éternelle à ce grand changement;
Et devoit cet honneur aux mânes d'un tel homme,
D'emporter avec eux la liberté de Rome.

Cette pensée a un très-grand éclat : il y a là beaucoup d'esprit, & même un air de grandeur qui impose. Je suis sûr que ces Vers prononcés avec l'enthousiasme & l'art d'un bon Acteur seront applaudis ; mais je suis sûr que la Piéce de Cinna écrite toute dans ce goût, n'auroit jamais été jouée long-tems.

En effet, pourquoi le Ciel devoit-il faire l'honneur à Pompée de rendre les Romains esclaves après sa mort ? Le contraire seroit plus vrai : les mânes de Pompée devroient plûtôt obtenir du Ciel le maintien éternel de cette liberté pour laquelle on suppose qu'il combattit & qu'il mourut.

Que seroit-ce donc qu'un Ouvrage rempli de pensées recherchées & problématiques ? Combien sont supérieurs à toutes ces idées brillantes, ces Vers simples & naturels ?

Cinna, tu t'en souviens, & veux m'assassiner !
Soyons amis, Cinna, c'est moi qui t'en convie.

Ce n'est pas ce qu'on appelle esprit : c'est le sublime & le simple qui font la vraye beauté.

Que dans Rodogune Antiochus dise de sa Maîtresse qui le quitte, après lui avoir indignement proposé de tuer sa mere :

Elle

Elle fuit, mais en Parthe, en nous perçant le cœur.

Antiochus a de l'esprit ; c'est faire une Epigramme contre Rodogune ; c'est comparer ingénieusement les dernieres paroles qu'elle dit en s'en allant aux fléches que les Parthes lançoient en fuyant. Mais ce n'est pas parceque sa Maîtresse s'en va, que la proposition de tuer sa mere est révoltante : qu'elle sorte, ou qu'elle demeure, Antiochus a également le cœur percé. L'Epigramme est donc fausse ; & si Rodogune ne sortoit pas, cette mauvaise Epigramme ne pouvoit plus trouver place.

Je choisis exprès ces exemples dans les meilleurs Auteurs afin qu'ils soient plus frappans, & je ne releve pas dans eux ces pointes & ces jeux de mots dont on sent le faux aisément. Il n'y a personne qui ne rie quand dans la Tragédie de Médée, sa Rivale lui dit en faisant allusion à ses sortiléges,

Je n'ai que des attraits, & vous avez des charmes.

Corneille trouva le Théâtre, & tous les genres de Littérature infectés de ces puérilités, qu'il se permit rarement. Je ne veux parler ici que de ces traits d'esprit qui seroient admis ailleurs, & que le genre sérieux reprouve. On pourroit appliquer à leurs Auteurs, ce mot de Plutarque traduit

avec

avec cette heureuse naïveté d'Amyot : *Tu tiens, sans-propos, beaucoup de bons propos.*

Il me revient dans la mémoire un de ces traits brillans que j'ai vu citer comme un modéle dans beaucoup d'Ouvrages de goût, & même dans le Traité des Etudes de feu Mr. Rollin. Ce morceau est tiré de la belle Oraison funèbre du grand Turenne, composée par Fléchier. Il est vrai que dans cette Oraison Fléchier égala presque le sublime Bossuet que j'ai apellé, & que j'appelle encore le seul homme éloquent parmi tant d'Ecrivains élégans; mais il me semble que le trait dont je parle n'eût pas été employé par l'Evêque de Meaux. Le voici. " Puissances ennemies de la France, " vous vivez, & l'esprit de la Charité Chré- " tienne m'interdit de faire aucun souhait " pour votre mort, &c. mais vous vivez, " & je plains dans cette Chaire un vertueux " Capitaine dont les intentions étoient " pures, &c.

Une apostrophe dans ce goût eût été convenable à Rome dans la Guerre Civile après l'assassinat de Pompée, ou dans Londres après le meurtre de Charles Premier; parcequ'en effet il s'agissoit des intérêts de Pompée & de Charles Premier. Mais est-il décent de souhaiter adroitement en Chaire la mort de l'Empereur, du Roi d'Espagne & des Electeurs, & de mettre en balance avec eux le Général d'Armée d'Armée d'un Roi leur ennemi ? Les intentions d'un Capitaine qui ne peuvent être que de servir son Prince, doivent-elles être comparées avec les intérêts politiques des Têtes Couronnées contre lesquelles il servoit ? Que diroit-on d'un Allemand qui eût souhaité la mort au Roi de France, à propos de la perte du Général Mercy, dont les intentions étoient pures ?

Pourquoi donc ce passage a-t-il toujours été loué par tous les Rhéteurs ? C'est que la figure est en elle-même belle & patétique ; mais ils n'examinoient point le fond & la convenance de la pensée. Plutarque eût dit à Fléchier : *Tu as tenu sans propos un très-beau propos*.

Je reviens à mon paradoxe, que tous ces brillans auxquels on donne le nom d'esprit, ne doivent point trouver place dans les grands Ouvrages faits pour instruire ou toucher : je dirai même qu'ils doivent être bannis de l'Opéra. La Musique exprime les passions, les sentimens, les images ; mais où sont les accords qui peuvent rendre une Epigramme ? Quinault étoit quelquefois négligé, mais il étoit toujours naturel.

De tous nos Opéra, celui qui est le plus orné, ou plûtôt accablé de cet esprit Epigrammatique, est le Ballet du Triomphe des Arts, composé par un Homme aimable, qui pensa toujours finement, & qui s'exprima s'exprima de même ; mais qui par l'abus de ce talent contribua un peu à la décadence des Lettres, après les beaux jours de Louïs XIV.

Dans ce Ballet où Pigmalion anime sa Statuë, il lui dit :

Vos premiers mouvemens ont été de m'aimer.

Je me souviens d'avoir entendu admirer ce Vers dans ma jeunesse par quelques personnes. Qui ne voit que les mouvemens du corps de la Statue sont ici confondus avec les mouvemens du cœur, & que dans aucun sens la phrase n'est Française? que c'est en effet une pointe, une plaisanterie? Comment se pouvoit-il faire qu'un homme qui avoit tant d'esprit, n'en eût pas assez pour retrancher ces fautes éblouïssantes ?

Ces jeux de l'imagination, ces finesses, ces tours, ces traits saillans, ces gayetés, ces petites sentences coupées, ces familiarités ingénieuses qu'on prodigue aujourd'hui, ne conviennent qu'aux petits Ouvrages de pur agrément. La façade du Louvre de Perrault est simple & majestueuse. Un cabinet peut recevoir avec grace de petits ornemens. Ayez autant d'esprit que vous voudrez, ou que vous pourrez, dans un Madrigal, dans des Vers légers, dans une Scène de Comédie qui ne sera ni passionnée ni naïve, dans un compliment,

dans

dans un petit Roman, dans une Lettre où vous vous égayerez pour égayer vos amis.

Loin que j'aye reproché à Voiture d'avoir mis de l'esprit dans ses Lettres, j'ai trouvé au-contraire qu'il n'en avoit pas assez, quoiqu'il le cherchât toujours. On dit que les Maîtres à danser font mal la révérence, parcequ'ils la veulent trop bien faire. J'ai cru que Voiture étoit souvent dans ce cas ; ses meilleures Lettres sont étudiées ; on sent qu'il se fatigue pour trouver ce qui se présente si naturellement au Comte Antoine Hamilton, à Madame de Sévigné, & à tant d'autres Dames qui écrivent sans effort ces bagatelles mieux que Voiture ne les écrivoit avec peine.

Despréaux, qui avoit osé comparer Voiture à Horace dans ses premieres Satyres, changea d'avis quand son goût fut meuri par l'âge. Je sai qu'il importe très-peu aux affaires de ce Monde, que Voiture soit ou ne soit pas un grand génie, qu'il y ait fait seulement quelques jolies Lettres, ou que toutes ses plaisanteries soient des modéles. Mais pour nous autres qui cultivons les Arts, & qui les aimons, nous portons une vue attentive sur ce qui est assez indifférent au reste du Monde. Le bon goût est pour nous en Littérature, ce qu'il est pour les Femmes en Ajustemens ; & pourvu qu'on ne fasse pas de son opinion une affaire de parti, il me semble qu'on peut dire hardiment

ment qu'il y a dans Voiture peu de choses excellentes, & que Marot seroit aisément réduit à peu de pages.

Ce n'est pas qu'on veuille leur ôter leur réputation ; c'est au-contraire qu'on veut savoir bien au juste ce qui leur a valu cette réputation qu'on respecte, & quelles sont les vrayes beautés qui ont fait passer leurs défauts. Il faut savoir ce qu'on doit suivre, & ce qu'on doit éviter : c'est-là le véritable fruit d'une Etude aprofondie des Belles-Lettres ; c'est ce que faisoit Horace quand il examinoit Lucilius en Critique. Horace se fit par-là des ennemis, mais il éclaira ses ennemis mêmes.

Cette envie de briller, & de dire d'une maniére nouvelle ce que les autres ont dit, est la source des expressions nouvelles, comme des pensées recherchées.

Qui ne peut briller par une pensée, veut se faire remarquer par un mot. Voilà pourquoi on a voulu en dernier lieu substituer *amabilités* au mot d'*agrémens*, *négligemment* à *négligence*, *badiner les amours* à *badiner avec les amours*. On a cent autres affectations de cette espéce. Si on continuoit ainsi, la Langue des Bossuets, des Racines, des Pascals, des Corneilles, des Boileaux, des Fenelons, deviendroit bien-tôt surannée. Pourquoi éviter une expression qui est d'usage, pour en introduire une qui dit précisément la même chose ? Un mot nouveau n'est pardonnable,

donnable, que quand il est absolument nécessaire, intelligible & sonore : on est obligé d'en créer en Physique : une nouvelle Découverte, une nouvelle Machine, exigent un nouveau mot. Mais fait-on de nouvelles découvertes dans le cœur humain ? Y a-t-il une autre Grandeur que celle de Corneille & de Bossuet ? Y a-t-il d'autres Passions que celles qui ont été maniées par Racine, & effleurées par Quinault ? Y a-t-il une autre Morale Evangélique que celle du Pere Bourdaloue ?

Ceux qui accusent notre Langue de n'être pas assez féconde, doivent en effet trouver de la stérilité, mais c'est dans eux-mêmes :

*Rem verba sequuntur.*

Quand on est bien pénétré d'une idée, quand un esprit juste & plein de chaleur, possède bien sa pensée, elle sort de son cerveau toute ornée des expressions convenables, comme Minerve sortit toute armée du cerveau de Jupiter.

Je sens que cette comparaison pourroit être déplacée ailleurs ; mais vous la pardonnerez dans une Lettre. Enfin, la conclusion de tout ceci est, qu'il ne faut rechercher, ni les pensées, ni les tours, ni les expressions ; & que l'art, dans tous les grands Ouvrages, est de bien raisonner sans trop faire d'argumens, de bien peindre sans vouloir

vouloir tout peindre ; d'émouvoir, sans vouloir toujours exciter les passions.

Je donne ici de beaux conseils sans doute. Les ai-je pris pour moi-même ? Hélas ! non.

> *Pauci, quos æquus amavit*
> *Jupiter, aut ardens evexit ad æthera virtus*
> *Diis geniti potuere.*

# DISCOURS SUR LE FANATISME.

LA Géométrie ne rend donc pas toujours l'esprit juste. Dans quel précipice ne tombe-t-on pas encore avec ces lisiéres de la Raison ? Un fameux * Protestant que l'on comptoit entre les premiers Mathématiciens de nos jours, & qui marchoit sur les traces des Newtons, des Leibnitz, des Bernouilli, s'avisa il y a quelques années de tirer des corollaires assez singuliers. Il est dit qu'avec un grain de foi on transportera des montagnes ; & lui, par une analise toute géométrique, se dit à lui-même : J'ai beaucoup de grains

* Mr. Fatio Duillier.

de foi, donc je ferai plus que transporter des montagnes. Ce fut lui qu'on vit à Londres en l'année 1707. accompagné de quelques Savans, & même de Savans qui avoient de l'esprit, annoncer publiquement qu'ils ressusciteroient un mort dans tel Cimetiére que l'on voudroit. Leurs raisonnemens étoient toujours conduits par la sintèze. Ils disoient: les vrais Disciples doivent faire des miracles: nous sommes les vrais Disciples: nous ferons donc tout ce qu'il nous plaira. De simples Saints de l'Eglise Romaine qui n'étoient point Géometres ont ressuscité beaucoup d'honnêtes-gens: donc à plus forte raison, nous qui avons réformé les Reformés, nous ressusciterons qui nous voudrons. Il n'y a rien à repliquer à ces argumens, ils sont dans la meilleure forme du monde. Voilà ce qui a inondé l'Antiquité de prodiges, voilà pourquoi les Temples d'Esculape à Epidaure & dans d'autres Villes étoient pleins d'*exvoto*; les voûtes étoient ornées de cuisses redressées, de bras remis, de petits enfans d'argent, tout étoit miracle. Enfin, le fameux Protestant Géométre dont je parle étoit de si bonne foi, il assura si positivement qu'il ressusciteroit les morts, & cette proposition plausible fit tant d'impression sur le peuple, que la Reine Anne fut obligée de lui donner un jour une heure & un Cimetiére à son choix, pour faire son miracle loyalement & en présence de la Justice.

Le Saint Géometre choisit l'Eglise Cathédrale de Saint Paul pour faire sa démonstration : le peuple se rangea en haïe, des soldats furent placés pour contenir les vivans & les morts dans le respect : les Magistrats prirent leurs places, le Greffier écrivit tout sur les Registres publics : on ne peut trop constater les nouveaux Miracles.

On déterra un corps au choix du Saint : il pria, il se jetta à genoux, il fit de très-pieuses contorsions, ses compagnons l'imiterent. Le mort ne donna aucun signe de vie, on le reporta dans son trou, & on punit légérement le Ressusciteur & ses adhérens. J'ai vu depuis un de ces pauvres gens : il m'a avoué qu'un d'eux étoit en péché véniel, & que le mort en pâtit, sans quoi la résurrection étoit infaillible.

S'il étoit permis de révéler la turpitude de gens à qui l'on doit le plus sincere respect, je dirois ici que Newton, le grand Newton, a trouvé dans l'Apocalypse, que le Pape est l'Antechrist, & bien d'autres choses de cette nature : je dirois qu'il étoit Arien très-sérieusement. Je sai que cet écart de Newton est à celui de mon autre Géometre, comme l'unité est à l'infini : il n'y a point de comparaison à faire. Mais quelle pauvre espece que le Genre-Humain, si le grand Newton a cru trouver dans l'Apocalypse l'Histoire présente de l'Europe !

Il semble que la Superstition soit une maladie épidémique, dont les ames les plus fortes ne sont pas toujours exemtes. Il y a en Turquie des gens de très-bon sens, qui se feroient empaler pour certains sentimens d'Aboubèkre. Ces principes une fois admis, ils raisonnent très-conséquemment : les Navariciens, les Radaristes, les Jabaristes se damnent chez eux réciproquement avec des argumens très-subtils ; ils tirent tous des conséquences plausibles, mais ils n'osent jamais examiner les principes.

Quelqu'un répand dans le monde qu'il y a un Géant haut de soixante & dix pieds : bien-tôt après tous les Docteurs examinent de quelle couleur doivent être ses cheveux, de quelle grandeur est son pouce, quelles dimensions ont ses ongles : on crie, on cabale, on se bat : ceux qui soutiennent que le petit doigt du Géant n'a que quinze lignes de diametre, font bruler ceux qui affirment que le petit doigt a un pied d'épaisseur. Mais, Messieurs, votre Géant existe-t-il, dit modestement un Passant ? Quel doute horrible, s'écrient tous les Disputans ! quel blasphême ! quelle absurdité ! Alors ils font tous une petite tréve pour lapider le Passant ; & après l'avoir assassiné en cérémonie de la maniére la plus édifiante, ils se battent entr'eux comme de coutume, au sujet du petit doigt & des ongles.

# DISCOURS SUR LE DÉISME.

LE Déïsme est une Religion répandue dans toutes les Religions, c'est un Métal qui s'allie avec tous les autres, & dont les veines s'étendent sous terre aux quatre coins du Monde. Cette Mine est plus à découvert, plus travaillée à la Chine; partout ailleurs elle est cachée, & le secret n'est que dans les mains des Adeptes. Il n'y a point de Pays où il y ait plus de ces Adeptes qu'en Angleterre. Il y avoit au dernier siécle beaucoup d'Athées en ce Pays-là, comme en France & en Italie. Ce que le Chancelier Bacon avoit dit se trouve vrai à la lettre, qu'un peu de Philosophie rend un homme Athée, & que beaucoup de Philosophie mene à la connaissance d'un Dieu.

Lorsqu'on croyoit avec Epicure que le hazard fait tout, ou avec Aristote, & même avec plusieurs anciens Théologiens, que rien ne naît par corruption, & qu'avec de la matiére & du mouvement le Monde va tout seul, alors on pouvoit ne pas croire à la Providence. Mais depuis qu'on entrevoit la Nature, que les Anciens ne voyoient point

point-du-tout ; depuis qu'on s'eſt apperçu que tout eſt organiſé, que tout a ſon germe ; depuis qu'on a bien ſçu qu'un champignon eſt l'ouvrage d'une Sageſſe infinie, auſſi-bien que tous les Mondes ; alors ceux qui penſent ont adoré là où leurs devanciers avoient blaſphemé. Les Phyſiciens ſont devenus les Hérauts de la Providence : un Catéchiſte annonce Dieu à des enfans, & un Newton le démontre aux Sages.

Bien des gens demandent ſi le Déïſme, conſidéré à part & ſans aucune autre cérémonie religieuſe, eſt en effet une Religion ? La réponſe eſt aiſée. Celui qui ne reconnaît qu'un Dieu Créateur, celui qui ne conſidére en Dieu qu'un Etre infiniment puiſſant, & qui ne voit dans ſes créatures que des machines admirables, n'eſt pas plus Religieux envers lui, qu'un Européan qui admireroit le Roi de la Chine n'eſt pour cela Sujet de ce Prince.

Mais celui qui penſe que Dieu a daigné mettre un rapport entre lui & les hommes, qu'il les a fait libres, capables du bien & du mal, & qui leur a donné à tous ce bon-ſens qui eſt l'inſtinct de l'homme, & ſur lequel eſt fondé la Loi naturelle ; celui-là ſans doute a une Religion, & une Religion beaucoup meilleure que toutes les Sectes qui ſont hors de notre Egliſe ; car toutes ces Sectes ſont fauſſes, & la Loi naturelle eſt vraye. Notre Religion révélée
n'eſt

# SUR LE DÉISME.

n'est même, & ne pouvoit être que cette Loi naturelle perfectionnée. Ainsi le Déïsme est le bon-sens qui n'est pas encore instruit de la Révélation, & les autres Religions sont le bon-sens perverti par la Superstition.

Toutes les Sectes sont différentes, parcequ'elles viennent des hommes : la Morale est partout la même, parcequ'elle vient de Dieu.

On demande pourquoi de cinq ou six cens Sectes il n'y en a guéres eu qui n'ait fait répandre du sang, & que les Déïstes qui sont partout si nombreux, n'ont jamais causé le moindre tumulte ? C'est que ce sont des Philosophes. Or des Philosophes peuvent faire de mauvais raisonnemens ; mais ils ne font jamais d'intrigues. Aussi ceux qui persécutent un Philosophe, sous prétexte que ses opinions peuvent être dangereuses au Public, sont aussi absurdes que ceux qui craindroient que l'étude de l'Algébre ne fît encherir le pain au marché. Il faut plaindre un Etre pensant qui s'égare ; le persécuteur est insensé & horrible. Nous sommes tous freres : si quelqu'un de mes freres, plein du respect & de l'amour filial, animé de la charité la plus fraternelle, ne salue pas notre Pere commun avec les mêmes cérémonies que moi, dois-je l'égorger & lui arracher le cœur ?

**DISCOURS**

# DISCOURS
## SUR LES
# CONTRADICTIONS
### DE CE MONDE.

Plus on voit ce Monde, & plus on le voit plein de contradictions & d'inconséquences. A commencer par le Grand-Turc, il fait couper toutes les têtes qui lui déplaisent, & peut rarement conserver la sienne.

Si du Grand-Turc nous passons au St. Père, il confirme l'élection des Empereurs, il a des Rois pour Vassaux; mais il n'est pas si puissant qu'un Duc de Savoye. Il expédie des ordres pour l'Amérique & pour l'Afrique, & il ne pourroit pas ôter un Privilége à la République de Luques. L'Empereur est Roi des Romains; mais le droit de leur Roi consiste à tenir l'étrier du Pape, & à lui donner à laver à la Messe.

Les Anglais servent leur Monarque à genoux; mais ils le déposent, ils l'emprisonnent, ils le font périr sur l'échafaut.

Des hommes qui font Vœu de Pauvreté obtiennent, en vertu de ce Vœu, jusqu'à deux

deux cens mille écus de rente, & en conséquence de leur Vœu d'humilité font des Souverains despotiques.

On cuit en place publique ceux qui sont convaincus du péché de Non-conformité, & on explique gravement dans tous les Collèges la seconde Eglogue de Virgile avec la déclaration d'amour de Coridon au bel Alexis: *Formosum pastor Coridon ardebat Alexin*: & on fait remarquer aux enfans, que quoiqu'Alexis soit blond, & qu'Amintas soit brun, cependant Amintas pourroit bien avoir la préférence.

Si un pauvre Philosophe qui ne pense point à mal, s'avise de vouloir faire tourner la Terre, ou d'imaginer que la lumière vient du Soleil, ou de supposer que la Matière pourroit bien avoir quelques autres propriétés que celles que nous connoissons; on crie à l'impie, au perturbateur du repos public, & on a traduit *ad usum Delfini* les Tusculanes de Cicéron & Lucrece, qui sont deux Cours complets d'Irreligion.

Les Tribunaux ne croyent plus aux Possédés, on se moque des Sorciers; mais on a brûlé Gauffrédy & Grandier pour sortilége; & en dernier lieu la moitié d'un Parlement vouloit condamner au feu un Religieux accusé d'avoir ensorcelé une fille de dix-huit ans, en soufflant sur elle.

Le sceptique Philosophe Bayle a été persécuté même en Hollande; la Motte-le-Vayer,

Vayer, plus sceptique & moins Philosophe, a été Précepteur du Roi Louis XIV. & du frere du Roi. Gouville étoit à la fois pendu en effigie à Paris, & Ministre de France en Allemagne.

Le fameux Athée Spinosa vécut & mourut tranquille. Vanini qui n'avoit écrit que contre Aristote, fut brûlé comme Athée : il a l'honneur en cette qualité de remplir un Article dans les Histoires des Gens-de-Lettres & dans tous les Dictionnaires, immenses Archives de mensonges & d'un peu de vérité. Ouvrez ces Livres, vous y verrez que non-seulement Vanini enseignoit publiquement l'Athéïsme dans ses Ecrits ; mais encore que douze Professeurs de sa Secte étoient partis de Naples avec lui dans le dessein de faire partout des prosélites. Ouvrez ensuite les Livres de Vanini, vous serez bien surpris de ne voir que des preuves de l'existence de Dieu. Voici ce qu'on lit dans son *Amphitheatrum*, Ouvrage également condamné & ignoré.

» Dieu est son principe & son terme sans
» fin & sans commencement, n'ayant be-
» soin ni de l'un ni de l'autre ; & pere de
» tout commencement & de toute fin : il
» existe toujours, mais dans aucun tems.
» Pour lui le passé ne fuit point, & l'ave-
» nir ne viendra point ; il régne partout
» sans être dans dans un lieu, immobile
» sans s'arrêter, rapide sans mouvement ;

» il est tout & hors de tout; il est dans
» tout, mais sans être enfermé; hors de
» tout, mais sans être exclu d'aucunes
» choses; bon, mais sans qualité; grand,
» mais sans quantité; entier, mais sans
» parties; immuable en variant tout l'Uni-
» vers, sa volonté est sa puissance; simple,
» il n'y a rien en lui de purement possible,
» tout y est réel; il est le premier, le moyen,
» le dernier acte; enfin étant tout il est au-
» dessus de tous les Etres, hors d'eux,
» dans eux, au-delà d'eux, à jamais devant
» & après eux.

C'est après une telle Profession de Foi que Vanini fut déclaré Athée. Surquoi fut-il condamné? Sur la simple déposition d'un nommé Françon. En vain ses Livres dépo-soient pour lui. Un seul ennemi lui a couté la vie, & l'a flétri dans l'Europe.

Le petit Livre de *Cymbalum mundi*, qui qui n'est qu'une imitation froide de Lu-cien, & qui n'a pas le plus léger, le plus éloigné raport au Cristianisme, a été aussi condamné aux flâmes. Mais Rabelais a été imprimé avec Privilege, & on a très-tranquilement laissé un libre cours à l'Es-pion Turc, & même aux Lettres Persannes; à ce Livre léger, ingénieux & hardi, dans lequel il y a une Lettre toute entiere en faveur du Suicide; une autre où l'on trou-ve ces propres mots, *si l'on suppose une Re-ligion*; une autre, où il est dit expressément

ment que les Evêques n'ont d'*autres fonctions que de difpenfer d'accomplir la Loi*; une autre enfin, où il eft dit que le Pape eft un Magicien, qui fait acroire que trois ne font qu'un, que le pain qu'on mange n'eft pas du pain, *&c.*

L'Abbé de St. Pierre, homme qui a pu fe tromper fouvent, mais qui n'a jamais écrit qu'en vuë du bien public, & dont les Ouvrages étoient apelés par le Cardinal du Bois, *les Rêves d'un bon Citoyen*; l'Abbé de St. Pierre, dis-je, a été exclus de l'Académie Françaife d'une voix unanime, pour avoir dans un Ouvrage de politique préféré l'établiffement des Confeils à l'établiffement des Sécretaires d'Etat; & pour avoir dit que les Finances avoient été malheureufement adminiftrées fur la fin de ce glorieux Régne. L'Auteur des Lettres Perfannes n'avoit parlé de Louis XIV. dans fon Livre, que pour dire que ce Roy étoit *un Magicien, qui faifoit acroire à fes Sujets que du papier étoit de l'argent; qu'il n'aimoit que le Gouvernement dur; qu'il préféroit un homme qui lui donnoit la ferviette à un homme qui lui avoit gagné des batailles; qu'il avoit donné une penfion à une homme qui avoit fui 2 lieues, & un Gouvernement à un homme qui en avoit fui 4; qu'il étoit acablé de pauvreté*, quoiqu'il foit dit dans la même Lettre que fes Finances font inépuifables. Voilà encor
une

une fois tout ce que cet Auteur, dans son seul Livre connu, avoit dit de Louis XIV. Protecteur de l'Académie Française; & ce Livre est le seul titre sur lequel l'Auteur ait été effectivement reçu dans l'Académie Française.

On peut ajouter encore pour comble de contradiction, que cette Compagnie le reçut pour en avoir été tournée en ridicule; car de tous les Livres où on s'est réjoui aux dépens de cette Académie, il n'y en a guéres où elle soit traitée plus mal que dans les Lettres Persannes. Voyez la Lettre où il est dit: *Ceux qui composent ce Corps n'ont d'autres fonctions que de jaser sans cesse. L'éloge vient se placer comme de lui-même dans leur babil éternel*, &c. Après avoir ainsi traité cette Compagnie, il fut loué par elle à sa reception du talent de faire des Portraits ressemblans.

Si je voulois continuer à examiner les contrarietez qu'on trouve dans l'Empire des Lettres, il faudroit écrire l'Histoire de tous les Savans & de tous les Beaux Esprits; de même que si je voulois détailler les contrarietez dans la Societé, il faudroit écrire l'Histoire du Genre-Humain. Un Asiatique qui voyageroit en Europe pourroit bien nous prendre pour des Payens. Nos jours de la semaine portent les noms de Mars, de Mercure, de Jupiter, de Venus. Les noces de Cupidon & de Psiché sont maintes dans la maison des Papes : mais surtout si cet Asiatique voyoit notre Opéra, il ne douteroit pas que ce ne fût une Fête à l'honneur des Dieux du Paganisme.

S'il s'informoit un peu plus exactement de nos mœurs, il seroit bien plus étonné : il verroit en Espagne qu'une Loi severe défend qu'aucun Etranger ait la moindre part indirecte au Commerce de l'Amérique, & que cependant les Etrangers y font, par les Facteurs Espagnols, un commerce de cinquante millions par an ; desorte que l'Espagne ne peut s'enrichir que par la violation de la Loi toûjours subsistante & toûjours méprisée.

Il verroit qu'en un autre Pays le Gouvernement fait fleurir une Compagnie des Indes, & que les Théologiens ont déclaré le Dividende des Actions criminel devant Dieu. Il verroit qu'on achete le droit de juger les Hommes, celui de commander à la Guerre, celui d'entrer au Conseil : il ne pourroit comprendre pourquoi il est dit dans les Patentes qui donnent ces Places, qu'elles ont été accordées gratis & sans brigue, tandis que la Quittance de Finance est attachée aux Lettres de Provision.

Notre Asiatique ne seroit-il pas surpris de voir les Comédiens gagés par les Souverains, & excommuniés par les Curés ? Il demanderoit pourquoi un Lieutenant-Général

Général roturier, qui aura gagné des batailles, sera mis à la taille comme un Païsan, & qu'un Echevin sera noble comme un Montmorencis ? Pourquoi, tandis qu'on interdit les Spectacles réguliers, dans une semaine consacrée à l'édification, on permet des Bateleurs qui offensent les oreilles les moins délicates ? Il verroit presque toujours nos usages en contradiction avec nos Loix, & si nous voyagions en Asie, nous y trouverions à-peu-près les mêmes incompatibilités.

Les hommes sont partout également fous, ils ont fait des Loix à mesure, comme on répare des brêches de murailles : ici les fils aînés ont ôté tout ce qu'ils ont pu aux cadets, là les cadets partagent également : tantôt l'Eglise a ordonné le duel, tantôt elle l'a anathématisé : on a excommunié tour-à-tour les Partisans & les ennemis d'Aristote, & ceux qui portoient des cheveux longs, & ceux qui les portoient courts.

Nous n'avons dans le monde de Loi parfaite que pour régler une espece de folie, qui est le Jeu. Les régles du Jeu sont les seules qui n'admettent ni exception ni relâchement, ni varieté, ni tyrannie. Un homme qui a été Laquais, s'il joue au Lansquenet avec des Rois, est payé sans difficulté quand il gagne : partout ailleurs la Loi est un glaive dont le plus fort coupe par morceaux le plus foible.

Cependant

Cependant ce Monde subsiste comme si tout étoit bien ordonné; l'irrégularité tient à notre nature, notre Monde politique est comme notre Globe, quelque chose d'informe qui se conserve toujours. Il y auroit de la folie à vouloir que les montagnes, les mers, les rivieres fussent tracées en belles figures régulieres: il y auroit encore plus de folie de demander aux hommes une sagesse parfaite; ce seroit vouloir donner des aîles à des Chiens, ou des cornes à des Aigles.

---

# DISCOURS
## SUR CE QU'ON NE FAIT PAS,
### ET
## SUR CE QU'ON POURROIT FAIRE.

Laisser aller le Monde comme il va, faire son devoir tellement quellement, & dire toujours du bien de Mr. le Prieur, est une ancienne maxime de Moines; mais elle peut laisser le Couvent dans la médiocrité, dans le relâchement & dans le mépris.

Quand l'émulation n'excite point les hommes, ce sont des ânes qui vont leur chemin lentement,

lentement, qui s'arrêtent au premier obstacle, & qui mangent tranquillement leurs chardons, à la vuë des difficultés dont ils se rebutent : mais aux cris d'une voix qui les encourage, aux piquûres d'un éguillon qui les réveille, ce sont des coursiers qui volent & qui sautent au-delà de la barriere. Sans les avertissemens de l'Abbé de St. Pierre, les barbaries de la Taille arbitraire ne seroient peu-être jamais abolies en France. Sans les avis de Locke, le désordre public dans les Monnoyes n'eût point été réparé à Londres. Il y a souvent des hommes qui sans avoir acheté le droit de juger leurs semblables, aiment le bien public, autant qu'il est négligé quelquefois par ceux qui acquierent, comme une Métairie, le pouvoir de faire du bien & du mal.

Un jour à Rome, dans les premiers tems de la République, un Citoyen dont la passion dominante étoit le désir de rendre son Pays florissant, demanda à parler au Premier Consul. On lui dit que le Magistrat étoit à table avec le Préteur, l'Edile, quelques Sénateurs, leurs Maîtresses & leurs Bouffons. Il laissa entre les mains d'un des Esclaves insolens qui servoient à table, un Mémoire dont voici à-peu-près la teneur.

Puisque les Tyrans ont fait par toute la Terre tout le mal qu'ils ont pu, ô vous qui vous piquez d'être bons, pourquoi ne faites-

faites-vous pas tout le bien que vous pouvez faire ? D'où vient que les Pauvres assiégent vos Temples & vos Carrefours, & qu'ils étalent une misere inutile à l'Etat & honteuse pour vous, dans le tems que leurs mains pourroient être employées aux travaux publics ? Que font pendant la paix ces Légions oisives qui peuvent réparer les Grands-Chemins & les Citadelles ? Ces Marais, si on les desséchoit, n'infecteroient plus une Province, & deviendroient des terres fertiles. Ces carrefours irréguliers & dignes d'une Ville de Barbares, peuvent se changer en Places magnifiques : ces Marbres entassés sur le rivage du Tibre peuvent être taillés en Statues, & devenir la récompense des Grands-Hommes & la leçon de la Vertu : vos Marchés publics devroient être à la fois commodes & magnifiques, ils ne sont que mal-propres & dégoûtans : vos maisons manquent d'eau, & vos Fontaines publiques n'ont ni goût ni propreté. Votre principal Temple est d'une Architecture barbare, l'entrée de vos Spectacles ressemble à celle d'un lieu infâme ; les Salles où le Peuple se rassemble pour entendre ce que l'Univers doit admirer, n'ont ni proportion, ni grandeur, ni magnificence, ni commodité. Le Palais de votre Capitale menace ruïne, & est inhabité. En vain votre paresse me répondra qu'il faudroit trop d'argent pour remédier

à tant

à tant d'abus. De grace, donnerez-vous cet argent aux Massagetes & aux Cimbres? Ne sera-t-il pas gagné par des Romains, par vos Architectes, par vos Sculpteurs, par vos Peintres, par tous vos Artistes? Ces Artistes récompensés rendront cet argent à l'Etat par les nouvelles dépenses qu'ils feront en état de faire; les Beaux Arts seront en honneur, ils feront à la fois votre gloire & votre richesse; car le Peuple le plus riche est toujours celui qui travaille le plus. Ecoutez donc une noble émulation, & que les Grecs qui commencent à estimer votre valeur & votre conduite, ne vous reprochent plus votre grossiereté.

On lut à table le Mémoire du Citoyen, le Conseil ne dit mot & demanda à boire. L'Edile dit qu'il y avoit du bon dans cet Ecrit, & on n'en parla plus; la conversation roula sur la seve du vin de Falerne, sur le montant du vin de Cécube, on fit l'éloge d'un fameux Cuisinier, on aprofondit l'invention d'une nouvelle sauce pour l'Esturgeon, on porta des santés, on fit deux ou trois Contes insipides, & on s'endormit. Cependant le Sénateur Appius qui avoit été touché en secret de la lecture du Mémoire, construisit quelque tems après la voye Appienne, Flaminius fit la Voye Flaminienne, un autre embellit le Capitole, un autre bâtit un Amphithéâtre, un autre des Marchés publics. L'Ecrit du Citoyen obscur fut une semence qui germa peu-à-peu dans l'esprit des Grands-Hommes.

# LETTRE*

## SUR MESSIEURS

### JEAN LAW, MELON ET DUTÔT.

ON entend mieux le commerce en France depuis vingt ans, qu'on ne l'a connu depuis Pharamond jusqu'à Louis XIV. C'étoit auparavant un Art caché, une espece de Chimie entre les mains de trois ou quatre hommes, qui faisoient en effet de l'Or, & qui ne disoient pas leur secret. Le gros de la Nation étoit d'une ignorance si profonde sur ce secret important, qu'il n'y avoit guéres de Ministres ni de Juge qui sût ce que c'étoit que des Actions, des Primes, le Change, un Dividende. Il a falu qu'un Ecossois, nommé Jean Law, soit venu en France, & ait bouleversé toute l'économie de notre Gouvernement pour nous instruire. Il osa dans le plus horrible dérangement de nos Finances, dans la disette la plus générale, établir

* Cette Lettre a été imprimée dans les Journaux, toute défigurée.

établir une Banque & une Compagnie des Indes. C'étoit l'émétique à des malades. Nous en prîmes trop, & nous eûmes des convulsions. Mais enfin des débris de son Systême il nous resta une Compagnie des Indes avec cinquante millions de fonds. Qu'eût-ce été si nous n'avions pris de la drogue que la dose qu'il falloit ? Le Corps de l'Etat seroit, je crois, le plus robuste & le plus puissant de l'Univers.

Il régnoit encor un préjugé si grossier parmi nous, quand la présente Compagnie des Indes fut établie, que la Sorbonne déclara *usuraire* le Dividende des Actions. C'est ainsi qu'on accusa de sortilége en 1570. les Imprimeurs Allemans qui vinrent exercer leur métier en France. Nous autres Français, il le faut avouer, nous sommes venus bien tard en tout genre, nos premiers pas dans les Arts ont été de nous opposer à l'introduction des véritez qui nous venoient d'ailleurs : nous avons soutenu des Thêses contre la Circulation du sang démontrée en Angleterre, contre le mouvement de la Terre, prouvé en Allemagne. On a proscrit par Arrêt jusqu'à des remedes salutaires. Annoncer des véritez, proposer quelques choses d'utile aux hommes, c'est une recette sûre pour être persécuté. Jean Law, cet Ecossois, à qui nous devons notre Compagnie des Indes, & l'intelligence du Commerce, a

été

été chassé de France, & est mort dans la misere à Venise; & cependant, nous qui avions à peine trois cens Vaisseaux Marchands quand il proposa son Systême, nous en avons aujourd'hui dix-huit cens. Nous les lui devons, & nous sommes loin de la reconnaissance.

Les Principes du Commerce sont aujourd'hui connus de tout le monde: nous commençons à avoir de bons Livres sur cette matiere. L'Essai sur le Commerce de Mr. Melon, est l'Ouvrage d'un homme d'esprit, d'un bon Citoyen, d'un Philosophe: il se sent de l'esprit du siécle, & je ne crois pas que du tems même de Mr. Colbert il y eût en France deux hommes capables de composer un tel Livre. Cependant il y a bien des erreurs dans ce bon Ouvrage, tant le chemin vers la vérité est difficile. Il est bon de relever les méprises qui se trouvent dans un Livre utile. Il n'y a même que là qu'il les faut chercher, c'est respecter un bon Ouvrage de le contredire, les autres ne méritent pas cet honneur.

Voici quelques Propositions qui ne m'ont point paru vrayes. 1°. Il dit: *Que les Pays où il y a le plus de Mendians sont les plus barbares.* Je pense qu'il n'y a point de Ville moins barbare que Paris, & pourtant où il y ait plus de Mendians; c'est une vermine qui s'attache à la richesse, les fainéans

néans accourent du bout du Royaume à Paris, pour y mettre à contribution l'opulence & la bonté. C'est un abus difficile à déraciner ; mais qui prouve seulement qu'il y a des hommes lâches qui aiment mieux demander l'aumône que de gagner leur vie. C'est une preuve de richesse & de négligence, & non point de barbarie.

2°. Il répéte dans plusieurs endroits, *que l'Espagne seroit plus puissante sans l'Amérique.* Il se fonde sur la dépopulation de l'Espagne, & sur la faiblesse où ce Royaume a langui long-tems. Cette idée que l'Amérique affoiblit l'Espagne, se voit dans près de cent Auteurs ; mais s'ils avoient voulu considérer que les Trésors du Nouveau Monde ont été le ciment de la puissance de Charles-Quint, & que par eux Philippe II. auroit été le maître de l'Europe, si Henri le Grand, Elizabeth & les Princes d'Orange n'eussent été des Héros ; ces Auteurs auroient changé de sentiment. On a cru que la Monarchie Espagnole étoit anéantie, parceque les Rois Philippe III. Philippe V. & Charles II. ont été maheureux ou foibles. Mais que l'on voye comme cette Monarchie a repris tout-d'un-coup une nouvelle vie sous le Cardinal Alberoni ; que l'on jette les yeux sur l'Afrique & sur l'Asie, théâtre des Conquêtes du présent Gouvernement Espagnol ; il faudra bien convenir alors que les Peuples sont ce que les Rois ou les Ministres les font être. Le courage, la force, l'industrie, tous les talens restent ensevelis jusqu'à ce qu'il paroisse un Génie qui les ressuscite; le Capitole est habité aujourd'hui par des Recolets, & on distribue des Chapelets au même endroit où des Rois vaincus suivoient le char de Paul Emile. Qu'un Empereur siége à Rome, & que cet Empereur soit un Jules-César, tous les Romains redeviendront des Césars eux-mêmes. Quant à la dépopulation de l'Espagne, elle est moindre qu'on ne le dit; & après tout, ce Royaume & les Etats de l'Amérique qui en dépendent, sont aujourd'hui des Provinces d'un même Empire, divisées par une espace qu'on franchit en deux mois; enfin leurs Trésors deviennent les nôtres par une circulation nécessaire, la Cochenille, l'Indigo, le Quinquina, les Mines du Mexique & du Perou sont à nous, & par-là nos Manufactures sont Espagnoles. Si l'Amérique leur étoit à charge, persisteroient-ils si long-tems à défendre aux Etrangers l'entrée de ce Pays? Garde-t-on avec tant de soin le Principe de sa ruïne, quand on a eu deux cens ans pour faire ses réfléxions?

3°. Il dit, *que la perte des Soldats n'est point ce qu'il y a de plus funeste dans les Guerres; que cent mille hommes tuez sont une bien petite portion sur vingt millions;*

*mais*

mais que les augmentations des impositions rendent vingt millions d'hommes malheureux. Je lui paſſe qu'il y ait vingt millions d'ames en France ; mais je ne lui paſſe point qu'il vaille mieux égorger cent mille hommes que de faire payer quelques impôts au reſte de la Nation. Ce n'eſt pas tout, il y a ici un étrange & funeſte méconte.

Louïs XIV. a eu, en comptant tout le Corps de la Marine, quatre cent quarante mille hommes à ſa ſolde pendant la guerre de 1701. jamais l'Empire Romain n'en a eu tant. On a obſervé que le cinquiéme d'une Armée périt au bout d'une campagne, ſoit par les maladies, ſoit par les accidens, ſoit par le fer & le feu. Voilà quatrevingt-huit mille hommes robuſtes que la Guerre détruiſoit chaque année ; donc au bout de dix ans l'Etat perdit huit cent quatrevingt mille hommes, & avec eux les enfans qu'ils auroient produits. Maintenant ſi la France contient environ dix-huit millions d'ames, ôtez-en près d'une moitié pour les femmes, retranchez les vieillards, les enfans, le Clergé, les Religieux, les Magiſtrats, & les Laboureurs ; que reſte-t-il pour défendre la Nation ? Sur dix-huit millions à peine trouverez-vous dix-huit cens mille hommes, & la Guerre en dix ans en détruit près de neuf cent mille ; elle fait périr dans une Nation la moitié de ceux qui peuvent combattre

battre pour elle ; & vous dîtes qu'un impôt est plus funeste que leur mort ?

Après avoir relevé ces inadvertances que l'Auteur eût relevées lui-même, souffrez que je me livre au déplaisir d'estimer tout ce qu'il dit sur la liberté du Commerce, sur les denrées, sur le Change, & surtout sur le luxe. Cette sage Apologie du luxe est d'autant plus estimable dans cet Auteur, & a d'autant plus de poids dans sa bouche, qu'il vivoit en Philosophe.

Qu'est-ce qu'en effet que le luxe ? C'est un mot sans idée précise, à-peu-près comme lorsque nous disons les climats d'Orient & d'Occident ; il n'y a en effet ni Occident ni Orient, il n'y a pas de point où la terre se leve & se couche, ou si vous voulez, chaque point est Orient & Occident. Il en est de même du luxe, ou il n'y en a point, ou il est partout ; transportons-nous au tems où nos peres ne portoient point de chemises ; si quelqu'un leur eût dit, il faut que vous portiez sur la peau des étoffes plus fines & plus légeres que le plus fin drap, blanches comme de la neige, & que vous en changiez tous les jours ; il faut même, quand elles seront un peu salies, qu'une composition faite avec art leur rende leur premiere blancheur : tout le monde se seroit écrié : Ah quel luxe ! quelle mollesse ! une telle magnificence est à peine faite pour les Rois, vous voulez corrom-

corrompre nos mœurs, & perdre l'Etat.

Entend-on par le luxe la dépense d'un homme opulent ? Mais faudroit-il donc qu'il vêcut comme un pauvre, lui dont le luxe seul fait vivre les pauvres; la dépense doit être le Termomêtre de la fortune d'un particulier, & le luxe général est la marque infaillible d'un Empire puissant & respectable. C'est sous Charlemagne, sous François I. sous le Ministere du grand Colbert, & sous celui-ci, que les dépenses ont été les plus grandes ; c'est-à-dire, que les Arts ont été le plus cultivés.

Que prétendoit l'amer, le Satirique la Bruyere? Que vouloit dire ce Misantrope forcé, en s'écriant : *Nos Ancêtres ne sçavoient point préférer le faste aux choses utiles ; on ne les voyoit point s'éclairer avec des bougies, la cire étoit pour l'Autel & pour le Louvre ; ils ne disoient point qu'on mette les chevaux à mon carosse, l'étain brilloit sur les tables & sur les buffets, l'argent étoit dans les coffres, &c.* Ne voilà-t-il pas un plaisant éloge à donner à nos Peres, de ce qu'ils n'avoient ni abondance, ni industrie, ni goût, ni propreté ? L'argent étoit dans les coffres ! Si cela étoit, c'étoit une très-grande sottise ; l'argent est fait pour circuler & pour faire éclore tous les Arts, pour acheter l'industrie des hommes; qui le garde est mauvais citoyen, & même est mauvais ménager. C'est en ne le gar-

dant

dant pas qu'on se rend utile à la Patrie & à soi-même. Ne se lassera-t-on jamais de louer les défauts du tems passé pour insulter aux avantages du nôtre ? Ce Livre de Mr. Melon en a produit un de Mr. Dutôt, qui l'emporte de beaucoup pour la profondeur & pour la justesse ; & l'Ouvrage de Mr. Dutôt en va produire un autre par l'illustre Mr. du Vernay, lequel probablement vaudra beaucoup mieux que les deux autres, parcequ'il sera fait par un Homme d'Etat. Jamais les Belles-Lettres n'ont été si liées avec la Finance, & c'est encore un des mérites de notre Siécle.

## SECONDE LETTRE
### SUR LE MÊME SUJET,

*Dans laquelle on traite des Changemens dans les Monnoyes, du luxe des Peuples, & du revenu des Rois.*

MR. Dutôt démontre que toute mutation de Monnoye a été onéreuse au Peuple & au Roi sous le dernier Régne. Mais n'y a-t-il point de cas où une augmentation de Monnoye devient nécessaire ?

Dans un Etat, par exemple, qui a peu d'argent & peu de commerce, ( & c'est ainsi que la France a été long-tems) un

Seigneur

Seigneur a cent Marcs de rente. Il emprunte pour marier ses filles, ou pour aller à la Guerre, mille Marcs, dont il paye 50 Marcs annuellement. Voilà sa maison réduite à la dépense annuelle de 50 Marcs, pour fournir à tous ses besoins; cependant la Nation se rend plus industrieuse, elle fait un commerce, l'argent devient plus abondant. Alors comme il arrive toujours, que la main d'œuvre devient plus chere, les dépenses du luxe couvenable à la dignité de cette maison doublent, triplent, quadruplent, pendant que le bled, qui fait la ressource de sa Terre, n'augmente pas dans cette proportion ; parcequ'on ne mange pas plus de pain qu'auparavant : mais on consomme plus en magnificence, ce qu'on achetoit cinquante Marcs en coutera deux cens, & le Possesseur de la Terre, obligé de payer cinquante Marcs de rentes, sera réduit à vendre sa Terre. Ce que je dis du Seigneur, je le dis du Magistrat, de l'Homme de Lettre, &c. comme du Laboureur, qui achete plus cher sa vaisselle d'étain, sa tasse d'argent, son lit, son linge. Enfin le Chef de la Nation est dans ce cas, lorsqu'il n'a qu'un certain fonds réglé, & certains Droits qu'il n'ose trop augmenter de-peur-d'exciter des murmures.

Dans cette situation pressante il n'y a certainement qu'un parti à prendre, c'est de de soulager le Débiteur : on peut le favoriser en abolissant les dettes ; c'est ainsi qu'on en usoit chez les Egyptiens & chez plusieurs peuples de l'Orient, au bout de cinquante ou de trente années. Cette coutume n'étoit point si dure qu'on le pense ; car les Créanciers avoient pris leurs mesures suivant cette Loi, & une perte prévuë de loin n'est plus une perte. Quoique cette Loi ne soit point en vigueur chez nous, il a bien falu y revenir pourtant en effet, quelque détour que l'on ait pris : car trouver le moyen de ne payer que le quart de ce que je devois, n'est-ce pas une espece de Jubilé ? Or on a trouvé ce moyen très-aisément en donnant aux Especes une valeur idéale, & en disant cette Piéce d'Or qui valoit six francs, en vaudra aujourd'hui vingt-quatre, & quiconque devoit quatre de ces Piéces d'Or, sous le nom de six francs chacune, s'aquitera en payant une seule Piéce d'Or, qu'on appellera vingt-quatre francs. Comme ces opérations se sont faites petit-à-petit, ce changement n'a point effrayé. Tel qui étoit à la fois Débiteur & Créancier, gagnoit d'un côté ce qu'il perdoit de l'autre ; tel autre faisoit le Commerce ; tel autre enfin en souffroit, & se réduisoit à épargner.

C'est ainsi que toutes les Nations Européanes en ont usé avant d'avoir établi un
Commerce

Commerce réglé & puissant. Examinons les Romains, nous verrons que l'*As*, la livre de cuivre de douze onces fut réduite à six Liards de notre monnoye d'aujourd'hui; chez les Anglois la livre Sterling de seize onces d'argent est réduite à vingt-deux francs de notre monnoye. La livre de Gros des Hollandois n'est plus qu'environ douze francs, ou douze de nos livres numéraires; mais c'est notre livre qui a souffert les plus grands changemens.

Nous appellions du tems de Charlemagne une Monnoye courante, faisant la vingtiéme partie d'une livre, un solide du nom Romain *solidum* : c'est ce solide que nous nommons un *sous*, comme nous appellons le mois d'Auguste barbarement *Août*, que nous prononçons *ou* à force de politesse; de façon que dans notre Langue si polie, *hodieque manent vestigia ruris*. Enfin ce solide, ce sou qui étoit la vingtiéme partie d'une livre, & la dixiéme partie d'un marc d'argent, est aujourd'hui une chétive monnoye de cuivre, qui représente la dix-neuf cent vingtiéme partie d'une livre, l'argent supposé à quarante-neuf francs le marc. Ce calcul est presque incroyable, & il se trouve par ce calcul, qu'une famille qui auroit eu autrefois cent solides de rente, & qui auroit très-bien vécu, n'auroit aujourd'hui que cinq sixiémes d'un écu de six francs à dépenser par an.

Qu'est-ce

Qu'est-ce que cela prouve ? Que de toutes les Nations nous avons long-tems été la plus changeante, & non la plus heureuse ; que nous avons poussé à un excès intolérable l'abus d'une Loi naturelle, qui ordonne à la longue le soulagement des Débiteurs opprimés. Or puisque Mr. Dutôt a si bien fait voir les dangers de ces promptes secousses que donnent aux Etats les changemens des valeurs numéraires dans les Monnoyes, il est à croire que dans un tems aussi éclairé que le nôtre, nous n'aurons plus à essuyer de pareils orages.

Ce qui m'a le plus étonné, dans le Livre de Mr. Dutôt, c'est d'y voir que Louis XII. François I. Henri II. Henri III. étoient plus riches que Louis XV. Qui eût cru qu'Henri III. à compter comme aujourd'hui, avoit cent soixante & trois millions au-delà du revenu de notre Roi ? J'avouë que je ne sors point de surprise ; car comment avec ces richesses immenses Henri III. pouvoit-il à peine résister aux Espagnols ? Comment étoit-il opprimé par les Guises ? Comment la France étoit-elle dénuée d'Arts & de Manufactures ? Pourquoi nulle belle maison dans Paris, nul beau Palais bâti par les Rois, aucune magnificence, aucun goût qui sont la suite de la richesse ? Aujourd'hui au-contraire trois cens Forteresses, toujours bien réparées,

rées, bordent nos frontieres, deux cens mille hommes au moins les défendent. Les Troupes qui composent la Maison du Roi sont comparables à ces dix mille hommes couverts d'or, qui accompagnoient les Chars de Xercès & de Darius. Paris est deux fois plus peuplé, & cent fois plus opulent que sous Henri III. Le Commerce qui languissoit, qui n'étoit rien alors, fleurit aujourd'hui à notre avantage.

Depuis la derniere Refonte des Especes on trouve qu'il a passé à la Monoye 1200 millions en or & en argent. On voit par la Ferme du Marc, qu'il y a en France pour environ autant de ces Métaux orfévris. Il est vrai que ces immenses richesses n'empêchent pas que le Peuple ne soit prêt quelquefois à mourir de faim dans les années stériles : mais ce n'est pas dequoi il s'agit. La question est de savoir comment la Nation étant incomparablement plus riche que dans les Siécles précédens, le Roi le seroit beaucoup moins.

Comparons d'abord les richesses de Louis XV. à celles de François I. Les Revenus de l'Etat étoient alors de seize millions numéraires de livres, & la livre numéraire de ce tems-là étoit à celle de ce tems-ci, comme un est à quatre & demi. Donc seize millions en valoient soixante-douze des nôtres ; donc avec soixante-douze de nos millions seulement on seroit aussi riche qu'alors. Mais les Revenus de l'Etat sont de deux cens millions ; donc de ce chef Louis XV. est plus riche de 128 de nos millions que François I. donc le Roi est environ quatre fois aussi riche que François I. donc il tire de ses Peuples quatre fois autant que François I. en tiroit. Cela est déja bien éloigné du compte de Mr. Dutôt.

Il prétend, pour prouver son Systême, que les Denrées sont quinze fois plus chéres qu'au seiziéme Siécle.

Examinons ces prix des Denrées. Il faut s'en tenir au prix du blé dans les Capitales, année commune. Je trouve beaucoup d'années au seiziéme Siécle dans lesquelles le blé est à cinquante sous, à vingt-cinq, à vingt, à dix-huit sous, à quatre francs ; & j'en forme une année commune de trente sous. Le froment vaut aujourd'hui environ douze livres, les Denrées n'ont donc augmenté que huit fois en valeur numéraire ; & c'est la proportion dans laquelle elles ont augmenté en Angleterre & en Allemagne. Mais ces trente sous du seiziéme Siécle valoient cinq livres quinze sous des nôtres. Or cinq livres quinze sous font à cinq sous près la moitié de douze livres ; donc en effet Louïs XV. trois fois plus riche que François I. n'achete les choses en poids de marc que le double de ce qu'on les achetoit alors.

Or

Or un homme qui a neuf cens francs, & qui achete une Denrée six cens francs, reste certainement plus riche de cens écus que celui qui n'ayant que trois cens livres achete cette même Denrée trois cens livres; donc Louïs XV. reste plus riche d'un tiers que François I.

Mais ce n'est pas tout, au-lieu d'acheter toutes les Denrées le double, il achete les Soldats, la plus nécessaire Denrée des Rois, à beaucoup meilleur marché que tous ses Prédécesseurs.

Sous François I. & sous Henri II. les forces des Armées consistoient en une Gendarmerie Nationale, & en Fantassins Etrangers que nous ne pouvons plus comparer à nos Troupes; mais l'Infanterie sous Louïs XV. est payée à-peu-près sur le même pied au même prix numéraire que sous Henri IV. Le Soldat vend sa vie six sous par jour en comptant son habit, ces six sous en valoient douze pareils du tems de Henri IV. ainsi avec le même revenu que Henri le Grand on peut entretenir le double de Soldats, & avec le double d'argent on peut en soudoyer le Quadruple. Ce que je dis ici suffit pour faire voir que malgré les calculs de Mr. Dutôt, les Rois aussi-bien que l'Etat sont plus riches qu'ils n'étoient. Je ne nie pas qu'ils ne soient plus endettés.

Louïs XIV. a laissé à sa mort plus de
deux

deux fois dix centaines de millions de dettes à trente francs le marc; parcequ'il voulut à la fois, avoir cinq cens mil hommes sous les armes, deux cens Vaisseaux, & bâtir Versailles; & parceque dans la Guerre de la Succession d'Espagne ses armes furent long-tems malheureuses. Mais les ressources de la France sont infiniment au-dessus de ses dettes. Un Etat qui ne doit qu'à lui-même ne peut s'apauvrir, & ces dettes mêmes sont un nouvel encouragement de l'industrie.

# ESSAI SUR LE SIÉCLE DE LOUIS XIV.

CE n'est point la vie de Loüis XIV. qu'on prétend écrire, on se propose un plus grand objet. On veut essayer de peindre à la Postérité, non les actions d'un seul homme; mais l'esprit des hommes dans le siécle le plus éclairé qui fut jamais.

Tous les tems ont produit des Héros & des Politiques: Tous les Peuples ont éprouvé des révolutions: Toutes les Histoires
sont

sont presque égales pour qui ne veut mettre que des faits dans sa mémoire. Mais quiconque pense, & ce qui est encore plus rare, quiconque a du goût, ne compte que quatre siécles dans l'Histoire du monde. Ces quatre âges heureux, sont ceux où les Arts ont été perfectionnez, & qui servant d'époque à la grandeur de l'esprit humain, sont l'exemple de la Postérité.

Le premier de ces siécles, à qui la véritable gloire est attachée, est celui de Philippe & d'Alexandre, ou celui des Péricles, des Démosthenes, des Aristotes, des Platons, des Appellès, des Phidias, des Praxiteles; & cet honneur a été renfermé dans les limites de la Grece, le reste de la Terre étoit barbare.

Le second âge est celui de César & d'Auguste, désigné encore par les noms de Lucrece, de Ciceron, de Tite-Live, de Virgile, d'Horace, d'Ovide, de Varron, de Vitruve.

Le troisiéme est celui qui suivit la prise de Constantinople par Mahomet II. Alors on vit en Italie une famille de simples Citoyens faire ce que devoient entreprendre les Rois de l'Europe; les Médicis appellerent à Florence les Arts que les Turcs chassoient de la Grece; c'étoit le tems de la gloire de l'Italie. Toutes les Sciences reprenoient une vie nouvelle; les Italiens les honorerent du nom de *Vertu*, comme les premiers Grecs les avoient caractérisez du nom de *Sagesse*. Tout tendoit à la perfection : les Michel Anges, les Raphaëls, les Titiens, les Tasses, les Ariostes fleurirent. La Gravure fut inventée, la belle Architecture reparut plus admirable encore que dans Rome triomphante ; & la Barbarie Gotique qui défiguroit l'Europe en tout genre, fut chassée de l'Italie pour faire en tout place au bon goût.

Les Arts toujours transplantez de Grece en Italie, se trouvoient dans un terrain favorable, où ils fructifioient tout-à-coup. La France, l'Angleterre, l'Allemagne, l'Espagne, voulurent à leur tour avoir de ces fruits ; mais, ou ils ne vinrent point dans ces climats, ou bien ils dégénérerent trop vîte.

François Premier encouragea des Sçavans ; mais qui ne furent que Sçavans ; il eut des Architectes, mais il n'eut ni des Michel Ange, ni des Palladio ; il voulut en vain établir des Ecoles de Peinture ; les Peintres Italiens qu'il apella ne firent point d'Eleves Français. Quelques Epigrammes & quelques Contes libres composoient toute notre Poësie ; Rabelais étoit notre seul Livre de Prose à la mode du tems de Henri II.

En un mot, les Italiens seuls avoient tout, si vous en exceptez la Musique, qui n'étoit encore qu'informe, & la Philosophie

phie expérimentale, qui étoit inconnue partout également.

Enfin, le quatriéme siécle est celui qu'on nomme le siécle de Louïs XIV. & c'est peut-être celui des quatre qui approche le plus de la perfection. Enrichi des découvertes des trois autres, il a plus fait en certain genre que les trois ensemble. Tous les Arts à la vérité n'ont point été poussez plus loin que sous les Médicis, sous les Augustes & les Alexandres ; mais la raison humaine en général s'est perfectionnée. La saine Philosophie n'a été connue que dans ce tems : Et il est vrai de dire, qu'à commencer depuis les dernieres années du Cardinal de Richelieu, jusqu'à celles qui ont suivi la mort de Louïs XIV. il s'est fait dans nos Arts, dans nos esprits, dans nos mœurs, comme dans notre Gouvernement, une révolution générale, qui doit servir de marque éternelle à la véritable gloire de notre Patrie. Cette heureuse influence ne s'est pas même arrêtée en France ; elle s'est étendue en Angleterre ; elle a excité l'émulation dont avoit alors besoin cette Nation spirituelle & profonde ; elle a porté le goût en Allemagne, les Sciences en Moscovie ; elle a même ranimé l'Italie qui languissoit, & l'Europe a dû sa politesse à Louïs XIV.

Avant ce tems les Italiens appelloient tous les Ultramontains du nom de Barbares ; il faut avouer que les Français mérisoient en quelque sorte cette injure. Nos Peres joignoient la Galanterie Romanesque des Maures à la grossiereté Gotique; ils n'avoient presque aucuns des Arts aimables: ce qui prouve que les Arts utiles étoient négligez; car lorsqu'on a perfectionné ce qui est nécessaire, on trouve bien-tôt le beau & l'agréable, & il n'est pas étonnant que la Peinture, la Sculpture, la Poësie, l'Eloquence, la Philosophie, fussent presque inconnues à une Nation, qui ayant des Ports sur l'Océan & sur la Méditerranée, n'avoit pourtant point de Flotte; qui aimant le luxe à l'excès, avoit à peine quelques Manufactures grossieres.

Les Juifs, les Genois, les Venitiens, les Portugais, les Flamans, les Hollandais, les Anglais, firent tour-à-tour notre commerce, dont nous ignorions les principes. Louïs XIII. à son avénement à la Couronne n'avoit pas un Vaisseau; Paris ne contenoit pas quatre cent mille hommes, & n'étoit pas décoré de quatre beaux Edifices; les autres Villes du Royaume ressembloient à ces Bourgs qu'on voit au-delà de la Loire. Toute la Noblesse, cantonnée à la Campagne dans des donjons entourez de fossez, opprimoit ceux qui cultivent la terre. Les grands chemins étoient presque impraticables; les Villes étoient sans Police, l'Etat sans argent, & le Gouvernement presque toujours sans crédit parmi les Nations Etrangeres.

On ne doit pas se dissimuler, que depuis la décadence de la Famille de Charlemagne la France avoit langui plus ou moins dans cette foiblesse, parcequ'elle n'avoit presque jamais joui d'un bon Gouvernement.

Il faut, pour qu'un Etat soit puissant, ou que le Peuple ait une liberté fondée sur les Loix, ou que l'Autorité Souveraine soit affermie sans contradiction.

En France les Peuples furent esclaves jusques vers le temps de Philippe-Auguste; les Seigneurs furent tyrans jusqu'à Louis XI. & les Rois toujours occupez à soutenir leur autorité contre leurs Vassaux, n'eurent jamais ni le tems de songer au bonheur de leurs Sujets, ni le pouvoir de les rendre heureux.

Louis XI. fit beaucoup pour la Puissance Royale; mais rien pour la félicité & la gloire de la Nation.

François Premier fit naître le Commerce, la Navigation, les Lettres & tous les Arts; mais il fut trop malheureux pour leur faire prendre racine en France, & tous périrent après lui.

Henri le Grand vouloit retirer la France des calamitez & de la barbarie où trente ans de discorde l'avoient replongée, quand il fut assassiné dans sa Capitale au milieu du Peuple dont il alloit faire le bonheur.

Le Cardinal de Richelieu, occupé d'abaisser

baisser la Maison d'Autriche, le Calvinisme & les Grands, ne jouït point d'une puissance assez paisible pour réformer la Nation; mais aumoins il commença cet heureux ouvrage.

Ainsi pendant neuf cens années, notre génie a été presque toujours retreci sous un Gouvernement Gothique, au milieu des divisions & des Guerres Civiles, n'ayant ni Loix ni Coutumes fixes, changeant de deux siécles en deux siécles un langage toujours grossier; les Nobles sans discipline, ne connoissant que la Guerre & l'oisiveté; les Ecclésiastiques vivant dans le désordre & dans l'ignorance, & les Peuples sans industrie, croupissant dans leur misere.

Voilà pourquoi les Français n'eurent part ni aux grandes découvertes, ni aux inventions admirables des autres Nations. L'Imprimerie, la Poudre, les Glaces, les Telescopes, le Compas de proportion, la Machine Pneumatique, le vrai Systême de l'Univers, ne leur apartiennent point; ils faisoient des Tournois, pendant que les Portugais & les Espagnols découvroient & conquéroient de nouveaux Mondes à l'Orient & à l'Occident du Monde connu. Charles-Quint prodiguoit déja en Europe les trésors du Mexique, avant que quelques Sujets de François Premier eussent découvert la Contré inculte du Canada; mais par le peu même que firent les Français

dans

dans le commencement du seiziéme siécle, ont vit dequoi ils sont capables quand ils sont conduits.

On se propose de montrer ici ce qu'ils ont été sous Louis XIV. & l'on souhaite que la Postérité de ce Monarque, & celle de ses Peuples, également animées d'une heureuse émulation, s'efforcent de surpasser leurs Ancêtres.

Il ne faut pas qu'on s'attende à trouver ici les détails presque infinis des Guerres entreprises dans ce siécle; on est obligé de laisser aux Annalistes le soin de ramasser avec exactitude tous ces petits faits, qui ne serviroient qu'à détourner la vûe de l'objet principal. C'est à eux à marquer les marches, les contremarches des Armées, & les jours où les tranchées furent ouvertes devant des Villes, prises & reprises par les armes, données & rendues par des Traitez; mille circonstances intéressantes pour les contemporains, se perdent aux yeux de la Postérité, & disparoissent pour ne laisser voir que les grands événemens qui ont fixé la destinée des Empires; tout ce qui s'est fait ne mérite pas d'être écrit. On tâchera surtout dans cet Essai, de ne s'attacher qu'à ce qui mérite l'attention de tous les tems, à ce qui peut peindre le génie & les mœurs des hommes, à ce qui peut servir d'instruction, & conseiller l'amour de la vertu, des Arts & de la Patrie.

On essayera de faire voir ce qu'étoient & la France & les autres Etats de l'Europe avant la naissance de Louis XIV. ensuite on décrira les grands événemens politiques & militaires de son Régne. On dira ce qui s'est passé de son tems au sujet de la Religion, qui ayant été donnée aux hommes comme la régle de la Morale, devient trop souvent entre leurs mains un des grands objets de la Politique. On parlera ensuite de la vie privée de Louis XIV, de cette vie toujours égale, toujours décente jusques dans les plaisirs, modéle de la conduite de tout homme en place. Le Gouvernement intérieur de son Royaume, objet bien plus important, contiendra aussi quelques Articles à part ; enfin on traitera du progrès des Arts & des Sciences, & de l'Histoire de l'Esprit humain, principal objet de cet Ouvrage.

## CHAPITRE PREMIER.

### Des Etats Chrétiens de l'Europe avant Louis XIV.

IL y avoit déja long-tems qu'on pouvoit regarder l'Europe Chrétienne (à la Moscovie près) comme une grande République, partagée en plusieurs Etats, les uns Monarchiques, les autres Mixtes;

ceux-ci

ceux-ci Aristocratiques, ceux-là Populaires; mais tous correspondans les uns avec les autres, tous ayant un même fonds de Religion, quoique divisez en plusieurs Sectes, tous ayant les mêmes principes de droit public & de politique, inconnus dans les autres Parties du Monde. C'est par ces principes que les Nations Européannes ne font point Esclaves leurs prisonniers, qu'elles respectent les Ambassadeurs de leurs Ennemis, qu'elles conviennent ensemble de la prééminence & de quelques droits de certains Princes, comme de l'Empereur, des Rois, & des autres moindres Potentats, & qu'elles s'accordent surtout dans la sage politique de tenir entr'elles, autant qu'elles peuvent, une balance égale de pouvoir, employant sans cesse les Négociations, même au milieu de la Guerre, & entretenant les unes chez les autres des Ambassadeurs, ou des Espions moins honorables, qui peuvent avertir toutes les Cours des desseins d'une seule, donner à la fois l'alarme à l'Europe, & garantir les plus foibles des invasions que le plus fort est toujours prêt d'entreprendre.

Depuis Charles-Quint la balance panchoit trop du côté de la Maison d'Autriche. Cette Maison puissante étoit vers l'an 1630. maîtresse de l'Espagne, du Portugal, & des trésors de l'Amerique; la Flandres, le Milanois, le Royaume de Naples,

ples, la Bohême, la Hongrie, l'Allemagne même (si on peut le dire) étoient devenus son patrimoine; & si tant d'Etats avoient été réunis sous un seul Chef de cette Maison, il est à croire que l'Europe lui auroit enfin été asservie.

## De l'Allemagne.

L'Empire d'Allemagne est le plus puissant voisin qu'ait la France : il est à-peu-près de la même étendue, moins riche peut-être en argent, mais plus fécond en hommes robustes & patiens dans le travail. La Nation Allemande est gouvernée, peu s'en faut, comme l'étoit la France sous les premiers Rois Capétiens, qui étoient les Chefs, souvent mal obéïs; de plusieurs grands Vassaux, & d'un grand nombre de petits. Aujourd'hui soixante Villes libres, & qu'on nomme Impériales, environ autant de Souverains Séculiers, près de quarante Princes Ecclésiastiques, soit Abbez, soit Evêques, neuf Electeurs, parmi lesquels on peut compter trois Rois; enfin l'Empereur, Chef de tous ces Potentats, composent ce grand Corps Germanique, que le flegme Allemand fait subsister avec presque autant d'ordre, qu'il y avoit autrefois de confusion dans le Gouvernement Français.

Chaque Membre de l'Empire a ses droits,

ses Priviléges, ses obligations, & la connoissance difficile de tant de Loix, souvent contestées, fait ce qu'on appelle en Allemagne, *l'Etude du Droit public*, pour laquelle la Nation Germanique est si renommée.

L'Empereur par lui-même ne seroit guéres à la vérité plus puissant, ni plus riche qu'un Doge de Venise. L'Allemagne, partagée en Villes libres & en Principautez, ne laisse au Chef de tant d'Etats que la prééminence avec d'extrêmes honneurs, sans domaine, sans argent, & par conséquent sans pouvoir. Il ne possede pas à titre d'Empereur un seul Village; la Ville de Bamberg lui est assignée seulement pour sa résidence quand il n'en a pas d'autre. Cependant cette dignité, aussi vaine que suprême, étoit devenuë si puissante entre les mains des Autrichiens, qu'on a craint souvent qu'ils ne convertissent en Monarchie absoluë cette République de Princes.

Deux Partis divisoient alors, & partagent encore aujourd'hui l'Europe Chrétienne, & surtout l'Allemagne. Le premier est celui des Catholiques, plus ou moins soumis au Pape; le second est celui des ennemis de la Domination Spirituelle & Temporelle du Pape & des Prélats Catholiques. Nous appellons ceux de ce Parti du nom général de Protestans, quoiqu'ils soient divisez en Luthériens, Calvinistes

vinistes & autres, qui tous se haïssent entr'eux, presque autant qu'ils haïssent Rome.

En Allemagne, la Saxe, le Brandebourg, le Palatinat, une partie de la Bohême, de la Hongrie, les Etats de la Maison de Brunswic, le Wirtemberg, suivent la Religion Lutherienne, qu'on nomme Evangelique. Toutes les Villes libres Impériales ont embrassé cette Secte, qui a semblé plus convenable que la Religion Catholique, à des Peuples jaloux de leur liberté.

Les Calvinistes répandus parmi les Lutheriens qui sont les plus forts, ne font qu'un parti médiocre; les Catholiques composent le reste de l'Empire, & ayant à leur tête la Maison d'Autriche, ils étoient sans doute les plus puissans.

Non seulement l'Allemagne, mais tous les Etats Chrétiens saignoient encore des playes qu'ils avoient reçues de tant de Guerres de Religion, fureur particuliere aux Chrétiens, ignorée des Idolâtres, & suite malheureuse de l'esprit dogmatique introduit depuis si long-tems dans toutes les conditions. Il y a peu de Points de Controverses qui n'ayent causé une Guerre Civile, & les Nations Etrangeres (peut-être notre Postérité) ne pourront un jour comprendre que nos Peres se soient égorgez mutuellement pendant tant d'années, en prêchant la patience.

En 1619. l'Empereur Mathias étant mort sans enfans, le Parti Protestant se remua pour ôter l'Empire à la Maison d'Autriche & à la Communion Romaine; mais Ferdinand de Gras, cousin de Mathias, n'en fut pas moins élu Empereur. Il étoit déja Roi de Bohême & de Hongrie, par la demission de Mathias, & par le choix forcé que firent de lui ces deux Royaumes.

Ce Ferdinand II. continua d'abattre le Parti Protestant, il se vit quelque tems le plus puissant & le plus heureux Monarque de la Chrétienté, moins par lui-même que par le succès de ses deux Grands Généraux, Valstein & Tilly, à l'exemple de beaucoup de Princes de la Maison d'Autriche, conquérans sans être guerriers, & heureux par le mérite de ceux qu'ils sçavoient choisir. Cette Puissance menaçoit déja du joug, & les Protestans & les Catholiques: l'alarme fut même portée jusqu'à Rome, sur laquelle ce titre d'Empereur & de Roi des Romains donnent des droits chimériques, que la moindre occasion peut rendre trop réels. Rome, qui de son côté prétendoit autrefois un droit plus chimérique sur l'Empire, s'unit alors avec la France contre la Maison d'Autriche. L'argent des François, les intrigues de Rome & les cris de tous les Protestans, appellerent enfin du fond de la Suede Gustave-Adolphe, le seul Roi de ce tems-là qui pût prétendre au nom de Héros.

ros, & le seul qui pût renverser la puissance Autrichienne.

L'arrivée de Gustave en Allemagne changea la face de l'Europe. Il gagna en 1631. contre le Général Tilly, la bataille de Leipsik, si célébre par les nouvelles manœuvres de Guerre que ce Roi mit en usage, & qui passe encore pour le chef-d'œuvre de l'Art Militaire.

L'Empereur Ferdinand se vit en 1632. prêt à perdre la Bohême, la Hongrie & l'Empire; son bonheur le sauva, Gustave-Adolphe fut tué à la Bataille de Lutzen, au milieu de sa victoire, & la mort d'un seul homme rétablit ce que lui seul pouvoit détruire.

La politique de la Maison d'Autriche qui avoit succombé sous les Armes d'Adolphe, se trouva forte contre tout le reste; elle détacha les Princes les plus puissans de l'Empire de l'Alliance des Suédois. Ces Troupes victorieuses abandonnées de leurs Alliez, & privées de leur Roi, furent battues à Norlingue; & quoique plus heureuses ensuite, elles furent toujours moins à craindre que sous Gustave.

Ferdinand II. mort dans ses conjonctures, laissa tous ses Etats à son fils Ferdinand III. qui hérita de sa politique, & fit comme lui, la Guerre de son Cabinet : il régna pendant la minorité de Louïs XIV.

L'Allemagne n'étoit point alors aussi florissante

florissante qu'elle l'est devenue depuis; le luxe y étoit inconnu, & les commoditez de la vie étoient encore très-rares chez les plus grands Seigneurs. Elles n'y ont été portées que vers l'an 1686. par les Réfugiez Français qui allerent y établir leurs Manufactures. Ce Pays fertile & peuplé manquoit de Commerce & d'Argent, la gravité des mœurs & la lenteur particuliere aux Allemands, les privoient de ces plaisirs & de ces Arts agréables que la sagacité Italienne cultivoit depuis tant d'années, & que l'industrie Française commençoit dès-lors à perfectionner. Les Allemands riches chez eux, étoient pauvres ailleurs; & cette pauvreté, jointe à la difficulté de réünir long-tems sous les mêmes étendarts tant de Peuples différens, les mettoit à-peu-près comme aujourd'hui, dans l'impossibilité de porter & de soutenir long-tems la Guerre chez leurs Voisins. Aussi c'est presque toujours dans l'Empire que les Français ont fait la Guerre contre l'Empire. La différence du Gouvernement & du génie rend les Français plus propres pour l'attaque, & les Allemands pour la défense.

## DE L'ESPAGNE.

L'Espagne gouvernée par la Branche aînée de la Maison d'Autriche, avoit imprimé mé, après la mort de Charles-Quint, plus de terreur que la Nation Germanique; les Rois d'Espagne étoient incomparablement plus absolus & plus riches. Les mines de Mexique & du Potose sembloient leur fournir dequoi acheter la liberté de l'Europe. Ce projet de la Monarchie Universelle de notre continent Chrétien, commencé par Charles-Quint, fut d'abord soutenu par Philippe II. Il voulut du fonds de l'Escurial asservir la Chrétienté par les Négociations & par la Guerre. Il envahit le Portugal. Il désola la France, il menaça l'Angleterre; mais plus propre peut-être à marchander de loin les Esclaves, qu'à combattre de près ses ennemis, il n'ajouta aucune conquête à celle du Portugal; il sacrifia de son aveu quinze cens millions, qui font aujourd'hui en 1745. plus de trois mille millions de notre monnoye, pour asservir la France, & pour regagner la Hollande. Mais ses trésors ne servirent qu'à enrichir ces Pays qu'il voulut dompter.

Philippe III. son fils, moins Guerrier encore & moins sage, eut peu de vertus de Roi. La superstition, ce vice des ames foibles, ternit son Régne & affoiblit la Monarchie Espagnole. Son Royaume commençoit à s'épuiser d'Habitans par les nombreuses Colonies que l'avarice transplantoit dans le Nouveau Monde, & ce fut dans ces circonstances que ce Roi chassa de ses Etats plus de huit cens mille Maures, lui qui auroit dû au-contraire en faire venir davantage, s'il est vrai que le nombre des Sujets soit le vrai Trésor des Rois ; l'Espagne fut presque déserte depuis ce tems. La fierté oisive des Habitans laissa passer en d'autres mains les richesses du Nouveau Monde, l'Or du Perou devint le partage de tous les Marchands de l'Europe. Envain une Loi sévere & presque toûjours executée, ferme les Ports de l'Amérique Espagnole aux autres Nations ; les Négocians de France, d'Angleterre, d'Italie chargent de leurs Marchandises les Gallions, en rapportent le principal avantage, & c'est pour eux que le Perou & le Mexique ont été conquis.

La grandeur Espagnole ne fut donc plus sous Philippe III. qu'un vaste Corps sans substance, qui avoit plus de réputation que de force.

Philippe IV. héritier de la faiblesse de son pere, perdit le Portugal par sa négligence, le Roussillon par la faiblesse de ses armes, & la Catalogne par l'abus du despotisme. C'est ce même Roi à qui le Comte Duc Olivares son Favori & son Ministre, fit prendre le nom de Grand à son avénement à la Couronne, peut-être pour l'exciter à mériter ce titre dont il fut si indigne, que tout Roi qu'il étoit, personne ne n'osa le lui donner. De tels Rois ne pouvoient être long-tems heureux dans leurs Guerres contre la France. Si nos divisions & nos fautes leur donnoient quelques avantages, ils en perdoient le fruit par leur incapacité. De-plus, ils commandoient à des Peuples que leurs Priviléges mettoient en droit de mal servir; les Castillans avoient la prérogative de ne point combattre hors de leur Patrie. Les Arragonois disputoient sans cesse leur liberté contre le Conseil Royal, & les Catalans qui regardoient leurs Rois comme leurs ennemis, ne leur permettoient pas même de lever des Milices dans leurs Provinces. Ainsi ce beau Royaume étoit alors peu puissant au-dehors & misérable au-dedans; nulle industrie ne secondoit dans ces climats heureux, les présens de la Nature; ni les Soyes de la Valence, ni les belles Laines de l'Andalousie & de la Castille, n'étoient préparées par les mains Espagnoles. Les Toiles fines étoient un luxe très-peu connu. Les Manufactures Flamandes, restes des monumens de la Maison de Bourgogne, fournissoient à Madrid ce que l'on connoissoit alors de magnificence. Les Etoffes d'or & d'argent étoient défendues dans cette Monarchie, comme elles le seroient dans une République indigente qui craindroit de s'appauvrir. En effet, malgré les mines du Nouveau Monde l'Espagne

pagne étoit si pauvre, que le Ministére de Philippe IV. se trouva réduit à la nécessité de faire de la Monnoye de cuivre, à laquelle on donna un prix presque aussi fort qu'à l'argent ; il fallut que le Maître du Mexique & du Perou fît de la fausse monnoye pour payer les Charges de l'Etat. On n'osoit, si on en croit le sage Gourville, imposer des Taxes personnelles ; parceque ni les Bourgeois, ni les gens de la campagne, n'ayant presque point de meubles, n'auroient jamais pu être contraints à payer. Tel étoit l'état de l'Espagne, & cependant réunie avec l'Empire elle mettoit un poids redoutable dans la balance de l'Europe.

## Du Portugal.

Le Portugal redevenoit alors un Royaume. Jean, Duc de Bragance, Prince qui passoit pour faible, avoit arraché cette Province à un Roi plus faible que lui ; les Portugais cultivoient par nécessité le Commerce que l'Espagne négligeoit par fierté ; ils venoient de se liguer avec la France & la Hollande en 1641. contre l'Espagne. Cette révolution du Portugal valut à la France plus que n'eussent fait les plus signalées Victoires. Le Ministére Français, qui n'avoit contribué en rien à cet événement, en retira sans peine le plus grand avantage qu'on puisse avoir contre son ennemi, celui de le voir attaqué par une Puissance irréconciliable.

Le Portugal secouant le joug de l'Espagne, étendant son Commerce & augmentant sa puissance, rappelle ici l'idée de la Hollande, qui jouissoit des mêmes avantages d'une maniere bien différente.

### De la Hollande.

Ce petit Etat des sept Provinces-Unies, Pays stérile, mal sein, & presque submergé par la mer, étoit depuis environ un demi-siécle un exemple presque unique sur la terre de ce que peuvent l'amour de la liberté, & le travail infatigable. Ces Peuples pauvres, peu nombreux, bien moins aguerris que les moindres Milices Espagnoles, & qui n'étoient comptez encore pour rien dans l'Europe, résisterent à toutes les forces de leur Maître & de leur Tyran Philippe II. éluderent les desseins de plusieurs Princes qui vouloient les secourir pour les asservir, & fonderent une Puissance que nous avons vu balancer le pouvoir de l'Espagne même. Le désespoir qu'inspire la tyrannie les avoit d'abord armez: la liberté avoit élevé leur courage, & les Princes de la Maison d'Orange en avoient fait d'excellens Soldats. A peine vainqueurs de leurs Maîtres, ils établirent

une

une forme de Gouvernement, qui conserve, autant qu'il est possible, l'égalité, le droit le plus naturel des hommes.

La douceur de ce Gouvernement & la tolérance de toutes les manieres d'adorer Dieu, dangereuse peut-être ailleurs; mais là nécessaire, peuplerent la Hollande d'une foule d'Etrangers, & surtout de Wallons que l'Inquisition persécutoit dans leur Patrie, & qui d'Esclaves devinrent Citoyens.

La Religion Calviniste dominant dans la Hollande, servit encore à sa puissance. Ce Pays, alors si pauvre, n'auroit pu ni suffire à la magnificence des Prélats, ni nourrir des Ordres Religieux; & cette Terre où il falloit des hommes, ne pouvoit admettre ceux qui s'engagent par serment à laisser périr, autant qu'il est en eux, l'Espece Humaine. On avoit l'exemple de l'Angleterre, qui étoit d'un tiers plus peuplée depuis que les Ministres des Autels jouissoient de la douceur du mariage, & que les espérances des Familles n'étoient plus ensevelies dans le célibat du Cloître.

Tandis que les Hollandois établissoient, les armes à la main, ce Gouvernement nouveau, ils le soutenoient par le Négoce; ils allerent attaquer au fonds de l'Asie ces mêmes Maîtres qui jouissoient alors des découvertes des Portugais; ils leur enleverent les Isles où croissent ces Epiceries précieuses, trésors aussi réels que ceux du Perou,

Perou, & dont la culture est aussi salutaire à la santé, que le travail des mines est mortel aux hommes.

La Compagnie des Indes Orientales, établie en 1602. gagnoit déja près de trois cens pour cent en 1620. Ce gain augmentoit chaque année. Bien-tôt cette Société de Marchands, devenuë une Puissance formidable, bâtit dans l'Isle de Java, la Ville de Batavia, la plus belle de l'Asie, & le centre du Commerce, dans laquelle résident cinq mille Chinois, & où abordent toutes les Nations de l'Univers. La Compagnie peut y armer trente Vaisseaux de Guerre de quarante piéces de Canon, & mettre aumoins vingt mille hommes sous les armes. Un simple Marchand, Gouverneur de cette Colonie, y paroît avec la pompe des plus Grands Rois, sans que ce faste Asiatique corrompe la frugale simplicité des Hollandais en Europe. Ce Commerce & cette frugalité firent la grandeur des sept Provinces.

Anvers, si long-tems florissante, & qui avoit englouti le commerce de Venise, ne fut plus qu'un désert. Amsterdam, malgré les incommoditez de son Port, devint à son tour le magasin du monde. Toute la Hollande s'enrichit & s'embellit par des travaux immenses. Les eaux de la Mer furent contenuës par des doubles Digues. Des Canaux creusez dans toutes les Villes furent

furent revêtus de pierre; les ruës devinrent de larges Quais, ornez de grands arbres. Les Barques chargées de marchandises aborderent aux portes des Particuliers, & les Etrangers ne se lassent point d'admirer ce mêlange singulier, formé par les faîtes des maisons, les cimes des arbres, & les banderoles des Vaisseaux, qui donnent à la fois dans un même lieu, le spectacle de la Mer, de la Ville & de la Campagne.

Cet Etat, d'une espece si nouvelle, étoit depuis sa fondation, attaché intimement à la France: l'intérêt les réunissoit; ils avoient les mêmes ennemis; Henri le Grand & Louis XIII. avoient été ses Alliez & ses Protecteurs.

### DE L'ANGLETERRE.

L'Angleterre, beaucoup plus puissante, affectoit la Souveraineté des Mers, & prétendoit mettre une balance entre les Dominations de l'Europe; mais Charles Premier, qui régnoit depuis 1625. loin de pouvoir soutenir le poids de cette balance, sentoit le Sceptre échaper déja de sa main; il avoit voulu rendre son pouvoir en Angleterre indépendant des Loix, & changer la Religion en Ecosse. Trop opiniâtre pour se désister de ces desseins, & trop foible pour les executer; bon Mari, bon

Maître, bon Pere, honnête-homme, mais Monarque mal conseillé; il s'engagea dans une Guerre Civile, qui lui fit perdre enfin le Trône & la vie sur un échafaut, par une révolution presque inouïe.

Cette Guerre Civile, commencée dans la minorité de Louis XIV. empêcha pour un tems l'Angleterre d'entrer dans les intérêts de ses Voisins; elle perdit sa considération avec son bonheur; son Commerce fut interrompu; les autres Nations la crurent ensevelie sous ses ruïnes jusqu'au tems où elle devint tout-à-coup plus formidable que jamais, sous la Domination de Cromwel, qui l'assujettit, en portant l'Evangile dans une main, l'épée dans l'autre, le masque de la Religion sur le visage, & qui dans son Gouvernement, couvrit des qualitez d'un grand Roi tous les crimes d'un Usurpateur.

## DE ROME.

Cette balance que l'Angleterre s'étoit long-tems flattée de maintenir entre les Rois par sa puissance, la Cour de Rome essayoit de la tenir par sa politique. L'Italie étoit divisée, comme aujourd'hui, en plusieurs Souverainetez: celle que possede le Pape est assez grande pour le rendre respectable comme Prince, & trop petite pour le rendre redoutable. La nature du
Gouver-

Gouvernement ne sert pas à peupler son Païs, qui d'ailleurs a peu d'argent & de commerce; son autorité spirituelle, toujours un peu mêlée de temporel, est détruite & abhorrée dans la moitié de la Chrétienté; & si dans l'autre il est regardé comme un pere, il a des enfans qui lui résistent quelquefois avec raison & avec succès. La maxime de la France est de le regarder comme une personne sacrée; mais entreprenante, à laquelle il faut baiser les pieds, & lier quelquefois les mains. On voit encore dans tous les Pays Catholiques les traces des pas que la Cour de Rome a faits autrefois vers la Monarchie Universelle. Tous les Princes de la Religion Catholique envoyent au Pape, à leur avénement, des Ambassades qu'on nomme d'*Obédience*. Chaque Couronne a dans Rome un Cardinal qui prend le nom de Protecteur. Le Pape donne des Bulles de tous les Evêchez, & s'exprime dans ses Bulles, comme s'il conféroit ces Dignitez de sa seule puissance. Tous les Evêques Italiens, Espagnols, Flamans, & même quelques Français, se nomment Evêques par la permission Divine, & par celle du Saint Siége. Il n'y a point de Royaume dans lequel il n'y ait beaucoup de Bénéfices à sa nomination; il reçoit en tribut les revenus de la premiere année des Bénéfices Consistoriaux.

Les Religieux dont les Chefs résident à Rome,

Rome, sont encore autant de Sujets immédiats du Pape, répandus dans tous les Etats. La coutume qui fait tout, & qui est cause que le monde est gouverné par des abus comme par des Loix, n'a pas toujours permis aux Princes de remédier entierement à un danger qui tient d'ailleurs à des choses utiles & sacrées. Prêter serment à un autre qu'à son Souverain, est un crime de Leze-Majesté dans un Laïque; c'est dans le Cloître un acte de Religion. La difficulté de sçavoir à quel point on doit obéïr à ce Souverain Etranger, la facilité de se laisser séduire, le plaisir de secouer un joug naturel pour en prendre un qu'on se donne à soi-même, l'esprit de trouble, le malheur des tems, n'ont que trop souvent porté des Ordres entiers de Religieux à servir Rome contre leur Patrie.

 L'esprit éclairé, qui régne en France depuis un siécle, & qui s'est étendu dans presque toutes les conditions, a été le meilleur remede à cet abus. Les bons Livres écrits sur cette matiere, sont des vrais services rendus aux Rois & aux Peuples, & un des grands changemens qui se soient faits par ce moyen dans nos mœurs sous Louis XIV. c'est la persuasion dans laquelle les Religieux commencent tous à être, qu'ils sont Sujets du Roi avant que d'être serviteurs du Pape. La Jurisdiction, cette marque essentielle de la Souveraineté té, eſt encore demeurée au Pontife Romain. La France même, malgré toutes ſes Libertez de l'Egliſe Gallicane, ſouffre que l'on appelle au Pape en dernier reſſort dans les Cauſes Eccléſiaſtiques.

Si on veut diſſoudre un mariage, épouſer ſa couſine ou ſa niéce, ſe faire relever de ſes Vœux, c'eſt à Rome ( & non à ſon Evêque ) qu'on s'adreſſe; les graces y ſont taxées, & les Particuliers de tous les Etats y achetent des Diſpenſes à tout prix.

Ces avantages, regardez par beaucoup de perſonnes comme la ſuite des plus grands abus, & par d'autres, comme les reſtes des droits les plus ſacrez, ſont ſoutenus avec un art admirable. Rome ménage ſon crédit avec autant de politique, que la République Romaine en mit à conquérir la moitié du monde connu.

Jamais Cour ne ſçut mieux ſe conduire ſelon les hommes & ſelon les tems. Les Papes ſont preſque toujours des Italiens, blanchis dans les affaires, ſans paſſions qui les aveuglent; leur Conſeil eſt compoſé de Cardinaux qui leur reſſemblent, & qui ſont tous animez du même eſprit. De ce Conſeil émanent des ordres qui vont juſqu'à la Chine & à l'Amérique; il embraſſe en ce ſens l'Univers; & on peut dire ce que diſoit autrefois un Etranger, du Sénat de Rome : j'ai vû un Conſiſtoire de Rois. La plûpart de nos Ecrivains ſe ſont élevez avec raiſon

raison contre l'ambition de cette Cour; mais je n'en vois point qui ait rendu assez de justice à sa prudence. Je ne sçai si une autre Nation eût pû conserver si long-tems dans l'Europe tant de prérogatives toujours combatues : toute autre Cour les eût peut-être perdues, ou par sa fierté, ou par sa molesse, ou par sa lenteur, ou par sa vivacité ; mais Rome, employant presque toujours à propos la fermeté & la souplesse, a conservé tout ce qu'elle a pû humainement garder. On la vit rampante sous Charles Quint, terrible à notre Roi Henri III. ennemie & amie tour-à-tour de Henri IV. adroite avec Louis XIII. opposée ouvertement à Louis XIV. dans le tems qu'il fut à craindre, & souvent ennemie secrete des Empereurs dont elle se défioit plus que du Sultan des Turcs.

Quelques droits, beaucoup de prétentions, encore plus de politique : Voilà ce qui reste aujourd'hui à Rome de cette Ancienne Puissance, qui six siécles auparavant avoit voulu soumettre l'Empire & l'Europe à la Tiare.

Naples est un témoignage subsistant encore de ce droit que les Papes sçurent prendre autrefois avec tant d'art & de grandeur, de créer & de donner des Royaumes. Mais le Roi d'Espagne, possesseur de cet Etat, ne laissoit à la Cour Romaine que l'honneur & le danger d'avoir un Vassal trop puissant.

Du

## Du Reste de l'Italie.

Au reste, l'Etat du Pape étoit dans une Paix heureuse, qui n'avoit été alterée que par une petite Guerre entre les Cardinaux Barberin, neveux du Pape Urbain VIII. & le Duc de Parme; Guerre peu sanglante & passagere, telle qu'on la devoit attendre de ces nouveaux Romains, dont les mœurs doivent être nécessairement conformes à l'esprit de leur Gouvernement. Le Cardinal Barberin, Auteur de ces troubles, marchoit à la tête de sa petite Armée avec des Indulgences. La plus forte bataille qui se donna, fut entre quatre ou cinq cens hommes de chaque parti. La Forteresse de Piegaia se rendit à discrétion dès qu'elle vit approcher l'artillerie ; cette artillerie consistoit en deux coulevrines. Cependant il fallut, pour étouffer ces troubles, qui ne méritent point de place dans l'Histoire, plus de Négociations que s'il s'étoit agi de l'ancienne Rome & de Carthage. On ne rapporte cet événement que pour faire connoître le génie de Rome moderne, qui finit tout par la Négociation, comme l'ancienne Rome finissoit tout par des victoires.

Les autres Provinces d'Italie écoutoient des intérêts divers. Venise craignoit les Turcs & l'Empereur ; elle défendoit à peine ses Etats de Terre-Ferme, des prétentions de l'Allemagne, & de l'invasion du Grand Seigneur. Ce n'étoit plus cette Venise, autrefois la maîtresse du Commerce du Monde, qui cent cinquante ans auparavant avoit excité la jalousie de tant de Rois. La sagesse de son Gouvernement subsistoit; mais son grand Commerce anéanti lui ôtoit presque toute sa force, & la Ville de Venise étoit, par sa situation, incapable d'être domptée; & par sa faiblesse, incapable de faire des conquêtes.

L'Etat de Florence jouissoit de la tranquillité & de l'abondance sous le Gouvernement des Médicis; les Lettres, les Arts & la Politesse que les Médicis avoient fait naître, florissoient encore. Florence alors étoit en Italie ce qu'Athènes avoit été en Grece.

La Savoye déchirée par une Guerre Civile, & par les Troupes Françaises & Espagnoles, s'étoit enfin réünie toute entiere en faveur de la France, & contribuoit en Italie à l'affoiblissement de la Puissance Autrichienne.

Les Suisses conservoient, comme aujourd'hui, leur liberté, sans chercher à oprimer personne. Ils vendoient leurs Troupes à leurs voisins plus riches qu'eux; ils étoient pauvres; ils ignoroient les Sciences & tous les Arts que le luxe a fait naître; mais ils étoient sages & heureux.

Des

## Des Etats du Nord.

Les Nations du Nord de l'Europe, la Pologne, la Suede, le Dannemark, la Moscovie, étoient comme les autres Puissances, toujours en défiance, ou en guerre entr'elles. On voyoit, comme aujourd'hui, dans la Pologne les mœurs & le gouvernement des Gots & des Francs, un Roi électif; des Nobles partageans sa Puissance; un Peuple esclave, une foible Infanterie, une Cavalerie composée de Nobles: point de Villes fortifiées; presque point de commerce. Ces Peuples étoient tantôt attaquez par les Suedois, ou par les Moscovites, & tantôt par les Turcs. Les Suedois, Nation plus libre encore par sa Constitution, qui admet les Paysans mêmes dans les Etats-Généraux, mais alors plus soumise à ses Rois que la Pologne, furent victorieux presque partout. Le Dannemark, autrefois formidable à la Suede, ne l'étoit plus à personne, la Moscovie n'étoit encore que barbare.

## Des Turcs.

Les Turcs n'étoient pas ce qu'ils avoient été sous les Selimes, les Mahomets, & les Solimans; la molesse corrompoit le Sérail, sans en bannir la cruauté. Les Sultans

tans étoient en même-tems & les plus Despotiques des Souverains, & les moins assurez de leur Trône & de leur vie. Osman & Ibrahim venoient de mourir par le cordeau. Mustapha avoit été deux fois déposé. L'Empire Turc ébranlé par ces secousses, étoit encore attaqué par les Persans; mais quand les Persans le laissoient respirer, & que les révolutions du Sérail étoient finies, cet Empire redevenoit formidable à la Chrétienté; car depuis l'embouchure du Boristène jusqu'aux Etats de Venise, on voyoit la Moscovie, la Hongrie, la Grece, les Isles, tour-à-tour, en proye aux Armées des Turcs: Et dès l'an 1635. ils faisoient constamment cette guerre de Candie si funeste aux Chrétiens. Telles étoient la situation, les forces, & l'intérêt des principales Nations Européanes, vers le tems de la mort du Roi de France Louïs XIII.

### Situation de la France.

La France alliée à la Suede, à la Hollande, à la Savoye, au Portugal, & ayant pour elle les vœux des autres Peuples demeurez dans l'inaction, soutenoit contre l'Empire & l'Espagne une guerre ruïneuse aux deux Partis, & funeste à la Maison d'Autriche. Cette Guerre étoit semblable à toutes celles qui se font depuis tant de siécles entre les Princes Chrétiens, dans lesquelles

lesquelles des millions d'hommes sont sacrifiez, & des Provinces ravagées, pour obtenir enfin quelques petites Villes frontieres, dont la possession ne vaut jamais ce qu'à coûté la conquête.

Les Généraux de Louïs XIII. avoient pris le Roussillon ; les Catalans venoient de se donner à la France, protectrice de la liberté qu'ils défendoient contre leurs Rois ; mais ces succez n'avoient pas empêché les Ennemis de prendre Corbie en 1637. & de venir jusqu'à Pontoise. La peur avoit chassé de Paris la moitié de ses Habitans ; & le Cardinal de Richelieu, au milieu de ses vastes projets d'abaisser la Puissance Autrichienne, avoit été réduit à taxer les Portes cocheres de Paris à fournir chacune un Laquais pour aller à la guerre, & pour repousser les Ennemis des Portes de la Capitale.

Les Français avoient donc fait beaucoup de mal aux Espagnols & aux Allemands, & n'en avoient pas moins essuyé.

### Moeurs du Tems.

Les Guerres avoient produit des Généraux illustres, tels qu'un Gustave-Adolphe, un Valstein, un Duc de Veimar, Picolomini, Jean de Vert, le Maréchal de Guebrian, les Princes d'Orange, le Comte d'Harcourt. Des Ministres d'Etat ne s'étoient pas moins signalez. Le Chancelier Oxenstiern, le Comte Duc Olivarés; mais surtout le Cardinal Duc de Richelieu, avoient attiré sur eux l'attention de l'Europe. Il n'y a aucun siécle qui n'ait eu des Hommes d'Etat & de Guerre célébres; la politique & les armes semblent malheureusement être les deux Professions les plus naturelles à l'homme; il faut toujours ou négocier, ou se battre. Le plus heureux passe pour le plus grand, & le Public attribue souvent au mérite tous les succez de la fortune.

La Guerre ne se faisoit pas comme nous l'avons vu faire du tems de Louïs XIV. les Armées n'étoient pas si nombreuses, aucun Général, depuis le siége de Metz par Charles Quint, ne s'étoit vû à la tête de cinquante mille hommes : on assiégeoit & on défendoit les Places avec moins de canon qu'aujourd'hui. L'Art des Fortifications étoit encore dans son enfance; les piques & les arquebuses étoient en usage; on n'avoit pas perdu l'habitude des armes défensives; il restoit encore des anciennes Loix des Nations, celle de déclarer la Guerre par un Héraut. Louïs XIII. fut le dernier qui observa cette coûtume. Il envoya un Héraut d'Armes à Bruxelles déclarer la Guerre à l'Espagne en 1635.

Rien n'étoit plus commun alors que de voir des Prêtres commander des Armées:
le

le Cardinal Infant, le Cardinal de Savoye, Richelieu, la Valette, Sourdis Archevêque de Bourdeaux, avoient endoſſé la cuiraſſe, & fait la guerre eux-mêmes. Les Papes menacerent quelquefois d'excommunication ces Prêtres guerriers. Le Pape Urbain VIII. fâché contre la France, fit dire au Cardinal de la Valette, qu'il le dépoüilleroit du Cardinalat s'il ne quittoit les armes ; mais réüni avec la France, il le combla de bénédictions.

Les Ambaſſadeurs, non moins Miniſtres de Paix que les Eccléſiaſtiques, ne faiſoient nulle difficulté de ſervir dans les Armées des Puiſſances Alliées auprès deſquelles ils étoient employez. Charnacé Envoyé de France en Hollande, y commandoit un Régiment en 1637. & depuis même l'Ambaſſadeur d'Eſtrade fut Colonel à leur ſervice.

La France n'avoit en tout qu'environ quatrevingt mille hommes effectifs ſur pied. La Marine anéantie depuis des ſiécles, rétablie un peu par le Cardinal de Richelieu, fut ruinée ſous Mazarin. Louis XIII. n'avoit qu'environ trente millions réels de revenu ; mais l'argent étoit à vingt-ſix livres le marc ; ces trente millions revenoient à environ cinquante-ſept millions de ce temps, où la valeur arbitraire du marc d'argent eſt pouſſée juſqu'à quarante-neuf livres idéales, valeur numéraire exhorbitante, & que l'intérêt public & la

juſtice

justice demandent qui ne soit jamais augmentée.

Le Commerce généralement répandu aujourd'hui, étoit en très-peu de mains : la Police du Royaume étoit entierement négligée ; preuve certaine d'une administration peu heureuse. Le Cardinal de Richelieu, occupé de sa propre Grandeur attachée à celle de l'Etat, avoit commencé à rendre la France formidable au-dehors, sans avoir encore pû la rendre bien florissante au-dedans. Les grands-chemins n'étoient ni réparez, ni gardez, les brigands les infestoient, les ruës de Paris étroites, mal pavées, & couvertes d'immondices dégoutantes, étoient remplies de Voleurs. On voit par les Regîtres du Parlement, que le Guet de cette Ville étoit réduit alors à quarante-cinq hommes mal payez, & qui même ne servoient pas.

Depuis la mort de François II. la France avoit été toujours ou déchirée par des Guerres Civiles, ou troublée par des factions. Jamais le joug n'avoit été porté d'une maniere paisible & volontaire. Les Seigneurs avoient été élevez dans les Conspirations, c'étoit l'Art de la Cour, comme celui de plaire au Souverain l'a été depuis.

Cet esprit de discorde & de faction avoit passé de la Cour jusqu'aux moindres Villes, & possedoit toutes les Communautez du Royaume ; on se disputoit tout, parcequ'il qu'il n'y avoit rien de réglé : il n'y avoit pas jusqu'aux Paroisses de Paris qui n'en vinssent aux mains ; les Processions se battoient les unes contre les autres, pour l'honneur de leurs Bannieres. On avoit vû souvent les Chanoines de Notre-Dame aux prises avec ceux de la Sainte Chapelle ; le Parlement & la Chambre des Comptes s'étoient battus pour le Pas dans l'Eglise de Notre-Dame, le jour que Louis XIII. mit son Royaume sous la protection de la Vierge.

Presque toutes les Communautez du Royaume étoient armées ; presque tous les particuliers respiroient la fureur du Duël. Cette barbarie Gotique, autorisée autrefois par les Rois même, & devenuë le caractére de la Nation, contribuoit encore autant que les Guerres Civiles & Etrangeres, à dépeupler le pays. Ce n'est pas trop dire, que dans le cours de vingt années, dont dix avoient été troublées par la Guerre, il étoit mort plus de Français de la main des François mêmes, que de celle des Ennemis.

On ne dira rien ici de la maniere dont les Arts & les Sciences étoient cultivez, on trouvera cette partie de l'Histoire de nos mœurs à sa place. On remarquera seulement que la Nation Françaife étoit plongée dans l'ignorance, sans excepter ceux qui croyent n'être point Peuple.

On consultoit les Astrologues, & on y croyoit. Tous les Mémoires de ces tems-là, à commencer par l'Histoire du Président de Thou, sont remplis de Prédictions. Le grave & severe Duc de Sully, rapporte sérieusement celles qui furent faites à Henry IV. Cette crédulité, la marque la plus infaillible de l'ignorance, étoit si accréditée, qu'on eut soin de tenir un Astrologue caché près de la Chambre de la Reine Anne d'Autriche, au moment de la naissance de Louis XIV.

Ce que l'on croira à peine, & ce qui est pourtant rapporté par l'Abbé Vittorio Siri, Auteur contemporain, très instruit; c'est que Louis XIII. eut dès son enfance le surnom de Juste, parcequ'il étoit né sous le signe de la Balance.

La même foiblesse, qui mettoit en vogue cette chimére absurde de l'Astrologie judiciaire, faisoit croire aux possessions & aux sortiléges; on en faisoit un point de Religion; l'on ne voyoit que des Prêtres qui conjuroient des Démons. Les Tribunaux, composez de Magistrats, qui devoient être plus éclairez que le Vulgaire, étoient occupez à juger des Sorciers. On reprochera toujours à la mémoire du Cardinal de Richelieu la mort de ce fameux Curé de Loudun, Urbain Grandier, condamné au feu comme Magicien par une Commission du Conseil. On s'indigne que le Ministre & les Juges ayent eu la foiblesse de croire aux Diables de Loudun, ou la barbarie d'avoir fait périr un innocent dans les flâmes. On se souviendra avec étonnement, jusqu'à la derniere postérité, que la Maréchale d'Ancre fut brulée en Place de Greve, comme Sorciere; & que le Conseiller Courtin, interrogeant cette femme infortunée, lui demanda de quel sortilége elle s'étoit servie pour gouverner l'esprit de Médicis; que la Maréchale lui répondit: *Je me suis servie du pouvoir qu'ont les ames fortes sur les esprits faibles*; & qu'enfin cette réponse ne servit qu'à précipiter l'Arrêt de sa mort.

On voit encore dans une Copie de quelques Registres du Châtelet, un Procès commencé en 1601. au sujet d'un cheval qu'un Maître industrieux avoit dressé à-peu-près de la maniere dont nous avons vû des exemples à la Foire; on vouloit faire brûler & le Maître & le cheval, comme Sorciers.

En voilà assez pour faire connoître en général les mœurs & l'esprit du siécle qui précéda celui de Louis XIV.

Ce défaut de lumieres dans tous les Ordres de l'Etat, fomentoit, chez les plus honnêtes-gens, des pratiques superstitieuses qui deshonoroient la Religion. Les Calvinistes, confondant avec le culte raisonnable des Catholiques, les abus qu'on faisoit

faisoit de ce culte, n'en étoient que plus affermis dans leur haine contre notre Eglise. Ils opposoient à nos superstitions populaires, souvent remplies de débauches, une dureté farouche & des mœurs féroces, caractere de presque tous les Réformateurs ; ainsi l'esprit de parti déchiroit & avilissoit la France ; & l'esprit de société, qui rend aujourd'hui cette Nation si célèbre & si aimable, étoit absolument inconnu. Point de maisons où les Gens de mérite s'assemblassent pour se communiquer leurs lumieres ; point d'Académies, point de Théâtres. Enfin, les Mœurs, les Loix, les Arts, la Société, la Religion, la Paix & la Guerre, n'avoient rien de ce qu'on vit depuis dans le siécle qu'on appelle le siécle de Louis XIV.

AFFAIRES

# AFFAIRES POLITIQUES.

## CHAPITRE PREMIER.

*Minorité de* LOUIS XIV. *Victoires des Français sous le Grand Condé, alors Duc d'Enguien.*

LE Cardinal de Richelieu, & Louïs XIII. venaient de mourir, l'un admiré & haï, l'autre déja oublié. Ils avaient laissé aux Français, alors très-inquiets, de l'aversion pour le nom seul du Ministére, & peu de respect pour le Trône. Louïs XIII. par son Testament établissait un Conseil de Régence. Ce Monarque, mal obéï pendant sa vie se flatta de l'être mieux après sa mort ; mais la premiere démarche de sa veuve Anne d'Autriche, fut de faire an- | 18
nuller les volontés de son mari par un | Août
Arrêt du Parlement de Paris. Ce Corps, | 1643.
long-tems opposé à la Cour, & qui avoit à
peine

peine conservé sous Louïs la liberté de faire des Remontrances, cassa le Testament de son Roi, avec la même facilité qu'il auroit jugé la cause d'un Citoyen. Anne d'Autriche s'adressa à cette Compagnie pour avoir la Régence illimitée ; parceque Marie de Médicis s'étoit servie du même Tribunal après la mort d'Henri IV. & Marie de Médicis avoit donné cet exemple ; parceque toute autre voye eût été longue & incertaine, que le Parlement entouré de Gardes ne pouvoit résister à ses volontés, & qu'un Arrêt rendu par le Parlement & par les Pairs, sembloit assurer un droit incontestable. *

L'usage qui donne la Régence aux meres des Rois parut donc alors aux Français une Loi presque aussi fondamentale que celle qui prive les femmes de la Couronne. Le Parlement de Paris ayant décidé deux fois cette question ; c'est-à-dire, ayant seul déclaré par des Arrêts ce droit des meres, parut en effet avoir donné la Régence ; il se regarda non sans quelque vraisemblance, comme le Tuteur des Rois, & chaque Conseiller crut être une partie de la Souveraineté. Anne

* Riencourt dans son Hist. de Louis XIV. a si peu de sens, qu'il dit que le Testament de Louis XIII. fut vérifié au Parlement. Ce qui trompa cet Ecrivain sans jugement, c'est qu'en effet Louis XIII. avoit déclaré la Reine Régente ; ce qui fut confirmé : mais il avoit limité son autorité ; ce qui fut cassé.

Anne d'Autriche fut obligée d'abord de continuer la guerre contre le Roi d'Espagne Philippe IV. son frere, qu'elle aimoit. Il est difficile de dire précisément pourquoi l'on faisoit cette guerre; on ne demandoit rien à l'Espagne, pas même la Navarre, qui auroit dû être le patrimoine des Rois de France. On se battoit depuis 1635. parceque le Cardinal de Richelieu l'avoit voulu. La France & la Suede attaquoient aussi l'Empereur; mais vers ce tems-là le fort de la guerre étoit du côté de la Flandre; les Troupes Espagnoles sortirent des frontieres du Hainaut au nombre de vingt-six mille hommes, sous la conduite d'un vieux Général expérimenté, nommé Don Francisco de Melos. Ils vinrent ravager les frontieres de Champagne : ils attaquerent Rocroy, & ils crurent pénétrer bien-tôt jusqu'aux portes de Paris, comme ils avoient faits huit ans auparavant. La mort de Louïs XIII. la faiblesse d'une Minorité relevoient leurs espérances, & quand ils virent qu'on ne leur opposoit qu'une Armée inférieure en nombre, commandée par un jeune-homme de 21 ans, leur espérance se changea en sécurité.

Ce jeune-homme sans expérience, qu'ils méprisoient, étoit Louïs de Bourbon alors Duc d'Enguien, connu depuis sous le nom du Grand Condé. La plûpart des Grands Capitaines sont devenus tels par degrés.

Ce Prince étoit né Général ; l'Art de la guerre sembloit en lui un instinct naturel ; il n'y avoit en Europe que lui & le Suedois Tortenson qui eussent eu à vingt ans ce génie qui peut se passer de l'expérience.

Le Duc d'Enguien avoit reçu avec la nouvelle de la mort de Louïs XIII. l'ordre de ne point hazarder de bataille. Le Maréchal de l'Hôpital, qui lui avoit été donné pour le conseiller & pour le conduire, secondoit par sa circonspection ces ordres timides. Le Prince ne crut ni le Maréchal, ni la Cour ; il ne confia son dessein qu'à Gassion Maréchal de Camp, digne d'être consulté par lui ; ils forcerent le Maréchal à trouver la bataille nécessaire.

19 May. On remarque que le Prince ayant tout réglé le soir, veille de la bataille, s'endormit si profondément qu'il fallut le réveiller pour la donner. On conte la même chose d'Alexandre : il est naturel qu'un jeune-homme, épuisé des fatigues que demande l'arrangement d'un si grand jour, tombe ensuite dans un sommeil plein ; il l'est aussi, qu'un génie fait pour la guerre, agissant sans inquiétude, laisse au corps assez de calme pour dormir. Le Prince gagna la bataille par lui-même, par un coup d'œil qui voyoit à la fois le danger & la ressource, par son activité exemte de trouble, qui le portoit à-propos à tous les endroits

endroits. Ce fut lui qui avec de la Cavalerie attaqua cette Infanterie Espagnole jusques-là invincible, aussi forte, aussi resserrée que la Phalange ancienne si estimée, & qui s'ouvroit avec une agilité que la Phalange n'avoit pas, pour laisser partir la décharge de dix-huit canons quelle renfermoit au milieu d'elle. Le Prince l'entoura, & l'attaqua trois fois. A peine victorieux, il arrêta le carnage. Les Officiers Espagnols se jettoient à ses genoux pour trouver auprès de lui un azile contre la fureur du Soldat vainqueur. Le Duc d'Enguien eut autant de soin de les épargner, qu'il en avoit pris pour les vaincre.

Le vieux Comte de Fontaine, qui commandoit cette Infanterie Espagnole, mourut percé de coups. Condé en l'apprenant, dit qu'il voudroit être mort comme lui, s'il n'avoit pas vaincu.

Le respect qu'on avoit encor en Europe pour les Armées Espagnoles fut anéanti, & l'on commença à faire cas des Armées Françaises, qui n'avoient point depuis cent ans gagné de bataille si mémorable; car la sanglante journée de Marignan, disputée plûtôt que gagnée par François I. sur les Suisses, avoit été l'ouvrage des Bandes Noires Allemandes, autant que des Troupes Françaises.

Les journées de Pavie & de St. Quentin étoient encor des époques fatales à la réputation de la France. Henri IV. avoit eu le malheur de ne remporter des avantages mémorables que sur sa propre Nation. Sous Louïs XIII. le Maréchal de Guébriant avoit eu de petits succez ; mais toûjours balancés par des pertes. Les grandes batailles qui ébranlent les Etats, & qui restent à jamais dans la mémoire des hommes, n'avoient été données en ce tems que par Gustave Adolphe.

Cette journée de Rocroy devint l'époque de la gloire Françaife, & de celle de Condé : il sut vaincre & profiter de la victoire. Ses Lettres à la Cour firent résoudre le Siége de Thionville, que le Cardinal de Richelieu n'avoit pas osé hazarder, & ses Couriers revenus trouverent tout préparé pour cette expédition.

Le Prince de Condé passa à-travers le Païs ennemi, trompa la vigilance du Général Beck, & prit enfin Thionville. De là il courut mettre le Siége devant Cirq, & s'en rendre maître. Il fit repasser le Rhin aux Allemans, il le passa après eux, il vint réparer les pertes & les défaites que les Français avoient essuyés sur ces frontieres après la mort du Maréchal de Guébriant. Il trouva Fribourg pris, & le Général Mercy sous ses murs avec une Armée supérieure encor à la sienne. Condé avoit sous lui deux Maréchaux de France, dont l'un étoit le Maréchal de Gramont, & l'autre

*8 Août 1643.*

ce Vicomte de Turenne, qui paſſoit déja pour un des plus habiles Capitaines de ſon tems, & qu'on oſoit comparer au Maréchal de Guébriant.

Ce fut avec eux qu'il attaqua le Camp de Mercy retranché ſur deux éminences. Le combat recommença trois fois, à trois jours différents. On dit que le Duc d'Enguien jetta ſon Bâton de Commandement dans les Retranchements des Ennemis, & marcha pour le reprendre l'épée à la main à la tête du Régiment de Conty. Il falloit peut-être des actions auſſi hardies pour mener les Troupes à des attaques ſi difficiles. Cette bataille de Fribourg, plus meurtriere que déciſive, fut comptée pour la ſeconde Victoire de ce Prince. Mercy décampa quatre jours après. Philisbourg & Mayence rendus furent la preuve & le fruit de la Victoire.

*31 Août 1644.*

L'année ſuivante il livra bataille à Altemen dans les plaines de Norlingue. Gramont & Turenne commandoient encor ſous ſes ordres. Mercy & Glene étoient à la tête de l'Armée Allemande. La Victoire des Français fut plus complette, & non moins ſanglante qu'à Fribourg. Le Maréchal de Gramont fut fait priſonnier; mais Glene fut pris, & Mercy fut tué. Ce Général compté entre les plus Grands Capitaines, fut enterré dans le champ de bataille, & on mit ſur ſa tombe cette Inſ-

*3 Août 1645.*

cription Latine: *Sta, Viator, Heroëm calcas.*
Arrête, Voyageur, tu foule aux piés un Héros.

7 Oct. 1646. Le Prince assiégea ensuite Dunkerque à la vuë de l'Armée Espagnole, & il fut le premier qui donna cette Place à la France.

Tant de succez & de services moins recompensés que suspects à la Cour, le faisoient craindre du Ministére autant que des Ennemis. On le tira du Théâtre de ses Conquêtes & de sa gloire, & on l'envoya en Catalogne avec de mauvaises Troupes mal payées; il assiégea Lerida, & fut obligé de lever le siége. On l'accuse dans quelques Livres, de fanfaronade,

1647. pour avoir ouvert la tranchée avec des violons; on ne savoit pas que c'étoit l'usage en Espagne.

Bien-tôt les affaires chancelantes forcerent la Cour de rappeller Condé en Flandre. L'Archiduc Leopold, frere de l'Empereur, assiégeoit Lens en Artois. Condé rendu à ses Troupes qui avoient toujours vaincu sous lui, les mena droit à l'Archiduc. C'étoit pour la troisiéme fois qu'il donnoit bataille avec le désavantage du nombre. Il dit à ses Soldats ces seules paroles; *Amis, souvenez-vous de Rocroy, de Fribourg & de Norlingue.* Cette bataille de Lens mit le comble à sa gloire.

Il dégagea lui-même le Maréchal de Gramont,

Gramont, qui plioit avec l'aîle gauche; il prit le Général Beck. L'Archiduc se sauva à peine avec le Comte de Fuenfaldagne. Les Impériaux & les Espagnols, qui composoient cette Armée, furent dissipés, ils perdirent plus de cent Drapeaux, trente-huit piéces de canons; ce qui étoit alors très-considérable. On leur fit cinq mille prisonniers, on leur tua trois mille hommes, le reste déserta, & l'Archiduc demeura sans Armée. 20 Août 1648.

Tandis que le Prince de Condé * comptoit ainsi les années de sa jeunesse par des Victoires, & que le Duc d'Orleans frere de Louïs XIII. avoit aussi soutenu la réputation d'un Fils d'Henry IV. & celle de la France, par la prise de Gravelines, par celle de Courtray & de Mardik; le Vicomte de Turenne avoit pris Landau, il avoit chassé les Espagnols de Trêve, & rétabli l'Electeur. 1645. Juillet 1644. Nov. 1644.

Il gagna avec les Suedois la bataille de Lavingen-Sommerhausen, & contraignit le Duc de Baviere à sortir de ses Etats à l'âge de près de 80 ans. Nov. 1647.

Le Comte de Harcourt prit Balaguier, & batit les Espagnols. Ils perdirent en Italie Portolongone. 1645.

Vingt Vaisseaux & vingt Galeres de France, qui composoient presque toute 1646.

* Son Pere mort en 1646.

la Marine rétablie par Richelieu, batirent la Flote Espagnole sur la côte d'Italie.

Ce n'étoit pas tout, les Armes Françaises avoient encore envahi la Lorraine sur le Duc Charles IV. Prince guerrier; mais inconstant, imprudent, & malheureux, qui se vit à la fois dépouillé de son Etat par la France, & retenu prisonnier par les Espagnols.

Les Alliez de la France pressoient la Puissance Autrichienne au Midy & au Nord.

*May 1644.* Le Duc d'Albuquerque, Général des Portugais, gagna contre l'Espagne la bataille de Badajox.

*Mars 1645.* Torstenson défit les Impériaux près de Tabor, & remporta une Victoire complette.

*Son nom.* Le Prince d'Orange à la tête des Hollandois pénétra jusques dans le Brabant.

Le Roi d'Espagne, battu de tous côtez, *1647.* voyoit le Roussillon & la Catalogne entre les mains des Français. Naples révoltée contre lui, venoit de se donner au Duc de Guise, dernier Prince de cette Branche de la Maison si féconde en Hommes illustres & dangereux. Celui-ci, qui ne passa que pour un Avanturier audacieux parcequ'il ne réussit pas, avoit eu du moins la gloire d'aborder seul dans une barque au milieu de la Flotte d'Espagne, & de défendre Naples sans autre secours que son courage.

A voir

À voir tant de malheurs qui fondoient sur la Maison d'Autriche, tant de Victoires accumulées par les Français, & secondées des succez de leurs Alliez, on croiroit que Vienne & Madrid n'attendoient que le moment d'ouvrir leurs portes, & que l'Empereur & le Roi d'Espagne étaient presque sans Etats; cependant cinq années de gloire à peine traversées par quelque revers, ne produisirent que très-peu d'avantages réels, beaucoup de sang répandu, & nulle révolution. S'il y en eut une à craindre, ce fut pour la France, elle touchoit à sa ruïne au milieu de ces prospéritez apparentes.

## CHAPITRE II.

### Guerre Civile.

LA Reine Anne d'Autriche, Régente absoluë, avoit fait du Cardinal Mazarin le maître de la France, & le sien. Il avoit sur elle cet empire qu'un homme adroit devoit avoir sur une femme née avec tant de faiblesse pour être dominée, & avec assez de fermeté pour persister dans son choix.

Que cette Reine ait été déterminée à ce choix par son cœur ou par la politique, c'est ce qu'on n'a jamais sçu, & ce que les plus clairvoyans tâcherent envain de démêler. Mazarin usa d'abord avec modération de sa puissance. Il faudroit avoir vécu long-tems avec un Ministre pour peindre son caractere, pour dire quel degré de courage ou de faiblesse il avoit dans l'esprit ; à quel point il étoit ou prudent ou fourbe. Ainsi sans vouloir deviner ce qu'étoit Mazarin, on dira seulement ce qu'il fit. Il affecta dans les commencemens de sa grandeur, autant de simplicité que Richelieu avoit déployé de hauteur. Loin de prendre des Gardes, & de marcher avec un faste Royal, il eut d'abord le train le plus modeste ; il mit de l'affabilité, & même de la molesse partout où son Prédecesseur avoit fait paroître une fierté infléxible. La Reine vouloit faire aimer sa Régence & sa personne, de la Cour & des Peuples, & elle y réussissoit. Gaston, Duc d'Orleans frere de Louïs XIII. & le Prince de Condé, apuyoient son pouvoir, & n'avoient d'émulation que pour servir l'Etat.

Il falloit des Impôts pour soutenir la Guerre contre l'Espagne & contre l'Empire ; on en établit quelques-uns bien modérez sans doute en comparaison de ce que nous avons payé depuis, & bien peu suffisants pour les besoins de la Monarchie.

1647. Le Parlement, en possession de vérifier les Edits de ces Taxes, s'opposa vivement à l'Edit à l'Edit du Tarif : il acquit la confiance des Peuples par les contradictions dont il fatigua le Ministére.

1648.

Enfin douze Charges de Maîtres des Requêtes nouvellement créés, & environ quatre-vingt mille écus de gages des Compagnies Supérieures retenus, souleverent toute la Robe, & avec la Robe tout Paris; ce qui feroit à peine aujourd'hui dans le Royaume la matiere d'une Nouvelle, excita alors une Guerre Civile.

Un Broussel, Conseiller Clerc de la Grand'Chambre, homme de nulle capacité, & qui n'avoit d'autre mérite que d'ouvrir toujours les avis contre la Cour, ayant été arrêté, le Peuple en montra plus de douleur que la mort d'un bon Roi n'en a jamais causée. On vit renouveller les Barricades de la Ligue; le feu de la sédition parut allumé dans un instant, & difficile à éteindre. Il fut attisé par la main du Coadjuteur, depuis Cardinal de Retz. C'est le premier Evêque qui ait fait une Guerre Civile sans avoir la Religion pour prétexte. Cet homme singulier s'est peint lui-même dans ses Mémoires écrits avec un air de grandeur, une impétuosité de génie, & une inégalité qui sont l'image de sa conduite. C'étoit un homme, qui du sein de la débauche, & languissant encore des suites qu'elle entraîne, prêchoit le Peuple, & s'en faisoit idolâtrer. Il respiroit la faction & les complots ; il avoit été à l'âge de 23 ans l'ame d'une Conspiration contre la vie de Richelieu : il fut l'auteur des Barricades, il précipita le Parlement dans les cabales, & le Peuple dans les séditions. Ce qui paroît surprenant, c'est que le Parlement entraîné par lui, leva l'étendart contre la Cour avant même d'être appuyé par aucun Prince.

Cette Compagnie depuis long-tems étoit regardée bien différemment par la Cour & par le Peuple. Si l'on en croyoit la voix de tous les Ministres & de la Cour, le Parlement de Paris étoit une Cour de Justice, faite pour les Causes des Citoyens : il tenoit cette prérogative de la seule volonté des Rois, il n'avoit sur les autres Parlemens du Royaume d'autre prééminence que celle de l'ancienneté, & d'un Ressort plus considérable : il n'étoit la Cour des Pairs que parceque la Cour résidoit à Paris : il n'avoit pas plus de droit de faire des Remontrances que les autres Corps, & ce droit étoit encore une pure grace : il avoit succédé à ces Parlemens qui représentoient autrefois la Nation Françoise ; mais il n'avoit de ces anciennes Assemblées rien que le seul nom : & pour preuve incontestable, c'est qu'en effet les Etats Généraux étoient substitués à la place de ces Assemblées de la Nation, & le Parlement de Paris ne ressembloit pas plus
aux

aux Parlemens tenus par nos premiers Rois, qu'un Conful de Smyrne ou d'Alep ne reffemble à un Conful Romain.

Cette feule erreur de nom étoit le prétexte des prétentions ambitieufes d'une Compagnie d'Hommes de Loi, qui tous, pour avoir acheté leurs Offices de Robe, penfoient tenir la place des Conquérans des Gaules, & des Seigneurs des Fiefs de la Couronne. Ce Corps en tous les tems avoit abufé du pouvoir que s'arroge néceffairement un Premier Tribunal toujours fubfiftant dans une Capitale. Il avoit ofé donner un Arrêt contre Charles VII. & le bannir du Royaume : il avoit commencé un Procès Criminel contre Henri III. il avoit en tous les tems réfifté, autant qu'il l'avoit pû, à fes Souverains ; & dans cette Minorité de Louis XIV. fous le plus doux des Gouvernemens, & fous la plus indulgente des Reines, il vouloit faire la Guerre Civile à fon Prince, à l'exemple de ce Parlement d'Angleterre, qui tenoit alors fon Roi prifonnier, & qui lui fit trancher la tête. Tels étoient les difcours & les penfées du Cabinet.

Mais les Citoyens de Paris, & tout ce qui tenoit à la Robe, voyoient dans le Parlement un Corps augufte, qui avoit rendu la Juftice avec une intégrité refpectable, qui n'aimoit que le bien de l'Etat, & qui l'aimoit au péril de fa fortune, qui bornoit son ambition à la gloire de réprimer l'ambition des Favoris, qui marchoit d'un pas égal entre le Roi & le Peuple ; & sans examiner l'origine de ses Droits & de son pouvoir, on lui supposoit les Droits les plus sacrés, & le pouvoir le plus incontestable, quand on le voyoit soutenir la Cause du Peuple contre des Ministres détestés ; on l'appelloit *le Pere de l'Etat*, & on faisoit peu de différence entre le droit qui donne la Couronne aux Rois, & celui qui donnoit au Parlement le pouvoir de modérer les volontés des Rois.

Entre ces deux extrémités un milieu juste étoit impossible à trouver ; car enfin il n'y avoit de Loi bien reconnuë que celle de l'occasion & du tems. Sous un Gouvernement rigoureux le Parlement n'étoit rien : il étoit tout sous un Roi faible, & l'on pouvoit lui apliquer ce que dit Mr. de Guimenée, quand cette Compagnie se plaignit sous Louis XIII. d'avoir été précédée par les Députez : *Messieurs, vous prendrez bien votre revanche dans la Minorité.*

On ne veut point répéter ici tout ce qui a été écrit sur ces troubles, & copier des Livres pour remettre sous les yeux tant de détails alors si chers & si importans, & aujourd'hui presque oubliés : mais on doit dire ce qui caractérise l'esprit de la Nation, & moins ce qui appartient à toutes

toutes les Guerres Civiles, que ce qui diftingue celle de la Fronde.

Deux pouvoirs établis chez les hommes, uniquement pour le maintien de la paix; un Archevêque & un Parlement de Paris ayant commencé les Troubles, le Peuple crut tous fes emportemens juftifiés. La Reine ne pouvoit paroître en Public fans être outragée ; on ne l'apelloit que *Dame Anne* ; & fi on y ajoutoit quelque titre, c'étoit un opprobre. Le Peuple lui reprochoit avec fureur de facrifier l'Etat à fon amitié pour Mazarin ; & ce qu'il y avoit de plus infuportable, elle entendoit de tous côtez ces Chanfons & ces Vaudevilles, monumens de plaifanterie & de malignité, qui fembloient devoir éternifer le doute où l'on étoit de fa vertu.

Elle s'enfuit de Paris avec ces enfans, fon Miniftre, le Duc d'Orleans, frere de Louis XIII. le Grand Condé lui-même, & alla à St. Germain ; on fut obligé de mettre en gages chez des Ufuriers les Pierreries de la Couronne. Le Roi manqua fouvent du néceffaire. Les Pages de fa Chambre furent congediez ; parcequ'on n'avoit pas dequoi les nourrir. En ce tems-là même la tante de Louïs XIV. fille de Henry le Grand, femme du Roi d'Angleterre, réfugiée à Paris, y étoit réduite aux dernieres extrémités de la pauvreté, & fa fille, depuis mariée au frere de Louïs XIV. ref-

*6 Janv. 1649.*

toit au lit n'ayant pas dequoi se chauffer; sans que le Peuple de Paris, enyvré de ses fureurs, fît seulement attention aux afflictions de tant de personnes Royales.

La Reine, les larmes aux yeux, pressa le Prince de Condé de servir de Protecteur au Roi. Le Vainqueur de Rocroy, de Fribourg, de Lens & de Norlingue, ne put démentir tant de services passez: il fut flatté de l'honneur de défendre une Cour qu'il croyoit ingrate, contre la Fronde qui recherchoit son apui. Le Parlement eut donc le Grand Condé à combattre, & il osa soutenir la Guerre.

Le Prince de Conty, Frere du Grand Condé, aussi jaloux de son aîné, qu'incapable de l'égaler; le Duc de Longueville, le Duc de Baufort, le Duc de Bouillon, animez par l'esprit remuant du Coadjuteur, & avides de nouveautés, se flattant d'élever leur grandeur sur les ruïnes de l'Etat, & de faire servir à leurs desseins particuliers les mouvemens aveugles du Parlement, vinrent lui offrir leurs services. On nomma dans la Grand'Chambre les Généraux d'une Armée qu'on n'avoit pas. Chacun se taxa pour lever des Troupes: il y avoit vingt Conseillers pourvus de Charges nouvelles créées par le Cardinal de Richelieu. Leurs Confreres, par une petitesse d'esprit, dont toute société est susceptible, sembloient poursuivre sur eux la memoire

de

de Richelieu; ils les accabloient de dégoûts, & ne les regardoient pas comme Membres du Parlement: il fallut qu'ils donnassent chacun 15000 liv. pour les frais de la Guerre, & pour acheter la tolérance de leurs Confreres.

La Grand' Chambre, les Enquêtes, les Requêtes, la Chambre des Comptes, la Cour des Aides, qui avoient tant crié contre un impôt faible & nécessaire, qui n'alloit pas à cent mille écus, fournirent une somme de près de dix millions de notre monnoye d'aujourd'hui, pour la subversion de la Patrie. On leva douze mille hommes par Arrêt du Parlement, chaque Porte cochere fournit un homme & un cheval. Cette Cavalerie fut appellée *la Cavalerie des Portes Cocheres*. Le Coadjuteur avoit un Régiment à lui, qu'on nommoit le Régiment de Corinthe, parceque le Coadjuteur étoit Archevêque Titulaire de Corinthe.

Sans les noms de Roi de France, de Grand Condé, de Capitale du Royaume, cette Guerre de la Fronde eût été aussi ridicule que celle des Barberins; on ne savoit pourquoi on étoit en armes. Le Prince de Condé assiégea cinq cens mille Bourgeois avec huit mille Soldats. Les Parisiens sortoient en campagne ornés de plumes & de rubans; leurs évolutions étoient le sujet des plaisanteries des Gens du métier. Ils fuyoient

fuyoient dès qu'ils rencontroient deux
cens hommes de l'Armée Royale. Tout se
tournoit en raillerie ; le Régiment de *Corinthe* ayant été battu par un petit parti,
on apella cet échec, *la premiere aux Corinthiens*.

Ces vingt Conseillers, qui avoient four-
ni chacun quinze mille livres, n'eurent
d'autre honneurs que d'être appellez les
*Quinze-Vingt*.

Le Duc de Baufort, l'Idole du Peuple,
& l'instrument dont on se servit pour le
soulever, Prince populaire, mais d'un esprit borné, étoit publiquement l'objet des
railleries de la Cour & de la Fronde même.
On ne parloit jamais de lui que sous le
nom de Roi des Halles. Les Troupes Pa-
risiennes qui sortoient de Paris, & qui revenoient toujours battues, étoient reçuës
avec des huées & des éclats de rire. On
ne réparoit tous ces petits échecs que par
des Couplets & des Epigrammes. Les Ca-
barêts, & les autres maisons de débauche
étoient les tentes où l'on tenoit les Conseils de Guerre, au milieu des plaisanteries, des Chansons, & de la gayeté la plus
dissolue. La licence étoit si effrenée qu'une
nuit les principaux Officiers de la Fronde
ayant rencontré le St. Sacrement qu'on
portoit dans les ruës à un homme qu'on
soupçonnoit d'être Mazarin, reconduisi-
rent les Prêtres à coups de plat d'épée.

Enfin

Enfin on vit le Coadjuteur, Archevêque de Paris, venir prendre séance au Parlement avec un poignard dans sa poche, dont on appercevoit la poignée, & on crioit: *Voilà le Breviaire de notre Archevêque.*

Au milieu de tous ces troubles, la Noblesse s'assembla en Corps aux Augustins, nomma des Syndics, tint publiquement des Séances réglées. On eût crû que c'étoit pour réformer l'Etat, & pour assembler les Etats-Généraux. C'étoit uniquement pour un tabouret que la Reine avoit accordé à Madame de Pons; peut-être n'y a-t'il jamais eu une preuve plus sensible de la légéreté des esprits qu'on reprochoit alors aux Français.

Les Discordes Civiles qui désoloient l'Angleterre précisément en même-tems, servent bien à faire voir les caracteres des deux Nations. Les Anglais avoient mis dans leurs Troubles Civils un acharnement mélancolique, & une fureur raisonnée; ils donnoient de sanglantes batailles, le fer décidoit tout; les échaffauts étoient dressez pour les vaincus; leur Roi pris en combattant fut amené devant une Cour de Justice, interrogé sur l'abus qu'on lui reprochoit d'avoir fait de son pouvoir, condamné à perdre la tête, & executé devant tout son Peuple avec autant d'ordre, & avec les mêmes formalités de Justice, que si on avoit condamné un Citoyen criminel, sans que dans le cours de ces troubles horribles, Londres se fût ressenti un moment des calamités attachées aux Guerres Civiles.

Les Français au-contraire se précipitoient dans les séditions, par caprice, & en riant ; les femmes étoient à la tête des Factions, l'amour faisoit, & rompoit les Cabales. La Duchesse de Longueville engagea Turenne, à peine Maréchal de France, à faire révolter l'Armée qu'il commandoit pour le Roi. Turenne n'y réussit pas : il quitta en fugitif l'Armée dont il étoit Général, pour plaire à une femme qui se moquoit de sa passion : il devint de Général du Roi de France, Lieutenant de Don Estevan de Gamarre, avec lequel il fut battu à Retel par les Troupes Royales. On connoît ce Billet du Maréchal d'Hoquincourt à la Duchesse de Montbazon. *Perrone est à la Belle des Belles.* On sçait ces Vers du Duc de la Rochefoucault pour la Duchesse de Longueville, lorsqu'il reçut au combat de St. Antoine un coup de mousquet qui lui fit perdre quelque tems la vuë.

1649.

Pour mériter son cœur, pour plaire à ses beaux yeux,
J'ai fais la guerre aux Rois, je l'aurois faite aux Dieux.

La Guerre finit, & recommença à plusieurs reprises, il n'y eut personne qui ne changeât souvent de parti. Le Prince de Condé ayant ramené dans Paris la Cour triomphante, se livra au plaisir de la mépriser, après l'avoir défenduë ; & ne trouvant pas qu'on lui donnât des récompenses proportionnées à sa gloire & à ses services, il fut le premier à tourner Mazarin en ridicule, à braver la Reine, & à insulter un Gouvernement qu'il dédaignoit. Il écrivit, à ce qu'on prétend, au Cardinal, *à l'Illustrissimo Signor Faquino* *. Il lui dit, un jour, *adieu Mars*. Il encouragea un Marquis de Jarsay à faire une déclaration d'amour à la Reine, & trouva mauvais qu'elle osât s'en offenser. Il se ligua avec le Prince de Conty son frere, & le Duc de Longueville, qui abandonnerent le parti de la Fronde.

Le Coadjuteur, qui s'étoit déclaré l'implacable ennemi du Ministére, se réunit secrettement avec la Cour pour avoir un Chapeau de Cardinal, & il sacrifia le Prince de Condé au ressentiment du Ministre. Enfin, ce Prince qui avoit défendu l'Etat contre les Ennemis, & la Cour contre les Révoltez, Condé au comble de la gloire, s'étant toujours conduit en Héros, & jamais en homme habile, se vit arrêté prisonnier Le 18 Janvier 1650.

* Mot cruel au Premier Ministre, que son frere appelloit Coglione.

prisonnier avec le Prince de Conty & le Duc de Longueville. Il eût pu gouverner l'Etat, s'il avoit seulement voulu plaire; mais il se contentoit d'être admiré. Le peuple de Paris, qui avoit fait des Barricades pour un Conseiller Clerc presque imbecile, fit des feux de joye lorsqu'on mena au Donjon de Vincennes le Défenseur & le Héros de la France.

Un an après ces mêmes Frondeurs qui avoient vendu le Grand Condé & les Princes à la vangeance timide de Mazarin, forcerent la Reine à ouvrir leurs prisons, & à chasser du Royaume son Premier Ministre. Condé revint aux acclamations de de ce même Peuple qui l'avoit tant haï. Sa présence renouvella les cabales & les dissentions.

Le Royaume resta dans cette combustion encor quelques années. Le Gouvernement ne prit jamais que des Conseils faibles & incertains : il sembloit devoir succomber : mais les Révoltés furent toujours désunis, & c'est ce qui sauva la Cour. Le Coadjuteur tantôt ami, tantôt ennemi du Prince de Condé, suscita contre lui une partie du Parlement & du Peuple : il osa en même-tems servir la Reine en tenant tête à ce Prince, & l'outrager, en la forçant d'éloigner le Cardinal Mazarin qui se retira à Cologne. La Reine par une contradiction trop ordinaire aux Gouvernemens

nemens faibles, fut obligée de recevoir à la fois ses services & ses offenses, & de nommer au Cardinalat ce même Coadjuteur, l'Auteur des Barricades, qui avoit contraint la Famille Royale à sortir de la Capitale, & à l'assiéger.

## CHAPITRE III.

*Suite de la Guerre Civile jusqu'à la fin de la Rebellion en 1554.*

ENFIN Condé se résolut à une Guerre qu'il eût dû commencer du tems de la Fronde s'il avoit voulu être le maître de l'Etat, ou qu'il n'auroit dû jamais faire s'il avoit été Citoyen. Il part de Paris, il va soulever la Guienne, le Poitou & l'Anjou, & mandier contre la France le secours des Espagnols, dont il avoit été le fléau le plus terrible.

1651.

Rien ne marque mieux la manie de ce tems, & le déréglement qui déterminoit toutes les démarches, que ce qui arriva alors à ce Prince. On lui envoya un Courier de Paris avec des propositions qui dévoient l'engager au retour & à la paix. Le Courier se trompa, & au-lieu d'aller à Angerville où étoit le Prince, il alla à Augerville. La Lettre vint trop tard. Condé dit que

que s'il l'avoit reçuë plûtôt il auroit accepté les propositions de Paix ; mais puisqu'il étoit déja assez loin de Paris, ce n'étoit pas la peine d'y retourner. Ainsi l'équivoque d'un Courier, & le pur caprice de ce Prince replongea la France dans la Guerre Civile.

Déc. 1651.

Alors le Cardinal Mazarin, qui du fond de son exil à Cologne avoit gouverné la Cour, rentra dans le Royaume, moins en Ministre qui revenoit reprendre son poste, qu'en Souverain qui se remettoit en possession de ses Etats ; il étoit conduit par une petite Armée de sept mille hommes levez à ses dépens ; c'est-à-dire, avec de l'argent du Royaume, qu'il s'étoit approprié.

On fait dire au Roi dans une Déclaration de ce tems-là, que le Cardinal avoit en effet levé ces Trouppes de son argent ; ce qui doit confondre l'opinion de ceux qui ont écrit, qu'à sa premiere sortie du Royaume, Mazarin s'étoit trouvé dans l'indigence. Il donna le Commandement de sa petite Armée au Maréchal d'Hoquincourt. Tous les Officiers portoient des Echarpes vertes, c'étoit la couleur des Livrées du Cardinal. Chaque parti avoit alors son Echarpe. La blanche étoit celle du Roi, l'isabelle celle du Prince de Condé. Il étoit étonnant que le Cardinal Mazarin, qui avoit jusques alors affecté tant de modestie, eût la hardiesse de faire porter

ter ses Livrées à une Armée, comme s'il avoit eu un parti différent de celui de son maître ; mais il ne put résister à cette vanité. La Reine l'aprouva. Le Roi déja majeur, & son Frere, vinrent au-devant de lui.

Aux premieres nouvelles de son retour Gaston d'Orleans, Frere de Louis XIII. qui avoit demandé l'éloignement du Cardinal, leva des Troupes dans Paris sans trop savoir à quoi elles seroient employées. Le Parlement renouvella ses Arrêts, il proscrivit Mazarin, & mit sa tête à prix. Il fallut chercher dans les Registres, quel étoit le prix d'une tête ennemie du Royaume. On trouva que sous Charles IX. on avoit promis par Arrêt cinquante mille écus à celui qui représenteroit l'Amiral Coligny mort ou vif. On crut très-sérieusement procéder en régle, en mettant ce même prix à l'assassinat d'un Cardinal Premier Ministre. Cette proscription ne donna à personne la tentation de mériter les cinquante mille écus, qui après tout n'eussent point été payez. Chez une autre Nation & dans un autre tems un tel Arrêt eût trouvé des executeurs ; mais il ne servit qu'à faire de nouvelles plaisanteries. Les Blots & les Marigny, Beaux Esprits, qui portoient la gayeté dans les tumultes de ces troubles, firent afficher dans Paris une repartition de cent cinquante mille livres ; tant pour qui couperoit le nez au Cardinal,

Cardinal, tant pour une oreille, tant pour un œil, tant pour le faire Eunuque. Ce ridicule fut tout l'effet de la proscription. Le Cardinal de son côté n'employoit contre ses Ennemis, ni le poison, ni l'assassinat; & malgré l'aigreur & la manie de tant de Partis & de tant de haines, on ne commit pas beaucoup de grands crimes. Les Chefs de Partis furent peu cruels, & les Peuples peu furieux; car ce n'étoit pas une Guerre de Religion.

Déc. 1651. L'esprit de vertige qui régnoit en ce tems, posseda si bien tout le Corps du Parlement de Paris, qu'après avoir solemnellement ordonné un assassinat dont on se moquoit, il rendit un Arrêt, par lequel plusieurs Conseillers devoient se transporter sur la frontiere pour informer contre l'Armée du Cardinal Mazarin; c'est-à-dire, contre l'Armée Royale.

Deux Conseillers furent assez imprudents pour aller, avec quelques Paysans, faire rompre les ponts par où le Cardinal devoit passer: ils furent faits prisonniers par les Troupes du Roi, relâchez avec indulgence, & moquez de tous les Partis.

Précisément dans le tems que cette Compagnie s'abandonnoit à ces extrémitez contre le Ministre du Roi, elle déclaroit Criminel de Léze-Majesté le Prince de Condé, qui n'étoit armé que contre ce Ministre; & par un renversement d'esprit

que

## POLITIQUES. Chap. III.

que toutes les démarches précédentes rendent croyable, elle ordonna que les nouvelles Troupes de Gaston, Duc d'Orleans, marcheroient contre Mazarin, & elle défendit en même tems qu'on prît aucuns deniers dans les Recettes publiques pour les soudoyer.

On ne pouvoit attendre autre chose d'une Compagnie de Magistrats, qui jettée hors de sa sphere, & ne connoissant ni ses droits, ni son pouvoir réel, ni les Affaires Politiques, ni la Guerre, s'assemblant & décidant en tumulte, prenoit des partis ausquels elle n'avoit pas pensé le jour d'auparavant, & dont elle-même s'étonnoit ensuite.

Le Parlement de Bordaux servoit alors le Prince de Condé; mais il tint une conduite plus uniforme, parcequ'étant plus éloigné de la Cour, il étoit moins agité par des Factions opposées.

Mais des objets plus considérables intéressoient toute la France.

Condé, ligué avec les Espagnols, étoit en campagne contre le Roi; & Turenne ayant quitté ces même Espagnols avec lesquels il avoit été batu à Retel, venoit de faire sa paix avec la Cour, & commandoit l'Armée Royale. L'épuisement des Finances ne permettoit ni à l'un ni à l'autre des deux Partis d'avoir de grandes Armées; mais de petites ne décidoient pas moins du sort de l'Etat. Il y a des tems où cent mille hommes en campagne peuvent à peine prendre deux Villes : il y en a d'autres où une bataille entre sept ou huit mille hommes peut renverser un Trône, ou l'affermir.

Louis XIV. élevé dans l'adversité, alloit avec sa mere, son frere, & le Cardinal Mazarin, de Province en Province, n'ayant pas autant de Troupes autour de sa personne, à beaucoup près qu'il en eut depuis en tems de paix pour sa seule Garde. Cinq à six mille hommes, les uns envoyez d'Espagne, les autres levez par les Partisans du Prince de Condé, le poursuivoient au cœur de son Royaume.

Le Prince de Condé couroit cependant de Bordaux à Montauban, prenoit des Villes, & grossissoit partout son Parti.

Toute l'espérance de la Cour étoit dans le Maréchal de Turenne. L'Armée Royale se trouva auprès de Gien sur la Loire. Celle du Prince de Condé étoit à quelques lieües sous les ordres du Duc de Nemours & du Duc de Baufort. Les divisions de ces deux Généraux alloient être funestes au Parti du Prince. Le Duc de Baufort étoit incapable du moindre Commandement. Le Duc de Nemours passoit pour être plus brave, & plus aimable qu'habile. Tous deux ensemble ruïnoient leur Armée. Les Soldats savoient que le
Grand

Grand Condé étoit à cent lieües de là, & se croyoient perdus, lorsqu'au milieu de la nuit un Courier se présenta dans la forêt d'Orleans devant les Grandes Gardes. Les Sentinelles reconnurent dans ce Courier le Prince de Condé lui-même, qui venoit d'Agen à-travers mille avantures, & toujours déguisé se mettre à la tête de son Armée.

Sa présence faisoit beaucoup, & cette arrivée imprévuë encore davantage. Il savoit que tout ce qui est soudain & inesperé transporte les hommes. Il profita à l'instant de la confiance & de l'audace qu'il venoit d'inspirer. Le grand talent de ce Prince, dans la guerre, étoit de prendre en un instant les résolutions les plus hardies, & de les executer avec non moins de prudence que de promptitude.

L'Armée Royale étoit séparée en deux Corps. Condé fondit sur celui qui étoit à Blenau, commandé par le Maréchal d'Hoquincourt, & ce Corps fut dissipé en même tems qu'attaqué. Turenne n'en put être averti. Le Cardinal Mazarin effrayé, courut à Gien au milieu de la nuit réveiller le Roi qui dormoit, pour lui apprendre cette nouvelle. Sa petite Cour fut consternée ; on proposa de sauver le Roi par la fuite, & de le conduire sécretement à Bourges. Le Prince de Condé victorieux, approchoit de Gien, la désolation & la crainte

*7 Avril 1652.*

augmen-

augmentoient. Turenne par sa fermeté rassura les esprits, & sauva la Cour par son habilité : il fit, avec le peu qui lui restoit de Troupes, des mouvements si heureux, profita si bien du terrein & du tems, qu'il empêcha Condé de poursuivre son avantage. Il fut difficile alors de décider lequel avoit acquis plus d'honneur, ou de Condé victorieux, ou de Turenne qui lui avoit arraché le prix de sa victoire. Il est vrai que dans ce combat de Blenau, si long-tems célébre en France, il n'y avoit pas eu quatre cens hommes de tuez ; mais le Prince de Condé n'en fut pas moins sur le point de se rendre Maître de toute la Famille Royale, & d'avoir entre ses mains son ennemi, le Cardinal Mazarin. On ne pouvoit guéres voir un plus petit combat, de plus grands intérêts, & un danger plus pressant.

Condé, qui ne se flattoit pas de surprendre Turenne, comme il avoit surpris d'Hoquincourt, fit marcher son Armée vers Paris : il se hâta d'aller dans cette Ville jouïr de sa gloire, & des dispositions favorables d'un Peuple aveugle. L'admiration qu'on avoit pour ce dernier combat, dont on exagéroit encor toutes les circonstances, la haine qu'on portoit à Mazarin, le nom & la présence du Grand Condé, sembloient d'abord le rendre Maître absolu de la Capitale. Mais dans le
fond

fond tous les esprits étoient divisés; chaque Parti étoit en Factions, comme il arrive dans tous les troubles. Le Coadjuteur, devenu Cardinal de Retz, raccommodé en apparence avec la Cour qui le craignoit, & dont il se défioit, n'étoit plus le Maître du Peuple, & ne jouoit plus le principal rôle. Il gouvernoit le Duc d'Orleans, & étoit opposé à Condé. Le Parlement flotoit entre la Cour, le Duc d'Orleans, & le Prince, quoique tout le monde s'accordât à crier contre Mazarin; chacun ménageoit en secret des intérêts particuliers; le Peuple étoit une mer orageuse dont les vagues étoient poussées au hazard par tant de vents contraires.

On ne voyoit que Négociations entre les Chefs des Partis, Députations du Parlement, Assemblées de Chambres, séditions dans la Populace, Gens de Guerre dans la campagne. Le Prince avoit appellé les Espagnols à son secours. Charles IV. ce Duc de Lorraine chassé de ses Etats, & à qui il restoit pour tous biens une Armée de huit mille hommes qu'il vendoit tous les ans au Roi d'Espagne, vint auprès de Paris avec cette Armée. Le Cardinal Mazarin lui offrit plus d'argent pour s'en retourner, que le Parti de Condé ne lui en avoit donné pour venir. Le Duc de Lorraine quitta bien-tôt la France après l'avoir désolée sur son passage, emportant l'argent des deux Partis.

1652.

Condé resta donc dans Paris avec un pouvoir qui diminua tous les jours, & une Armée plus faible encore. Turenne mena le Roi & sa Cour vers Paris. Le Roi à l'âge de quinze ans vit de la hauteur de Charonne la bataille de St. Antoine, où ces deux Généraux firent avec si peu de Troupes de si grandes choses, que la réputation de l'un & de l'autre, qui sembloit ne pouvoir plus croître, en fut augmentée.

Le Prince de Condé avec un petit nombre de Seigneurs de son Parti, suivi de peu de Soldats, soutint & repoussa l'effort de l'Armée Royale. Le Roi regardoit ce combat du haut d'une éminence avec Mazarin. Le Duc d'Orleans, incertain du parti qu'il devoit prendre, restoit dans son Palais du Luxembourg. Le Cardinal de Retz étoit cantonné dans son Archevêché. Le Parlement attendoit l'issuë de la bataille pour donner quelque Arrêt. Le Peuple, qui craignoit alors également, & les Troupes du Roi, & celles de Mr. le Prince, avoit fermé les portes de la Ville, & ne laissoit plus entrer ni sortir personne, pendant que ce qu'il y avoit de plus grand en France s'acharnoit au combat, & versoit son sang dans le Fauxbourg. Ce fût-là que le Duc de la Rochefoucaut, si illustre par son courage & par son esprit, reçut un coup au-dessous des yeux qui lui fit perdre la vuë pour quelque tems. On

2 Juil.
1652.

ne voyoit que jeunes Seigneurs tuez, ou blessez, qu'on rapportoit à la porte Saint Antoine qui ne s'ouvroit point.

Enfin Mademoiselle, fille de Gaston, prenant le parti de Condé, que son pere n'osa secourir, fit ouvrir les portes aux blessez, & eut la hardiesse de faire tirer sur les Troupes du Roi le canon de la Bastille. L'Armée Royale se retira, Condé n'acquit que de la gloire ; mais Mademoiselle se perdit pour jamais dans l'esprit du Roi son cousin par cette action violente ; & le Cardinal Mazarin, qui savoit l'extrême envie qu'avoit Mademoiselle d'épouser une Tête Couronnée, dit alors : *Ce canon-là vient de tuer son mari.*

La plûpart de nos Historiens n'étalent à leurs Lecteurs que ces combats & ces prodiges de courage & de politique ; mais qui sauroit quels ressorts honteux il falloit faire jouer, dans quelles miseres on étoit obligé de plonger les Peuples, & à quelles bassesses on étoit réduit, verroit la gloire des Héros de ce tems-là avec plus de pitié que d'admiration. On en peut juger par les seuls traits que rapporte Gourville, homme attaché à Mr. le Prince. Il avouë que lui-même, pour lui procurer de l'argent, vola celui d'une Recette, & qu'il alla prendre dans son logis un Directeur des Postes à qui il fit payer une rançon ; & il rapporte ces violences

violences comme des choses ordinaires.

Après le sanglant & inutile combat de St. Antoine, le Roi ne put rentrer dans Paris, & le Prince n'y put demeurer longtems. Une émotion populaire, & le meurtre de plusieurs Citoyens, dont on le crut l'auteur, le rendirent odieux au Peuple. Cependant il avoit encor sa brigue au Parlement. Ce Corps, peu intimidé alors par une Cour errante, & chassée en quelque façon de la Capitale, pressée par les cabales du Duc d'Orleans & du Prince, déclara par un Arrêt le Duc d'Orleans, Lieutenant-Général du Royaume, & Condé, Généralissime de ses Armées. La Cour irritée, ordonna au Parlement de se transferer à Pontoise; quelques Conseillers obéïrent. On vit ainsi deux Parlements, qui se contestoient l'un à l'autre leur autorité, qui donnoient des Arrêts contraires, & qui par-là se seroient rendus le mépris du Peuple, s'ils ne s'étoient toujours accordez à demander l'expulsion de Mazarin, tant la haine contre ce Ministre sembloit alors le devoir essentiel d'un Français.

20 Juillet 1652.

Il ne se trouva dans ce tems aucun Parti qui ne fût faible; celui de la Cour l'étoit autant que les autres; l'argent & les forces manquoient à tous; les Factions se multiplioient; les combats n'avoient produit de chaque côté que des pertes & des regrets.

regrets. La Cour se vit obligée de sacrifier encor Mazarin, que tout le monde appelloit la cause des troubles, & qui n'en étoit que le prétexte. Il sortit une seconde fois du Royaume; pour surcroît de honte, il fallut que le Roi donna une Déclaration publique par laquelle elle renvoyoit son Ministre, en vantant ses services, & en se plaignant de son exil.

12 Août 1652.

Charles I. Roi d'Agleterre venoit de se mettre la tête sur un échafaut, pour avoir dans le commencement des troubles abandonné le sang de Straford son Premier Ministre, à son Parlement. Louïs XIV. au-contraire devint le maître paisible de son Royaume en souffrant l'exil de Mazarin. Ainsi les mêmes faiblesses eurent des succez bien différents. Le Roi d'Angleterre, en abandonnant son Favori, enhardit un Peuple qui respiroit la guerre, & qui haïssoit les Rois: & Louïs XIV. (ou plûtôt la Reine Mere) en renvoyant le Cardinal, ôta tout prétexte de révolte à un Peuple las de la guerre, & qui aimoit la Royauté.

Le Cardinal à peine parti pour aller à Boüillon lieu de sa nouvelle retraite, les Citoyens de Paris de leur seul mouvement députerent au Roi pour le supplier de revenir dans sa Capitale. Il y rentra, & tout y fut si paisible, qu'il eût été difficile d'imaginer que quelques jours auparavant

vant tout avoit été dans la confusion. Gaston d'Orleans, malheureux dans ses entreprises qu'il ne sçut jamais soutenir, fut relegué à Blois, où il passa le reste de sa vie dans le repentir, & il fut le deuxiéme fils de Henri le Grand, qui mourut sans beaucoup de gloire. Le Cardinal de Retz, peut-être aussi imprudent que sublime & audacieux, fut arrêté dans le Louvre; & après avoir été conduit de prison en prison, il mena long-tems une vie errante, qu'il finit enfin dans la retraite, où il acquit des vertus que son grand courage n'avoit pu connaître dans les agitations de sa fortune.

Quelques Conseillers, qui avoient le plus abusé de leur ministére, payerent leurs démarches par l'exil, les autres se renfermerent dans les bornes de la Magistrature, & quelques-uns s'attacherent à leur devoir par une gratification annuelle de cinq cens écus, que Fouquet, Procureur Général & Surintendant des Finances, leur fit donner sous main *.

Le Prince de Condé cependant, abandonné en France de presque tous ses Partisans, & mal secouru des Espagnols, continuoit sur les frontieres de la Champagne une guerre malheureuse. Il restoit encor des Factions dans Bordaux; mais elles furent bien-tôt appaisées. Ce

* Mémoires de Gourville.

Ce calme du Royaume étoit l'effet du banniſſement du Cardinal Mazarin ; cependant à peine fut-il chaſſé par le cri général des Français, & par une Déclaration du Roi, que le Roi le fit revenir. Il fut étonné de rentrer dans Paris, tout-puiſſant & tranquille. Louïs XIV. le reçut comme un pere, & le Peuple comme un maître. On lui fit un feſtin à l'Hôtel de Ville au milieu des acclamations des Citoyens : il jetta de l'argent à la Populace ; mais on dit que dans la joye d'un ſi heureux changement il marqua du mépris pour notre inconſtance. Le Parlement, après avoir mis ſa tête à prix comme celle d'un voleur public, le complimenta par Députez ; & ce même Parlement peu de tems après condamna par contumace le Prince de Condé à perdre la vie ; changement ordinaire dans de pareils tems, & d'autant plus humiliant que l'on condamnoit par des Arrêts celui dont on avoit ſi long-tems partagé les fautes.

*Mars 1653.*

*27 Mars 1654.*

On vit le Cardinal, qui preſſoit cette condamnation de Condé, marier au Prince de Conty ſon frere l'une de ſes niéces, preuve que le pouvoir de ce Miniſtre alloit être ſans bornes.

## CHAPITRE IV.

*Etat de la France jusqu'à la mort de Cromvvel, & au voyage de la Reine Christine.*

PENDANT que l'Etat avoit été ainsi déchiré au-dedans, il avoit été attaqué & affaibli au-dehors. Tout le fruit des Batailles de Rocroy, de Lens & de Norlingue fut perdu. La place importante de Dunkerque fut reprise par les Espagnols: ils chasserent les Français de Barcelone, ils reprirent Casal en Italie. Cependant malgré les tumultes d'une Guerre Civile, & le poids d'une Guerre Etrangere, Mazarin avoit été assez heureux pour conclure cette célébre Paix de Westphalie, par laquelle l'Empereur & l'Empire vendirent * la Préfecture, & non la Souveraineté de l'Alsace, pour trois millions de livres payables à l'Archiduc; c'est-à-dire, pour six millions d'aujourd'hui. Par ce Traité devenu pour l'avenir la Base de tous les Traitez, un nouvel Electorat fut créé pour la Maison Palatine. Les Droits de tous les Princes, & des Villes Impériales, les Priviléges des moindres Gentilshommes Allemans furent confirmez. Le pouvoir

1651.

1648.

* Au Roi de France.

pouvoir de l'Empereur fut restraint dans des bornes étroites, & les Français joints aux Suedois devinrent Législateurs de l'Allemagne. Cette gloire de la France étoit au moins en partie dûë aux Armes de la Suede; Gustave Adolphe avoit commencé d'ébranler l'Empire. Ses Généraux avoient encor poussé assez loin leurs Conquêtes sous le Gouvernement de sa fille Christine. Son Général Vrangel étoit prêt d'entrer en Autriche. Le Comte de Konismar étoit Maître de la moitié de la Ville de Prague, & assiégeoit l'autre alors que cette Paix fut concluë. Pour accabler ainsi l'Empereur, il n'en coûta guéres à la France qu'un million par an donné aux Suedois.

Aussi la Suede obtint par ces Traitez de plus grands avantages que la France; elle eut la Poméranie, beaucoup de Places & de l'argent. Elle força l'Empereur de faire passer entre les mains des Luthériens des Bénéfices qui appartenoient aux Catholiques Romains. Rome cria à l'impieté, & dit que la Cause de Dieu étoit trahie. Les Protestans se vanterent qu'ils avoient sanctifié l'Ouvrage de la Paix, en dépouillant des Papistes. L'intérêt seul fit parler tout le monde.

L'Espagne n'entra point dans cette Paix, & avec assez de raison; car voyant la France plongée dans les Guerres Civiles, le Ministre Espagnol espera profiter de nos divisions

divisions. Les Troupes Allemandes licentiées devinrent aux Espagnols un nouveau secours. L'Empereur depuis la Paix de Munster fit passer en Flandres en quatre ans de tems près de trente mille hommes. C'étoit une violation manifeste des Traitez; mais ils ne sont jamais executés autrement.

Les Ministres de Madrid eurent dans ce Traité de Westphalie, l'adresse de faire une Paix Particuliere avec la Hollande; la Monarchie Espagnole fut enfin trop heureuse de n'avoir plus pour ennemis, & de reconnoître pour Souverains ceux qu'elle avoit traité si long-tems de Rebelles indignes de pardon. Ces Républicains augmenterent leurs richesses, & affermirent leur grandeur & leur tranquillité, en traitant avec l'Espagne, sans rompre avec la France.

1653. Ils étoient si puissants, que dans une Guerre qu'ils eurent quelque tems après avec l'Angleterre, ils mirent en mer cent Vaisseaux de ligne, & la Victoire demeura souvent indécise entre Black l'Amiral Anglais, & Tromp Amiral d'Hollande, qui étoient tous deux sur mer ce que les Condés & les Turennes étoient sur Terre. La France n'avoit pas en ce tems dix Vaisseaux de cinquante piéces de canon qu'elle pût mettre en mer; sa Marine s'anéantissoit de jour en jour.

Louïs

Louis XIV. se trouva donc en 1653. maître absolu d'un Royaume encor ébranlé des secousses qu'il avoit reçuës, rempli de désordres en tout genre d'administration; mais plein de ressources, n'ayant aucun Allié, excepté la Savoye, pour faire une Guerre offensive; & n'ayant plus d'Ennemis Etrangers que l'Espagne, qui étoit alors en plus mauvais état que la France. Tous les Français qui avoient fait la Guerre Civile étoient soumis hors le Prince de Condé & quelques-uns de ses Partisans, dont un ou deux lui étoient demeurez fidéles par amitié & par grandeur d'ame, comme le Comte de Coligny, & Bouteville; & les autres parceque la Cour ne voulut pas les acheter assez chérement.

Condé, devenu Général des Armées Espagnoles, ne pût relever un Parti qu'il avoit affaibli lui-même par la destruction de leur Infanterie aux Journées de Rocroy & de Lens. Il combattoit avec des Troupes nouvelles, dont il n'étoit pas le maître, contre les vieux Régimens Français, qui avoient apris à vaincre sous lui, & qui étoient commandez par Turenne.

Le fort de Turenne & de Condé fut d'être toujours Vainqueurs, quand ils combatirent ensemble à la tête des Français, & d'être battus quand ils commanderent les Espagnols. Turenne avoit à peine sauvé les débris de l'Armée d'Espagne
à la

à la bataille de Retel, lorsque de Général du Roi de France il s'étoit fait le Lieutenant de Don Esteran de Gamare.

Le Prince de Condé eut le même sort devant Arras. L'Archiduc & lui assiégeoient cette Ville. Turenne les assiégea dans leur camp, & força leurs lignes; les Troupes de l'Archiduc furent mises en fuite. Condé avec deux Régimens de Français & de Lorraine soutint seul les efforts de l'Armée de Turenne, & tandis que l'Archiduc fuyoit, il battit le Maréchal d'Hoquincourt, il repoussa le Maréchal de la Ferté, & se retira Victorieux en couvrant la retraite des Espagnols vaincus.

*25 Août 1654.*

Aussi le Roi d'Espagne lui écrivit ces propres paroles : *J'ai su que tout étoit perdu, & que vous avez tout conservé.*

Il est difficile de dire ce qui fait perdre ou gagner les batailles ; mais il est certain que Condé étoit un des Grands-Hommes de guerre qui eussent jamais paru, & que l'Archiduc & son Conseil ne voulurent rien faire à cette Journée de ce que Condé avoit proposé.

Arras sauvé, les lignes forcées, & l'Archiduc mis en fuite, comblerent Turenne de gloire, & on observa que dans la Lettre écrite au nom du Roi au Parlement *

sur

---

* Dattée de Vincennes du 11. Septembre 1654.

sur cette Victoire, on y attribua le succès de toute la Campagne au Cardinal Mazarin, & qu'on ne fit pas même mention du nom de Turenne. Le Cardinal s'étoit trouvé en effet à quelques lieues d'Arras avec le Roi. Il étoit même entré dans le camp au siége de Stenay, que Turenne avoit pris avant de secourir Arras. On avoit tenu devant le Cardinal des Conseils de Guerre. Sur ce fondement il s'attribua l'honneur des événemens, & cette vanité lui donna un ridicule que toute l'autorité du Ministére ne put effacer.

Le Roi ne se trouva point à la bataille d'Arras, & auroit pu y être: il étoit allé à la tranchée au siége de Stenay; mais le Cardinal Mazarin ne voulut pas qu'il exposât davantage Sa Personne, à laquelle le repos de l'Etat & la puissance du Ministre sembloient attachées.

D'un côté Mazarin maître absolu de la France & du jeune Roi, de l'autre, Don Louis de Haro qui gouvernoit l'Espagne & Philippe IV. continuoient sous le nom de leurs Maîtres cette Guerre peu vivement soutenuë. Il n'étoit pas encor question dans le monde du nom de Louis XIV. & jamais on n'avoit parlé du Roi d'Espagne. Il n'y avoit alors aucune Tête Couronnée en Europe qui eût une gloire personnelle. La seule Christine, Reine de Suede, gouvernoit par elle-même, & soutenoit

tenoit l'honneur du Trône abandonné, ou flétri, ou inconnu, dans les autres Etats.

Charles II. Roi d'Angleterre, fugitif en France avec sa mere & son frere, y traînoit ses malheurs & ses espérances. Un simple Citoyen avoit subjugué l'Angleterre, l'Ecosse & l'Irlande, l'épée & la Bible à la main, & le masque du Fanatisme sur le visage. Cromwel cet Usurpateur digne de régner, avoit pris le nom de Protecteur, & non celui de Roi; parceque les Anglais savoient jusqu'où les Droits de leurs Rois doivent s'étendre, & ne connoissoient pas qu'elles étoient les bornes de l'autorité d'un Protecteur.

Il affermit son pouvoir en sachant le réprimer à propos: il n'entreprit point sur les Priviléges dont le Peuple étoit jaloux; il ne logea jamais de Gens de Guerre dans la Cité de Londres; il ne mit aucun impôt dont on pût murmurer; il n'offensa point les yeux par trop de faste; il ne se permit aucun plaisir; il n'accumula point de trésors; il eut soin que la Justice fût observée avec cette impartialité impitoyable, qui ne distingue point les Grands des Petits.

Le frere de Pantaleonsa, Ambassadeur de Portugal en Angleterre, ayant cru que sa licence seroit impunie, parceque la personne de son frere étoit sacrée, insulta des Citoyens de Londres, & en fit assassiner un pour se vanger de la résistance des autres;

il fut condamné à être pendu. Cromwel, qui pouvoit lui faire grace le laissa executer, & signa le lendemain un Traité avec l'Ambassadeur.

Jamais le Commerce ne fut si libre ni si florissant ; jamais l'Angleterre n'avoit été si riche. Ses Flotes victorieuses faisoient respecter son nom dans toutes les Mers, tandis que Mazarin, uniquement occupé de dominer & de s'enrichir, laissoit languir dans la France la Justice, le Commerce, la Marine, & même les Finances. Maître de la France, comme Cromwel de l'Angleterre, après une Guerre Civile, il eut pû faire pour le Pays qu'il gouvernoit ce que Cromwel avoit fait pour le sien ; mais il étoit Etranger, & l'ame de Mazarin, qui n'avoit pas la barbarie de celle de Cromwel, n'en avoit pas aussi la grandeur.

Toutes les Nations de l'Europe, qui avoient négligé l'alliance de l'Angleterre sous Jacques I. & sous Charles, la briguerent sous le Protecteur. La Reine Cristine elle-même, quoiqu'elle eût détesté le meurtre de Charles I. entra dans l'alliance d'un Tyran qu'elle estimoit.

Mazarin & Don Louis de Haro prodiguerent à l'envi leur politique pour s'unir avec le Protecteur. Il gouta quelque tems la satisfaction de se voir courtisé par les deux plus puissants Royaumes de la Chrétienté.

Le Ministre Espagnol lui offroit de l'aider

der à prendre Calais ; Mazarin lui proposoit d'assiéger Dunkerque, & de lui remettre cette Ville. Cromwel avoit à choisir entre les Clefs de la France, & celles de la Flandre ; il fut beaucoup sollicité aussi par Condé ; mais il ne voulut point négocier avec un Prince qui n'avoit plus pour lui que son nom, & qui étoit sans Parti en France, & sans pouvoir chez les Espagnols.

Le Protecteur se détermina pour la France ; mais sans faire de Traité particulier, & sans partager des Conquêtes d'avance ; il voulut illustrer son usurpation par de plus grandes entreprises. Son dessein étoit d'enlever l'Amérique aux Espagnols ; mais ils furent avertis à tems, les Amiraux de Cromwel leur prirent du moins la Jamaïque, Province que les Anglais possedent encor, & qui assure leur Commerce dans le Nouveau Monde. Ce ne fut qu'après l'expédition de la Jamaïque que Cromwel signa son Traité avec le Roi de France ; mais sans faire encor mention de Dunkerque. Le Protecteur traita d'égal à égal ; il força le Roi à lui donner le Titre de Frere. Son Sécretaire signa avant le Plénipotentiaire de France dans la minute du Traité, qui resta en Angleterre ; mais il traita véritablement en Supérieur, en obligeant le Roi de France de faire sortir de ses Etats Charles II & le Duc d'York petit-fils de Henry IV. à qui la France devoit un azile.

*Mai 1655.*

*2 Nov. 1655.*

Tandis

Tandis que Mazarin faisoit ce Traité, Charles II. lui demandoit une de ses niéces en mariage.

Le mauvais état de ses affaires, qui obligeoit ce Prince à cette démarche, fut ce qui lui attira un refus. On a même soupçonné le Cardinal d'avoir voulu marier au Fils de Cromwel celle qu'il refusoit au Roi d'Angleterre. Ce qui est sûr, c'est que lorsqu'il vit ensuite le chemin du Trône moins fermé à Charles II. il voulut renouer ce mariage; mais il fut refusé à son tour.

La mere de ces deux Princes, Henriette de France, fille de Henri le Grand, demeurée en France sans secours, fut réduite à conjurer le Cardinal d'obtenir aumoins de Cromwel qu'on lui payât son Douaire. C'étoit le comble des humiliations les plus douloureuses, que de demander une subsistance à celui qui avoit versé le sang de son mari sur un échafaut. Mazarin fit de faibles instances en Angleterre au nom de cette Reine, & lui annonça qu'il n'avoit rien obtenu. Elle resta à Paris dans la pauvreté, & dans la honte d'avoir imploré la pitié de Cromwel, tandis que ses enfans alloient dans l'Armée de Condé & de Don Jean d'Autriche apprendre le métier de la guerre contre la France qui les abandonnoit.

Les enfans de Charles I. chassez de France

ce se refugierent en Espagne. Les Ministres Espagnols éclaterent dans toutes les Cours, & surtout à Rome de vive voix, & par écrit contre un Cardinal qui sacrifioit, disoient-ils, les Loix Divines, humaines, l'honneur & la Religion, au meurtrier d'un Roi, & qui chassoit de France Charles II. & le Duc d'Yorck cousins de Louis XIV. pour plaire au bourreau de leur pere. Pour toute réponse aux cris de ces Espagnols, on produisit les offres qu'ils avoient faites eux-mêmes au Protecteur.

La Guerre continuoit toujours en Flandres avec des succez divers. Turenne ayant assiégé Valenciennes avec le Maréchal de la Ferté, éprouva le même revers que Condé avoit essuyé devant Arras. Le Prince, secondé alors de Don Juan d'Autriche, plus digne de combattre à ses côtez, que n'étoit l'Archiduc, força les lignes du Maréchal de la Ferté, le prit prisonnier, & délivra Valenciennes. Turenne fit ce que Condé avoit fait dans une déroute pareille. Il sauva l'Armée battuë, & fit tête partout à l'ennemi ; il alla même un mois après assiéger & prendre la Capelle. C'étoit peut-être la premiere fois qu'une Armée battuë avoit osé faire un siége.

17 Juillet 1656.

Cette démarche de Turenne si estimée, après laquelle la Capelle fut prise, fut éclipsée par une marche plus belle encor du Prince de Condé. Turenne assiégeoit à peine à peine Cambray, que Condé suivi de deux mille chevaux, perça à-travers l'Armée des Assiégeants, & ayant renversé tout ce qui vouloit l'arrêter, il se jetta dans la Ville. Les Citoyens reçurent à genoux leur Libérateur. Ainsi ces deux hommes oposez l'un à l'autre, déployoient les ressources de leur génie. On les admiroit dans leurs retraites, comme dans leurs Victoires, dans leur conduite & dans leurs fautes mêmes, qu'ils sçavoient toujours réparer. Leurs talens arrêtoient tour-à-tour les progrez de l'une & de l'autre Monarchie; mais le désordre des Finances en Espagne & en France, étoit encor un plus grand obstacle à leurs succez.

30 Mai 1656.

LETTRE

# LETTRE
## DE
### Mr. DE VOLTAIRE,
SUR SON ESSAI DU SIECLE de LOUIS XIV. à *Mylord Harvvey, Garde des Sceaux Privé d'Angleterre.*

NE jugez point, je vous prie, Mylord, de mon Essai sur le siecle de Louis XIV. par les deux Chapitres imprimés en Hollande avec tant de fautes qui rendent mon Ouvrage méconnoissable & inintelligible. Si la Traduction Angloise s'est faite sur cette Copie informe, le Traducteur est digne de faire une Version de l'Apocalypse; mais surtout soyez un peu moins fâché contre moi, de ce que j'appelle le dernier siecle, le siecle de Louis XIV. Je sçai bien que Louis XIV. n'a eu l'honneur d'être ni le Maître ni le Bienfaicteur d'un Boyle, d'un Newton, d'un Halley, d'un Adisson, d'un Driden; mais dans le siecle que l'on nomme, le siecle de Leon X. ce Leon X. avoit-il tout fait? N'y avoit-il pas d'autres

tres Princes qui contribuerent à polir & à éclairer le Genre-Humain ? Cependant le nom de Leon X. a prévalu, parcequ'il encouragea les Arts plus qu'aucun autre. Eh! quel Roi a donc en cela rendu plus de services à l'humanité que Louis XIV ? Quel Roi a répandu plus de bienfaits, a marqué plus de goût, s'est signalé par de plus beaux établissemens ? Il n'a pas fait tout ce qu'il pouvoit faire, sans doute, parcequ'il étoit homme ; mais il a fait plus qu'aucun autre, parcequ'il étoit Grand-Homme. Ma plus forte raison pour l'estimer beaucoup, c'est qu'avec des fautes connuës il a plus de réputation qu'aucun de ses Contemporains : C'est que malgré un million d'hommes dont il a privé la France, & qui ont été intéressés à le décrier, toute l'Europe l'estime, & le met au rang des plus grands & des meilleurs Monarques.

Nommez-moi donc un Souverain qui ait attiré chez lui plus d'Etrangers habiles, & qui ait plus encouragé le mérite dans ses Sujets. Soixante Sçavans de l'Europe reçurent de lui des récompenses, étonnés d'en être connus.

*Quoique le Roi ne soit pas votre Souverain,* leur écrivoit M. Colbert, *il veut être votre Bienfaiteur ; il m'a commandé de vous envoyer la Lettre de Change cy-jointe comme un gage de son estime.* Un Bohémien, un Danois recevoient de ces Lettres dattées de Versailles. Guillemini bâtit une maison à Florence des bienfaits de Louis XIV. il mit le nom de ce Roi sur le frontispice, & vous ne voulez pas qu'il soit à la tête du Siecle dont je parle ?

Ce qu'il a fait dans son Royaume doit servir à jamais d'exemple. Il chargea de l'éducation de son Fils & de son Petit-fils les plus éloquens & les plus sçavans Hommes de l'Europe. Il eut l'attention de placer trois enfans de Pierre Corneille, deux dans les Troupes & l'un dans l'Eglise ; il excita le mérite naissant de Racine par un présent considérable pour un jeune-homme inconnu & sans bien ; & quand ce Génie se fût perfectionné, ces talens qui souvent sont l'exclusion de la fortune, firent la sienne : il eut plus que de la fortune, la faveur & quelquefois la familiarité d'un Maître dont un regard étoit un bienfait ; il étoit en 1688 & 89 de ces Voyages de Marly tant brigués par les Courtisans ; il couchoit dans la chambre du Roi pendant ses maladies, & lui lisoit ces Chefs-d'œuvre d'Eloquence & de Poësie qui décoroient ce beau Régne.

Cette faveur accordée avec discernement, est ce qui produit l'émulation & qui échauffe les grands Génies ; c'est beaucoup de faire des Fondations, c'est quelque chose de les soutenir : mais s'en tenir à ces établissemens, c'est souvent préparer les mêmes aziles

aziles pour l'homme inutile & pour le Grand-Homme, c'est recevoir dans la même ruche l'abeille & le frélon.

Louis XIV. songeoit à tout ; il protégeoit les Académies, & distinguoit ceux qui se signaloient. Il ne prodiguoit point sa faveur à un genre de mérite à l'exclusion des autres, comme tant de Princes qui favorisent, non ce qui est bon, mais seulement ce qui leur plaît; la Physique & l'étude de l'Antiquité attirerent son attention. Elle ne se ralentit pas même dans les Guerres qu'il soutenoit contre l'Europe : car en bâtissant trois cens Citadelles, en faisant marcher quatre cens mille Soldats, il faisoit élever l'Observatoire, & tracer une Méridienne d'un bout du Royaume à l'autre, Ouvrage unique dans le monde. Il faisoit imprimer dans son Palais les Traductions des bons Auteurs Grecs & Latins ; il envoyoit des Géométres & des Physiciens au fond de l'Afrique & de l'Amerique, chercher des véritez. Songez, Mylord, que sans le Voyage & les Expériences de ceux qui allerent à la Cayenne en 1672. Newton n'eût pas fait ses découvertes sur la Gravitation. Regardez, je vous prie, un Cassini & un Hugens qui renoncent tous deux à leur Patrie qu'ils honorent, pour venir jouir de l'estime & des bienfaits de Louis XIV.

Et pensez-vous que les Anglais même ne

lui ayent point d'obligation ? Dîtes-moi, je vous prie, dans quelle Cour Charles II. puisa tant de politesse & tant de goût? Les bons Auteurs de Louis XIV. n'ont-ils pas été vos modéles ? N'est-ce pas d'eux que votre sage Adisson, qui étoit à la tête des Belles-Lettres d'Angleterre, a tiré très-souvent ses excellentes Critiques ? L'Evêque Burnet avoue que ce goût acquis en France par les Courtisans de Charles XII. réforma chez vous jusqu'à la Chaire, malgré la différence de nos Religions, tant la saine raison a partout d'empire.

Dîtes-moi si les bons Livres de ce tems-là n'ont pas servi à l'éducation de tous les Princes d'Allemagne ? Dans quelle Cour du Nord n'a-t'on pas vû des Théâtres Français ? Quel Prince ne tâchoit pas d'imiter Louis XIV ? Quelle Nation ne suivoit pas alors les modes de la France ?

Vous m'apportez, Mylord, l'exemple du Czar Pierre le Grand, qui a fait naître les Arts dans son Pays, & qui est le Créateur d'une Nation nouvelle. Vous me dîtes que cependant son Siecle ne sera point appellé dans l'Europe le Siecle du Czar Pierre, vous en concluez que je ne dois point apeller le Siecle passé le Siecle de Louis XIV.

Il me semble que la différence est bien palpable ; le Czar Pierre s'est instruit chez les autres Peuples, il a porté leurs Arts chez lui : mais Louis XIV. a instruit les Nations,

Nations, & tout, jusqu'à ses fautes mêmes, a été utile à l'Europe. Les Protestans qui ont quitté ses Etats, ont porté chez vous-même une industrie qui faisoit la richesse de la France.

Comptez-vous pour rien tant de Manufactures de Soye & de Cristaux? Ces derniers surtout furent perfectionnés chez vous par nos Réfugiés, & nous avons perdu ce que vous avez acquis. Enfin si la Langue Française est devenue presque la Langue universelle, à qui en est-on redevable? Etoit-elle ainsi étendue du tems de Henri IV? Non sans doute; on ne connoissoit que l'Italien & l'Espagnol. Ce sont nos excellens Ecrivains qui ont fait ce changemens. Mais qui a protegé, employé, encouragé ces excellens Ecrivains? C'étoit Mr. Colbert, me direz-vous. Je l'avoue, & je prétends bien que le Ministre doit partager la gloire du Maître. Mais qu'eût fait un Colbert sous un autre Prince? Sous votre Roy Guillaume qui n'aimoit rien, sous le Roy d'Espagne Charles II. sous tant d'autres Souverains?

Croiriez-vous bien, Mylord, que Louis XIV. a réformé le goût de sa Cour en plus d'un genre? Il choisit Lully pour son Musicien, & ôta le Privilege à Cambert, parceque Cambert étoit un homme médiocre, & Lully un homme excellent. Il donnoit à Quinaut les sujets de ses Opera. C'est

Louis XIV. qui choisit celui d'Armide. Il dirigeoit les Peintures de le Brun; il soutenoit Boileau, Racine, Moliere contre leurs ennemis; il encourageoit les Arts utiles, comme les Beaux Arts, & toujours en connoissance de cause; il prêtoit de l'argent à Vanrobes pour établir des Manufactures; il avançoit des millions à la Compagnie des Indes qu'il avoit formée. Non seulement il s'est fait de grandes choses sous son Régne; mais c'est lui qui les faisoit en partie. Souffrez donc, Mylord, que je tâche d'élever à sa gloire un Monument que je consacre bien plus à l'utilité du Genre Humain; c'est comme Homme & non comme Sujet, que j'écris; je veux peindre le dernier Siecle, & non pas simplement un Prince. Je suis las des Histoires où il n'est question que des Avantures d'un Roi, comme s'il existoit seul, ou que rien n'existât que par rapport à lui; en un mot, c'est d'un grand Siecle, plus encore que d'un grand Roi que j'écris l'Histoire.

Pelisson eût écrit plus éloquemment que moi; mais il étoit Courtisan, & il étoit payé. Je ne suis ni l'un ni l'autre, c'est à moi qu'il appartient de dire la vérité.

J'espere que vous trouverez dans cet Ouvrage quelques-uns de vos sentimens; plus je penserai comme vous, plus j'aurai droit d'esperer l'approbation publique. Je suis, &c.

REMARQUES

# DISSERTATION
## SUR LA MORT
# D'HENRY IV.

LE plus horrible accident qui soit jamais arrivé en Europe, a produit les plus odieuses conjectures. Presque tous les Mémoires du tems de la mort de Henri IV. jettent également des soupçons sur les ennemis de ce bon Roi, sur les Courtisans, sur les Jesuites, sur sa Maîtresse, sur sa femme même. Ces accusations durent encor; & on ne parle jamais de cet assassinat sans former un jugement téméraire. J'ai toûjours été étonné de cette facilité malheureuse avec laquelle les hommes les plus incapables d'une méchante action, aiment à imputer les crimes les plus affreux aux Hommes d'Etat, aux Hommes en place. On veut se venger de leur grandeur en les accusant; on veut se faire valoir en racontant des Anecdotes étranges. Il en est de la conversation comme d'un Spectacle, comme d'une Tragédie dans laquelle il faut attacher par de grandes passions & par de grands crimes.

Des Voleurs aſſaſſinent *Vergier* dans la ruë ; tout Paris accuſe de ce meurtre un grand Prince. Une rougeole pourprée enleve des perſonnes conſidérables, il faut qu'elles ayent été toutes empoiſonnées. L'abſurdité de l'accuſation, le défaut total de preuves, rien n'arrête ; & la calomnie paſſant de bouche en bouche, & bien-tôt de Livre en Livre, devient une vérité importante aux yeux de la Poſtérité toûjours crédule. Depuis que je m'applique à l'Hiſtoire je ne ceſſe de m'indigner contre ces accuſations ſans preuve, dont les Hiſtoriens ſe plaiſent à noircir leurs Ouvrages.

La mere d'Henri IV. mourut d'une pleuréſie ; combien d'Auteurs la font empoiſonner par un Marchand de gands qui lui vendit des gands parfumez, & qui étoit, dit-on, l'Empoiſonneur à Brevet de Catherine de Médicis !

On ne s'aviſe guéres de douter que le Pape Alexandre VI. ne ſoit mort du poiſon qu'il avoit préparé pour le Cardinal Corneto, & pour quelques autres Cardinaux dont il vouloit, dit-on, être l'héritier. Guicciardin, Auteur contemporain, Auteur reſpecté, impute la mort de ce Pontife à ce crime & à ce châtiment du crime ; toute l'Europe adopte le ſentiment de Guicciardin.

Et moi j'oſe dire à Guicciardin : *L'Europe eſt trompée par vous, & vous l'avez été*

été *par votre passion*. Vous étiez l'ennemi du Pape ; vous avez trop cru votre haine & les actions de sa vie. Il avoit, à la vérité, exercé des vengeances cruelles & perfides contre des ennemis aussi perfides & aussi cruels que lui ; de-là vous concluez qu'un Pape de soixante & quatorze ans n'est pas mort d'une façon naturelle ; vous prétendez sur des rapports vagues, qu'un vieux Souverain dont les coffres étoient remplis alors de plus d'un million de Ducats d'Or, voulut empoisonner quelques Cardinaux pour s'emparer de leur mobilier ; mais ce mobilier étoit-il un objet si important ? Ces effets étoient presque toujours enlevez par les Valets de Chambre avant que les Papes pussent en saisir quelques dépouilles ! Comment pouvez-vous croire qu'un homme prudent ait voulu hazarder, pour un aussi petit gain, une action aussi infâme, une action qui demandoit des complices, & qui tôt ou tard eût été découverte ? Ne dois-je pas croire le Journal de la maladie du Pape, plûtôt qu'un bruit populaire ? Ce Journal le fait mourir d'une fièvre double-tierce. Il n'y a pas le moindre vestige de preuve de cette accusation intentée contre sa mémoire. Son fils Borgia tomba malade dans le tems de la mort de son pere, voilà le seul fondement de l'histoire du poison. Le pere & le fils sont malades en même tems, donc ils sont empoisonnez : ils sont l'un & l'autre de grands Politiques, des Princes sans scrupule, dont ils sont atteints du poison même qu'ils destinoient à douze Cardinaux. C'est ainsi que raisonne l'animosité; c'est la Logique d'un Peuple qui déteste son Maître: mais ce ne doit pas être celle d'un Historien. Il se porte pour Juge, il prononce les Arrêts de la Postérité: il ne doit déclarer personne coupable sans des preuves évidentes.

Ce que je dis de Guicciardin, je le dirai des Mémoires de Sully au sujet de la mort de Henri IV. Ces Mémoires furent composez par des Sécretaires du Duc de Sully alors disgracié par Marie de Médicis; on y laisse échapper quelques soupçons sur cette Princesse, que la mort de Henri IV. faisoit Maîtresse du Royaume, & sur le Duc d'Espernon qui servit à la faire déclarer Régente.

Mezeray, plus hardi que judicieux, fortifie ces soupçons; & celui qui vient de faire imprimer le sixiéme Tome des Mémoires de Condé, fait ses efforts pour donner au misérable Ravaillac les complices les plus respectables. N'y a-t-il donc pas assez de crimes sur la Terre? Faut-il encor en chercher où il n'y en a point?

On accuse à la fois, le Pere Alagona Jesuite, oncle du Duc de Lerme; tout le Conseil Espagnol, la Reine Marie de Médicis, la Maîtresse de Henri IV. Madame de Verneüil, & le Duc d'Espernon. Choisissez donc. Si la Maîtresse est coupable il n'y a pas d'apparence que l'Epouse le soit; si le Conseil d'Espagne a mis dans Naples le coûteau à la main de Ravaillac, ce n'est donc pas le Duc d'Espernon qui l'a séduit dans Paris, lui que Ravaillac appelloit *Catholique à gros grain*, comme il est prouvé au Procès; lui qui n'avoit jamais fait que des actions généreuses; lui qui d'ailleurs empêcha qu'on ne tuât Ravaillac à l'instant qu'on le reconnut tenant son coûteau sanglant, & qui vouloit qu'on le réservât à la Question & au supplice.

Il y a des preuves, dit Mezeray, que des Prêtres avoient mené Ravaillac jusqu'à Naples. Je répons qu'il n'y a aucune preuve. Consultez le Procès criminel de ce monstre, vous y trouverez tout le contraire.

Je ne sçai quelles Dépositions vagues d'un nommé Du Jardin, & d'une Descomans, ne sont pas des allégations à opposer aux aveux que fit Ravaillac dans les tortures. Rien n'est plus simple, plus ingenu, moins embarrassé, moins inconstant, rien par conséquent de plus vrai que toutes ses réponses. Quel intérêt auroit-il eu à cacher les noms de ceux qui l'auroient abusé? Je conçois bien qu'un scélérat associé à d'autres scélerats de sa troupe, cèle d'abord ses complices. Les brigands s'en font un point-d'honneur; car il y a de ce qu'on appelle honneur jusques dans le crime: cependant ils avouent tout à la fin. Comment donc un jeune-homme qu'on auroit séduit, un Fanatique à qui on auroit fait accroire qu'il seroit protégé, ne décéleroit-il pas ses séducteurs ? Comment dans l'horreur des tortures n'accuseroit-il pas les imposteurs qui l'ont rendu le plus malheureux des hommes ? N'est-ce pas là le premier mouvement du cœur humain ?

Ravaillac persiste toujours à dire dans ses Interrogatoires : *J'ai cru bien faire en tuant un Roi qui vouloit faire la guerre au Pape, j'ai eu des visions, des révélations, j'ai cru servir Dieu : je reconnois que je me suis trompé, & que je suis coupable d'un crime horrible, je n'y ai été jamais excité par personne.* Voilà la substance de toutes ses réponses. Il avoue que le jour de l'assassinat il avoit été dévotement à la Messe ; il avoue qu'il avoit voulu plusieurs fois parler au Roi pour le détourner de faire la guerre en faveur des Princes Hérétiques ; il avoue que le dessein de tuer le Roi l'a déja tenté deux fois ; qu'il y a résisté ; qu'il a quitté Paris pour se rendre le crime impossible ; qu'il y est retourné vaincu par son Fanatisme. Il signe l'un de ses Interrogatoires, *François Ravaillac.*

> Que toujours dans mon cœur
> Jesus soit le Vainqueur.

Qui ne reconnoît, qui ne voit à ces deux Vers dont il accompagna sa signature, un malheureux Dévot dont le cervau égaré étoit empoisonné de tous les venins de la Ligue ?

Ses Complices étoient la superstition & la fureur qui animerent Jean Chatel, Pierre Barriere, Jacques Clement. C'étoit l'esprit de Poltrot qui assassina le Duc de Guise; c'étoient les maximes de Baltazard Gerard, assassin du Grand Prince d'Orange. Ravaillac avoit été Feuillant, & il suffisoit alors d'avoir été Moine pour croire que c'étoit une œuvre méritoire de tuer un Prince ennemi de sa Religion. On s'étonne qu'on ait attenté plusieurs fois sur la vie de Henry IV. le meilleur des Rois; on devroit s'étonner que les assassins n'ayent pas été en plus grand nombre, chaque Superstitieux ayant continuellement devant les yeux Aode assassinant le Roi des Philistins, Judith se prostituant à Holoferne pour l'égorger dormant entre ses bras, Samuel coupant par morceaux un Roi prisonnier de guerre, envers qui Saül n'osoit violer le droit des Nations. Rien n'avertissoit alors que ces cas particuliers étoient des exceptions, des inspirations, des ordres exprès qui ne tiroient point à conséquence; on les prenoit pour la Loi générale. Tout encourageoit à la démence, tout consacroit le parricide. Il me paroît enfin bien prouvé par l'esprit de superstition, de fureur & d'ignorance qui dominoit, & par la connaissance du cœur humain, & par les Interrogatoires de Ravaillac, qu'il n'eut aucun complice. Il faut surtout s'en tenir à ces Confessions faites à la mort devant les Juges. Ces Confeſſions prouvent expreſſément que Jean Chatel avoit commis ſon parricide dans l'eſpérance d'être moins damné, & Ravaillac dans l'eſpérance d'être ſauvé.

Il le faut avouer, ces monſtres étoient fervents dans la Foi. Ravaillac ſe recommande en pleurant à St. François ſon Patron, & à tous les Saints : il ſe confeſſe avant de recevoir la Queſtion ; il charge deux Docteurs auſquels il s'eſt confeſſé, d'aſſurer le Greffier que jamais il n'a parlé à perſonne du deſſein de tuer le Roi ; il avoue ſeulement qu'il a parlé au Pere d'Aubigni Jeſuite, de quelques viſions qu'il a euës, & le Pere d'Aubigni dit très-prudemment qu'il ne s'en ſouvient pas ; enfin le Criminel jure juſqu'au dernier moment ſur ſa damnation éternelle, qu'il eſt ſeul coupable, & il le jure plein de repentir. Sont-ce-là des raiſons ? Sont-ce-là des preuves ſuffiſantes ?

Cependant l'Editeur du ſixiéme Tome des Mémoires de Condé inſiſte encore ; il recherche un paſſage des Mémoires de l'Etoile, dans lequel on fait dire à Ravaillac dans la Place de l'exécution : *On m'a bien trompé quand on m'a voulu perſuader que le coup que je ferois ſeroit bien reçu du Peuple, puiſqu'il fournit lui-même des chevaux pour me déchirer.*

Premierement ces paroles ne ſont point raportées dans le Procez Verbal de l'exécution. Secondement, il est vrai peut-être que Ravaillac dit, ou voulut dire: *On m'a bien trompé quand on me disoit, le Roi est haï, on se réjouira de sa mort.* Il voyoit le contraire, & que le Peuple le regrettoit; il se voyoit l'objet de l'horreur publique, il pouvoit bien dire on m'a trompé. En effet, s'il n'avoit jamais entendu justifier dans les conversations le crime de Jean Chatel; s'il n'avoit pas eu les oreilles rebattues des maximes fanatiques de la Ligue, il n'eût jamais commis ce parricide. Voilà l'unique sens de ces paroles.

Mais les a-t'il prononcées? Qui l'a dit à Mr. de l'Etoile? Un bruit de Ville qu'il rapporte prévaudra-t'il sur un Procès Verbal? Dois-je en croire Mr. de l'Etoile qui écrivoit le soir tous les Contes populaires qu'il avoit entendus le jour? Défions-nous de tous ces Journaux qui font des Recueils de tout ce que la Renommée débite.

Je lus il y a quelques années dix-huit Tomes in-folio des Mémoires du feu Marquis de Dangeau: j'y trouvai ces propres paroles: " La Reine d'Espagne Marie-
" Louïse d'Orleans est morte empoisonnée
" par le Marquis de Mansfeld; le poison
" avoit été mis dans une Tourte d'anguil-
" les; la Donà Molina, qui mangea la
" desserte de la Reine, en est morte aussi;
" trois Cameristes en ont été malades; le
" Roi l'a dit ce soir à son petit-couvert.

Qui ne croiroit un tel fait, circonstancié, appuyé du témoignage de Louïs XIV. & rapporté par un Courtisan de ce Monarque, par un homme d'honneur qui avoit soin de recueillir toutes les Anecdotes ? Cependant il est très-faux que la Dona Molina soit morte alors, il est tout aussi faux qu'il y ait eu trois Cameristes malades, & non moins faux que Louïs XIV. ait prononcé des paroles ainsi indiscretes. Ce n'étoit point Mr. de Dangeau qui faisoit ces malheureux Mémoires: c'étoit un vieux Valet-de-chambre imbécile, qui se mêloit de faire à tort & à-travers des Gazettes Manuscrites de toutes les sottises qu'il entendoit dans les antichambres. Je suppose cependant que ces Mémoires tombassent dans cent ans entre les mains de quelque Compilateur: que de calomnies alors sous Presse ! que de mensonges répétez dans tous les Journaux ! Il faut tout lire avec défiance. Aristote avoit bien raison, quand il disoit que *le doute est le commencement de la sagesse*.

*Fin du Tome quatriéme.*

---

## FAUTES A CORRIGER.

Page 9. ligne 8. vrai, valables, ôtez vrai. P. 33. l. 22. de ces prétendus voisins, *lisez* de leurs nouveaux voisins. P. 41. l. 8. dans les Eglises, *lis.* de de leurs Eglises. P. 42. *ligne* 17. d'avoir, *lis.* pour avoir. P. 85. *l.* 12. la chose est presque décidée, *ôtez* presque. P. 100. *l.* 13. parlant, *lis.* partant. P. 101. *l.* 26 donc que, *ôtez* que. P. 106. *l.* 8. admirables, *lis.* admirable. P. 118. *l.* 18. Les raisons, *lisez* les rayons. P. 119. *l.* 27. objective, *lis.* objectif. P. 120. *l.* 8. *ajoutez au bas de la page*, la Posterité l'a bien vangé. P. 122. *l.* 8. droit, *lis.* doit. P. 132. *lig.* 19. 39, *lis.* 390. P. 132. *ligne derniere*, 209. *lis.* 909. P. 137. *l.* 5. is Question, *lis.* is the Question. P. 141. *l.* 14. tout Paris les court, *lis.* Paris les condamne, & tout Paris les court. P. 143. *l.* 19. devint, *lis.* devient. P. 149. *l.* 6. bonheur, *lis.* honneur. P. 159. *l.* 3. la Guerre, *lis.* est la Guerre. P. 177. *l.* 2. vous me, *lis.* vous nous *ibid. ligne* 4. supérieurs, *lisez* supérieur. P. 191. *l.* 20. vous ne pouvez pas, *lis.* vous ne pourriez. P. 194. *l.* 30. donner un lieu, *lis.* donner dans un lieu. P. 205. *l.* 2. l'Hebreux, *lis.* l'Hebreu. P. 229. *l.* 20. des Mollosts, *lis.* des Mollets. P. 266. *l.* 15. Les siécles, *lis.* Les fléches. P. 267. *l.* 13. l'amitié, *lis.* l'unité. P. 268. *l.* 22. les marmites, *lis.* leurs marmites. P. 271. *l.* 22. noire, *lis.* noir. P. 287. *l.* 19. l'Ame &, *lisez* l'Ame est. P. 302. *l.* 22. qu'il y ait, *lis.* qu'il ait. P. 309. *l.* 21. par corruption, *lisez* que par corruption. P. 314. *l.* 29. ne suit, *lis.* ne fuit. P. 316. *l.* 25. dure, *lisez Turc.* P. 319. *l.* 3. comme un, *lis.* comme les. *Page* 327. *l.* 25. Philippe V. *lis.* Philippe IV. P. 333. *l.* 10. que la main, *ôtez* que. P. 346. *l.* 31. Contré, *lis.* Contrée. P. 391. *l.* 22. avec tant, *lis.* avec assez. P. 393. *l.* 12. Un Broussel, *ôtez* un. P. 394. *l.* 15. pour les causes, *lis.* pour juger les causes. P. 396. *l.* 23. les Députez, *ajoutez* de la Noblesse. *Page* 443. *l.* 29. troupe, *lis.* trempe. P. 445. *l.* 15. ayant, *lis.* avoit.

www.ingramcontent.com/pod-product-compliance
Lightning Source LLC
Chambersburg PA
CBHW070544230426
43665CB00014B/1807